# 鶴溪風流

荆锡震　著

江苏大学出版社
JIANGSU UNIVERSITY PRESS
镇　江

图书在版编目（CIP）数据

鹤溪风流 / 荆锡震著. -- 镇江 : 江苏大学出版社, 2024. 12. -- ISBN 978-7-5684-2331-1

Ⅰ. K295.34; K820.853.4

中国国家版本馆CIP数据核字第2024R29Z73号

**鹤溪风流**

Hexi Fengliu

著　　者/荆锡震
责任编辑/任建波
出版发行/江苏大学出版社
地　　址/江苏省镇江市京口区学府路 301 号（邮编：212013）
电　　话/0511-84446464（传真）
网　　址/http://press. ujs. edu. cn
排　　版/镇江文苑制版印刷有限责任公司
印　　刷/镇江文苑制版印刷有限责任公司
开　　本/710 mm×1 000 mm　1/16
印　　张/15. 75　插页/6 面
字　　数/290 千字
版　　次/2024 年 12 月第 1 版
印　　次/2024 年 12 月第 1 次印刷
书　　号/ISBN 978-7-5684-2331-1
定　　价/76. 00 元

如有印装质量问题请与本社营销部联系（电话：0511-84440882）

# 序

人带着爱的种子而来，带着爱的期望而去。

为什么有的人眼里常含着泪水，因为他对生他养他的那块土地爱得深沉。爱出了真诚，爱出了情怀，爱出了激情，爱出了坚毅，爱出了力量，爱出了精神，爱出了五彩缤纷的人生……

我出生在鹤溪河畔。清清鹤溪水，悠悠恋乡情。我爱这片土地，这片土地养育了我，这方的人文滋润了我，感恩之心常怀。然而，我对她了解不深不透。荆锡震先生月前寄书稿《鹤溪风流》与我，我爱不释手，连读数遍，深深地被这片土地上的名人轶事吸引，深深地被这片土地上古今人物的情怀感染，他们至高的学识、至正的人品、至巨的奉献犹如一面巨大的镜子，折射出人性的光芒。这光芒聚焦的是无穷的爱，他们爱生活，爱事业，爱家人，爱他人，爱家乡，爱国家。

正如高冠在身的刘贾、褚遂良、荆本澈、姜宝、荆其惇、荆伟等一大批名宦，他们在庙堂之上时，忠君爱国，尽心尽责，鞠躬尽瘁，甚至不惜牺牲自己的生命；处江湖退隐之时，为民请命，兴办实事，造福乡里。革命先烈张连生、薛斌、江真之辈为民族解放亦甘愿抛头颅洒热血。又如现代无数的企业家，他们白手起家，敢闯敢试，兴办实业，振兴一方经济，为乡里百姓提供了大量的就业机会，帮助大家共同致富。再如薄命才女贺双卿，虽受尽怨气，却坚守雅操，自尊自爱，“人再穷，即使吃糠咽菜，也要维护自己的尊严”。

斯人斯事，凡此种种，千百年来，共同凝结成鹤溪独有的文化特征：勤劳、朴实、宽厚、博爱。

荆锡震先生是里庄人，长期在里庄、皇塘工作，深谙这片土地上文化的厚重，也深深眷恋着这片土地。几十年来，他笔耕不辍，用自己的心讴歌着这片土地及土地上的人们，《鹤溪风流》是他多年研究采写的汇集，是一部难得的历史研究参考书，是一部寓意深远的乡土人情志，是一部激情燃烧的改革开放奋斗史，更是一本不可多得的宣扬家乡的好教材。此书的付梓有助于宣传家乡，有助于传承优秀的乡土文化。

人存天地，当去私欲存天道，恻隐为初，厚德为重，笃初诚美，慎终宜令，心静事稳，天下和美！

此为吾心，是为序！

沈岳方（丹阳市政协原主席）

2024 年 4 月 6 日于沪

# 前　言

为什么我的眼里常含泪水，因为我对这土地爱得深沉。

——艾青

古老的丹金溧漕河古称“荆溪”，因西汉初属荆王刘贾（？—前196）的荆国而得名。荆溪南出至宜兴后注入太湖，缘于此，古宜兴也称“荆溪”。清雍正三年（1725），由于人口、赋税繁多，宜兴县被分为宜兴、荆溪两县，两县共用一个县城，同属常州府，民国元年（1912）被废。荆王刘贾的孙子荆潭再获荆王封号后，隐居于荆城港，“荆溪”之称的地域范围也就低调地缩小为荆城港下游的水系了。

流经荆城港之后的荆溪，突然分出一支水系向东拐了个弯，直奔里庄而来。它穿过里庄古镇后又一分为二，一支向东，经导墅，过蒋墅，蜿蜒至常州武进的扁担河。另一支则向南，经丁桥，过皇塘，再折东流入武进的夏溪河，与扁担河齐头并进，一起汇入西太湖。

当地人习惯性称这两支水系为“鹤溪河”。鹤溪河在丹阳境内流经原里庄、皇塘、导墅、蒋墅四镇（现合并为皇塘、导墅两镇）。历史上，人们把这一带称为“丹阳东乡”。

一方水土养一方人。悠悠鹤溪水，日夜向东流，她就像一位慈祥而无私的母亲，用她那甘甜的乳汁滋养了这片丰腴而肥沃的土地。这方水土，自古以来，地灵人杰，钟灵毓秀。作为同饮一河水的丹阳东乡人，其生活方式、文化底蕴、风俗习惯，如出一辙，并无二致。历代先贤、名人辈出，功德昭彰，彪炳千秋。以古观今，追本溯源，我们可以发现，东乡人的秉性和特质具有鲜明的地域特征：吃苦耐劳，坚韧不拔，斗志昂扬，永不言败；大度豁达，敦厚忠诚，无私无畏，气节如山；见贤思齐，好学成风，崇文重教，聪明智慧；接受新思想，乐追新潮流，凡事勇作为，敢为天下先。正是因为东乡人具有如此鲜明的优良品德，并代代相传，才创造了富甲一方的物质文明和无与伦比的精神文化。

生于斯、长于斯的我，自小就受到东乡历史文化的熏陶。先后在里庄和皇塘两镇工作大半辈子的经历，又使我对家乡这块古老而神奇的土地有了更深刻的了解。美丽动人的历代风物传说和典故，无不折射出历久弥香的地方文化的特色光芒；睿智的先贤、悲壮的志士、杰出的精英、非凡的名流，无不闪耀着夺目的光辉。发现和挖掘这些沉淀的历史，记录和整理这些时代的印记，是我们这代人的历史责任。把光辉灿烂的地方历史文化和时代风貌弘扬于当代，传之于后世，更是我们应有的担当。

很久以来，有些轶闻趣事只是口口相传，如果不能见之于文字记载，恐有失传之虑。许多历史人物，或散见于志书散本，或传之于家谱史料，如能汇集一书，则能传之愈广。至于当代人物中的名流贤达，或建功于国家，或立业于社会。其功其德，虽不能定论，但毕竟是这片热土上各领域中的翘楚。他们的历史，就是时代的缩影，记录他们就是记录时代。后人观此，亦如今人之观古。如能为后人留下一些时代的见证，善莫大焉，吾愿足矣！

荆锡震

2024 年 4 月

# 目录

## 上篇　风物传说

## 下篇　人物传奇

### 第一章　历史的星空



### 第二章　不能忘却的革命先烈

## 第三章 江山代有才人出

## 第四章　数风流人物，还看今朝

# 上篇

# 风物传说

# 朱元璋点土墩的传说

皇塘地区以前有很多大小不一，高低不同，长短不等，间隔不断的土墩。这些土墩星罗棋布，错落有致，远近高低，风格迥异。有青墩，白兔墩，蛇墩，檀树墩，马鞍墩，官墩，帽墩，雁墩，野猫墩，乌龟墩，鹅墩，鲤鱼墩，猪婆墩，樟茅墩，楝树墩……不多不少，正好整整一百个。

元朝末年，有位骑着高头大马的将军来到了吴塘。他被吴塘地区大小各异的土墩吸引住了。他越看越喜欢，越看越觉得这是一块风水宝地。后来，他干脆把马往路边的树上一系，徒步爬上了最高的一座土墩，饶有兴致地数起土墩数来。

原来，这位将军不是别人，正是即将打下江山的朱元璋。此刻，他正在为新国家选择在什么地方建都犯愁呢！

他发现这里土墩星罗棋布，风景秀丽，不由得喜上心头：如在此建都，定能传代万世，江山永固！

但他从左至右数了一遍，只有九十九个。再从右至左细数了一遍，还是九十九个。朱元璋不禁有些失望，叹了一口气，自言自语道："好好一只金酒器，可惜缺了一角。如能凑足一百个土墩就完美无缺了，可惜少了一个，只有九十九个。"

这时，土墩下有个牧童正横坐在牛背上，悠然自得。他听到朱元璋的叹喟后，朗声道："我们这里自古以来就是一百个土墩，不多不少，你怎么就只点到九十九个呢？"

朱元璋道："我已经点过好几遍了，都是九十九个。难道我点错了？"

牧童说："你再点一遍我看看。"

朱元璋果真又认认真真地从左至右数了一遍，仍然只有九十九个。

牧童用手一指朱元璋的脚下说："你点了半天，自己脚下站着的这个土墩忘了点了。"

朱元璋一拍额头，恍然大悟道："疏忽了，疏忽了。让你见笑了。"

牧童不以为意，赶着牛、吹着口哨悠然而去……

朱元璋望着牧童远去的身影，不由得暗自思忖：这里的孩子都如此聪明，我若在此建都，岂不被当地人耻笑？于是，朱元璋放弃了在皇塘建都的想法，把国都建到应天（今南京）去了。

## 白龙寺的传说

南朝以前，在今丹阳市皇塘镇与常州市金坛区尧塘街道交界的界沟村，住着一户老实巴交的吴姓村民。其名游，娶妻薛氏。夫妻俩勤劳朴实，为人忠厚，平日里经常帮穷济贫，乐善好施，一心向善，四邻八村的乡亲们无不交口称赞。吴游夫妇生有一儿一女，儿子名叫善生，为人淳朴敦厚；女儿名叫善珍，生得眉清目秀，聪明乖巧。善珍八岁开始学习女红，十岁就学会了做饭洗衣，深得父母喜爱和邻里乡亲的夸奖。

薛氏虽然平日里吃斋念佛，与世无争。但她对子女管教甚严，特别是对女儿善珍，平日里绝不许她随便越出闺阁一步。

这年春天，薛氏要去钱唐（今浙江杭州）灵隐寺敬香还愿。因路途遥远，吴游就和儿子善生推上自家的独轮车，父子俩一个拉纤，一个推车，载着薛氏朝钱唐进发。临行前，薛氏关照儿媳王氏和女儿善珍看护好家门，不得招惹是非。

父母和哥哥出远门后，善珍和嫂嫂每日里在家或描龙绣凤做女红，或下地摘菜锄草做农活，从不轻易出门游玩。有一天，姑嫂俩提着水桶到井边打水，在井边看到两枚蛋，一枚是白蛋，一枚是青蛋。善珍叫嫂嫂捡起来，嫂嫂叫善珍捡起来……一番推让之后，善珍拗不过嫂嫂，就把两枚蛋捡起来揣在兜里提着水回了家。

回到家中，善珍打算把两枚蛋收起来，可是摸遍了浑身上下，两枚蛋怎么也找不到，竟莫名其妙地不翼而飞了。姑嫂俩十分惊奇，百思不得其解，不过也没当回事，就让这事过去了。

三四个月之后，善珍突然头晕想吐，食餐无味，似有怀孕迹象。又过了两个月，善珍的腹部竟然一天天大了起来。姑嫂两人吓得惊慌失措，寝食不安。

善珍的母亲回家后，发现了这一秘密，不禁怒火冲天，责问道：“你的肚子怎么会大起来的？是不是做了见不得人的丑事？”

善珍和嫂嫂就把在井边捡蛋之事一五一十地详说了一遍。但是，薛氏怎么也不相信，认定是善珍在家做了伤风败俗之事。她狠了狠心，咬了咬牙，折了一根竹篠，劈头盖脸就猛抽善珍。一连数日，皆是如此。可怜善珍被母亲打得遍体鳞伤，仍是百口莫辩。薛氏把女儿善珍的清白看得比生命都重要，自然不肯轻易饶恕女儿。

吴游家门口有片竹林，薛氏几乎天天都要折一根竹篠抽打、审讯善珍。善珍怀孕三年，就被抽打了三年。一片竹林几乎被薛氏折光了。善珍经常被打得鲜血淋漓，皮开肉绽，满地打滚，哀号呼叫。嫂嫂王氏在一旁看在眼里，痛在心里，跪在地上苦苦哀求，拼死相救，却也无济于事。

梁武帝大同三年（537）五月十八这一天，善珍突然听到腹中有呼叫：“我乃青龙也，应从左胛出。”又有一声音：“儿白龙也，要从右胛出。”善珍左手一抬，青龙跃出，不告而别，独自腾空升天而去；右手一抬，白龙跃出，腾空而起，却没远离，而是围绕着她上下翻飞，左右翱翔，十分温柔孝顺。

目睹此景，善珍悲喜交集，泪如雨下，三年的委屈和冤枉顿时化为乌有。白龙飞抵母亲身边，俯首道：“母亲孕儿三年，受尽苦难，孩儿无以为报。现在，您骑上孩儿的龙背，闭上眼睛，千万不要睁眼，我带您上天庭享福去吧！”言毕，俯身下来，承背母亲。善珍闻言，略一迟疑，旋即跨上龙背，手攀龙角，紧闭双眼，随白龙徐徐飞升。

霎时，天空中电闪雷鸣，狂风呼啸。白龙驮着母亲腾云驾雾，直抵天庭而去。临近天庭时，只听得天庭里鼓乐齐鸣，闹声鼎沸，响彻云霄。善珍惊喜万分，情不自禁地睁开双眼，想看一看天宫热闹的场面。不料眼一睁，善珍倏然滑下了龙背，直接跌落凡尘，坠地而死。

白龙眼见母亲坠死，悲痛欲绝，擎风驰电，直奔地面扑来。它在母亲的尸体旁跳跃翻滚，掀起了巨大的烟尘，翻滚之处地陷数十里，顿时，水涌成塘，烟波浩渺，白浪滔天，形成了碧波荡漾的白龙塘。白龙龙尾狂扫之处，又陷七十二条深沟，形成了白龙塘的七十二条沟梢。

第二天清晨，乡邻奔走相告，这一奇闻迅速传遍四面八方。地方官也层层上报，一直报到了朝廷。

梁武帝萧衍祖籍丹阳，当他得知家乡出了这样的奇闻后，暗喜道：正值新定年号大同不久，老家竟有神龙降世，实乃孤王之洪福，吉兆也。随即下诏，钦赐白龙塘土地二十亩，以建圣庙，并赐名为“慈感殿”。

庙建成后，梁武帝钦赐吴善珍为白龙圣母。庙称为白龙圣庙，也称吴塘龙母祠、白龙寺。打那之后，吴塘也因为皇帝御赐圣庙而改称为“皇塘”了。皇塘一名自此而兴。

清乾隆十三年（1748），白龙寺重修，乾隆皇帝御赐“普天行化”金字大匾一块，以彰其德。

20世纪90年代，白龙寺得以扩建。寺内现建有大雄宝殿、慈感殿、天王殿、钟楼、鼓楼、放生池和万佛石塔。万佛石塔高40米，共九层，由万尊石材佛像构成。内有2500千克重的幽冥钟一座，直径1.6米的大乘法鼓一面，金装香樟佛像二十二尊。

2008年，白龙娘娘的传说被列入丹阳市非物质文化遗产代表性项目名录。

## 丁桥溯源

丁桥，是一座有着悠久历史的古老小镇。明《隆庆丹阳县志》载，丁桥和吕城、延陵、珥村、丁庄、埤城一起被称为丹阳的六大古镇。

丁桥之名从何而来？

汉代以前，因为这一带千墩相连，故名“千墩”。后改名“丁桥”，据说是跟一位名叫丁令威的仙人有关。

丁令威，汉辽东人，当过辽阳刺史。任职之年，治下遭遇干旱和蝗虫之灾，百姓颗粒无收，饿殍遍野。丁令威数次上报却得不到朝廷救济，便私自动用公粮赈济灾民，后被朝廷问责，差点被杀头。遭此挫折，丁令威自感仕途无望，便挂冠而去，远离尘世，跑到灵墟山一心修仙学道去了。

数年之后，丁令威学道初成。为了进一步修行，他辞别师父只身下山，开始云游四方，广结善缘。这一天，他云游到了千墩，只见此地东有土墩耸立，西有荆溪潺潺，千墩相连，冢埠垒然，草木茂盛，风景秀丽，便在此定居下来，凿井炼丹，潜心修道。与此同时，他用数年时间，把东面的土墩推平，并在此地修建了一座道观，取名为“灵应观”。

灵应观向西数百步，荆溪横陈，两岸村民隔河相望，甚是不便。丁令威就带动村民凿石建桥，两年桥成。村民们感念丁令威的恩德，就将此桥取名为“丁桥”。

灵应观向北十里，有个百户大村，村民亦散居荆溪两岸。丁令威决心在荆溪之上建一座桥，造福两岸村民。除了捐出灵应观的全部香火钱，他还外出化缘募资三年。桥成之后，当地人为铭记丁令威的恩德，就将此桥取名为“道士桥”。后逐渐衍化为“导士桥”“导墅桥”。

丁令威一生爱鹤。他在灵应观里养了一对丹顶鹤，终日与鹤形影不离。每当日出或夕阳西下之际，他都牧鹤于荆溪之畔，或戏水溪边，或抚琴柳下。这对仙鹤亦如影随形，或俯首低吟，或仰天长啸。人鹤共舞，宛如仙境。

数十年后，丁令威终于修成正果，得道成仙。这一天，他化鹤飞升，准备回归辽东。当升到半空中时，他不禁对这块生活了几十年的第二故乡心生留恋，遂沿荆溪河缓缓地翱翔了一圈。当地百姓得知丁令威得道成仙、化鹤升天后，纷纷跪拜在地，叩头不止。丁令威恋恋不舍，就把随身携带的古琴朝下一抛，以作留念。后来，人们把丁令威抛琴的地方叫作“下琴”，把荆溪河改称为“鹤溪河”，“千墩”自此之后也就改称为“丁桥”了。

丁令威化鹤飞回辽东家乡后，立在仙人台的华表柱上梳理羽毛。一白衣少年看到后，张弓搭箭朝其射去。丁令威振羽而飞，在空中高歌唱道：“有鸟有鸟丁令威，去家千年今始归。城郭如旧人民非，何不学仙冢累累！”歌罢，一飞冲天，不知所终。

丁桥向东一箭之地有个珥塘村。据说，其村民皆是西汉荆王刘贾之后裔，为纪念荆王封号而改荆姓。三国时荆氏采邑之地为孙权所略，荆氏一族只得隐居于荆溪之畔的荆城港。南朝宋文帝时，荆氏后人为避战祸，又沿荆溪东移，最终在珥塘定居下来，繁衍生息。到了东晋时期，荆氏已成望族，并在珥塘建起了荆氏祖祠。所以，珥塘也就成了荆氏的始祖之地和发源地。珥塘的荆氏祖祠烜赫一时，远近闻名，当地人干脆就用“祠堂”直接代称珥塘。

丁令威在灵应观修道几十年，为当地百姓做了许多好事，也与村民结下了深厚的情谊。在他成仙升天后，当地百姓感念其德，不仅把一些与他有关的地方改名以作纪念，还增建了他修建的灵应观。原来的灵应观只有道教创始人老子李耳的塑像，增建之后的灵应观则增加了丁令威的塑像。人们把丁令威祠和供奉老子的道观合二为一，因毗邻珥塘的荆氏祖祠，便取其名为“福祠山”。

每年清明节，方圆数十里的乡民都会到福祠山、灵应观来祭拜丁令威。久而久之，便形成了传统的庙会集市。每到清明，丁桥古镇摊位林立，商贾云集，人头攒动，热闹非凡。这一传统一直延续至今。

灵应观在历朝历代都有重修，规模不断扩大。到了宋朝，灵应观改名“太霄观”，在道教中的地位与茅山道观不相上下。当时的丁桥，因福祠山、太霄观的盛名，规模达到了鼎盛，号称“十里古镇”。宋时名臣刘宰著有《太霄观记》，其文曰：“丁桥虽非井邑，而水可舟，陆可车，亦农工商贾一都会。”此文对于研究古代市井商贸文化极具价值，常被经济学家引经据典，在我国商贸界有较大的影响力。

在宋朝时期，丁桥就已经是“农工商贾一都会”，南来北往的商贾和琳琅满目的商品，促进了当地的经济发展和文化繁荣。其农耕业、商贸业、手工业、制造业、餐饮业、博彩业乃至医巫卜卦，都开化较早。在这些众生百业中，丁桥的酿酒技术和豆腐制作技艺最负盛名，特别是“丁桥豆腐”的名号，一直传承至今，历久弥香。

元朝时，蒙古铁骑南下，丁桥遭遇浩劫，十里古镇毁损大半。

丁桥西去一里有个寺墩村。寺墩村的得名，缘于梁宝寺。

梁宝寺，建于梁朝天监年间，是梁武帝为得道高僧宝志和尚建的一座名刹，为南朝四百八十寺之一，一度与南京鸡鸣寺、苏州寒山寺、扬州大明寺、镇江金山寺齐名。据史书记载，梁宝寺院宇敞亮，气势恢宏，明朝正统时曾重修，清朝康熙年间增建观音阁，乾隆年间又增建地藏殿。咸丰十年（1860）太平军与清军江南大战时，梁宝寺毁于战火，直到光绪十四年（1888）重修。新中国成立后，梁宝寺曾作为学校用房得以保留至20世纪70年代。后因年久失修被毁，院内一株百年银杏也同时被伐。

咸丰八年（1858），邑人荆履吉撰《梁宝寺记》称：“丁桥在宋时舆地，大今十倍。而寺观之最著者有二焉，其一为太霄观，系丁令威故居，其裔舍宅为观……其一即梁宝寺，创自梁大同间，以志宝禅师得名，为南朝四百八十寺之一……村民刈田，屡得古瓦瓶及宋时崇宁通宝大钱。盖宋之丁桥，广袤数里，岂今日可与较长洁短哉！”

太平天国时，丁桥又遭兵燹涂炭，广袤数里的丁桥古镇几为灰烬。

民国时期，丁桥街上依然人气旺盛，单是荆家祠堂就有大小十三个，还有大小茶馆七爿，饭店四家，豆腐坊两家，戏馆一座。

1958年，皇塘地区开始新建电力灌溉站，丁桥的鹤溪河两岸分别建造丁桥东站和丁桥西站。因建筑材料严重缺乏，当时的乡村干部决定，拆除福祠山的太霄观，拆下来的砖瓦木料等均用于建造电力灌溉站。于是，传承了两千余年的太霄观，顷刻之间便荡然无存，无声无息地湮灭在了历史的长河中。

## 链　接

### 太霄观记

（宋）刘宰

地因人姓，姓以人传，茅山旌隐君子之居，吕城著故将军[①]之绩。况姓不徒[②]传，而地理有适相符者。丹阳县东南七十里，跨小溪为桥，桥东南冢阜累然，曰“千墩”。溪北流五里，合为大溪，曰“白鹤”。问之土人，曰：“吾里令威丁仙之故里也。”丁其姓，白鹤其所化以飞；冢阜累然者，其所歌以讥世也。质之汉末，辽东华表柱所题可信，然令威之事，于传无所考。又丹阳距辽东远，虽神仙驭风乘云，往来倏忽，亦不应辽阔如许，疑以传疑，《图志》亦阙，不录其地。自梁大同间，曰“灵应”，以奉老子，而祀令威于其侧。宋治平中，更曰“太霄”。岁久，殿宇颓倾。嘉定中，知观事薛汝显与乡之长者殷用约、殷所、殷乔年、薛天锡、贺明、贡友龙、包隙、段光祖、茅文德始率众鼎新之，欲买田以安众，未能而汝显殁。弟子张宗元、宗明，欲使来者毋忘其师之功，介蔡生天成谒余为记。余素不为老氏[③]学，数谢不能，而二人请不已。因思老氏之道虽非吾所谓道要，亦有教焉。今夫十家之聚，必有米盐之市，曰市矣，则有市道焉。相时之宜，以懋迁其有无，揣时之缓急，而上下其物值，以规圭、黍、勺、合之利[④]，此市道之常。丁桥虽非井邑，而水可舟，陆可车，亦农工商贾一都会。于此而作为宫室，舍方外，奉清净，教使入其门者，皆厌世俗之喧嚣。想太霄之清丽，洗涤其念虑[⑤]，祓除其缠染[⑥]，以与造物者[⑦]游，否亦省嗜欲[⑧]，薄滋味[⑨]，养生全真[⑩]，而不为世道所溺，其于世教，可不谓有功乎？以诏来者，使无忘其初，宜也。余故不复辞而为之书。

注释：

① 故将军：指三国吴名将吕蒙，因吕蒙曾率兵屯田于此，故称。

② 不徒：不独，不但。

③ 老氏：即老子。

④ 以规圭、黍、勺、合之利：谋求利益。圭、黍、勺、合均是古代容量单位。

⑤ 念虑：思虑。

⑥ 缠绕：传染。

⑦ 造物者：特指创造万物的神灵。

⑧ 省嗜欲：减少嗜好和各种欲望。

⑨ 薄滋味：轻视人间的各种苦乐感受。

⑩ 全真：保全天性。

## 宝志和尚与梁宝寺

**江南春**

杜　牧

千里莺啼绿映红，
水村山郭酒旗风。
南朝四百八十寺，
多少楼台烟雨中。

唐朝诗人杜牧的这首《江南春》千年来素负盛名，此诗既写出了江南春景的丰富多彩，也写出了江南的广阔、深邃和迷离。“南朝四百八十寺”说明南朝佛教盛行，佛寺很多。梁宝寺，就是这“四百八十寺”之中的一个。

梁宝寺，距丁桥西一里许，属现在导墅镇镇东村的寺墩村。梁宝寺之名源于宝志和尚。

宝志又名志公、宝公，俗姓朱。据《高僧传》载，其“居止无定，饮食无时，发长数寸，常跣行街巷，执一锡杖。杖头挂剪刀及镜，或挂一两匹帛”。相传，他是从老鹰窠里抱下来的孤儿。据传，南朝时，句容和丹阳两县的交界处有个朱家村，村里有一对老夫妻，二人做了一辈子好事，就是老来无子。一天大清早，老头出门打水，听见有小孩子哭得可怜。他就循着哭声一路找去，来到一棵槐树底下，一听，哭声是从树上的老鹰窠里传出来的，就爬上树一看，老鹰窠里果然躺着一个白白胖胖的小男孩。他心疼地赶紧把孩子抱了下来，从此就收养了这个孩子。这孩子七岁的时候，老两口把他送到建康城（今南京）出家做了和尚。这孩子就是后来的宝志和尚。

宝志和尚潜心修佛，二十多岁就悟佛得道。尔后云游四方，遍访名刹宝殿，法力更为精进。中年之后，又回到句容花山结庐为庵，设坛讲经传教，使此山名声大振。后人为纪念这位开山祖师，就把花山改名为“宝华山”。这就是被誉为“律宗第一名山”——宝华山的由来。

后来，宝志和尚走出宝华山，来到相邻的丹阳传经布道。

丹阳东北三十余里，原来有座金牛山，因宝志和尚在此讲经，遂改名“经山”。

相传，金牛山上来了一头金色毛发的牛，它栖身于深不见底的金牛洞中。这头金牛异常凶猛，昼伏夜出，经常糟蹋农田里的庄稼，方圆数十里的农户深受其害。众多猎户纷纷组织起来，多次围捕金牛，但皆以人员伤亡而败阵。久而久之，百姓只好眼睁睁地看着金牛危害乡里。宝志和尚听闻此事后，决定为民除害。他用法将金牛封锁在洞内，百姓安宁了一阵子。一天，大雨倾盆，雷电交加，金牛受惊挣脱禁锢，冲出山洞，逃之夭夭。宝志和尚得知后一路追赶，紧追不舍。金牛先向西狂奔二十余里，宝志和尚追上后，一把挽住了牛角，运用神力意欲制服金牛。金牛拼命抵抗，一只牛角被宝志折断。金牛挣脱后，又掉头向东一路狂奔而去。宝志和尚折断牛角的地方，后来就叫“挽角”，这就是现在的丹阳经济开发区华甸社区的挽角蒋家村。宝志和尚继续追赶狂奔的金牛，追出三十余里后，金牛疲惫不堪，实难再奔，便往一个水洼中一滚，不见了踪影。金牛打滚的地方成为一个大坑，久而积水为塘。世人称之为“奔牛塘”，即今常州新北区的奔牛镇。

宝志和尚追捕金牛的事迹很快就传遍了十里八乡。崇信佛法的人，就更加虔诚地去经山听他讲经诵佛了。

几年之后，宝志和尚离开了经山，到建康继续宣扬佛学。

梁武帝崇尚佛教，早就听闻宝志的名号，为了便于切磋佛学经典，就把宝志请入宫中，聘他为国师，并在皇宫内建了佛堂精舍，专供宝志念佛讲经。一天夜里，郗皇后化蛇托梦给梁武帝说："妾乃郗氏，非蟒也。妾因嫉妒丁氏（昭明太子之母），被谪为蟒。今无食可填腹，无窟可庇身，祈一功德，以见拯拔也。"第二天一早，梁武帝即刻召见宝志。宝志和尚指点："非礼佛忏悔不可。"梁武帝遵照宝志的指点，为郗皇后忏悔，并亲自撰写了忏文。世人将梁武帝所撰忏文，称为《梁皇忏》《梁皇经》，代代传承，流传至今。梁武帝大办"慈悲道场忏礼大会"，超度郗皇后。数日后，梁武帝又梦见郗氏，俨然生时模样。郗氏见帝敛衽下拜，说："蒙帝功德，已得生忉利天。"言讫而逝。

梁天监年间，宝志和尚圆寂，梁武帝以二十万钱为他超度，葬建康独龙阜。郗皇后之女永定公主以汤沐之钱，在独龙阜为其造五级浮屠（俗称宝塔）。宝志圆寂后，梁武帝经常怀念与宝志和尚的情谊。多年后，梁武帝决定在故乡曲阿（今丹阳）选一风水宝地，为宝志和尚建一座寺院，取名"梁宝寺"。这就是丁桥西边寺墩村的梁宝寺。

梁宝寺在明朝正统时曾重修，清康熙年间增建观音殿，乾隆年间又增建地藏殿。咸丰十年（1860）太平军与清军及英法"洋枪队"在江南激战，百姓遭殃，生灵涂炭，梁宝寺被毁。光绪十四年（1888）梁宝寺重建。

咸丰八年（1858），皇塘荆履吉撰有《梁宝寺记》，文曰："梁宝寺，创自梁大同间，以志宝禅师得名，为南朝四百八十寺之一。院宇宏敞。罗汉松一株……而梁之志公，实为禅门法乳。"

新中国成立后，梁宝寺曾作为学校用房得以保留至20世纪70年代，后因年久失修被毁，院内一株百年银杏也同时被伐。

## 链　接

### 梁宝寺记

（清）荆履吉

丁桥在宋时舆地，大今十倍。而寺观之最著者有二焉，其一为太霄观，系丁令威故居，其裔舍宅为观。刘漫塘先生尝作碑记，后毁于火，碑亦不存，惟文载邑志，考古者得资流览。其一即梁宝寺，创自梁大同间，以志宝禅师得名，为南朝四百八十寺之一。院宇宏敞。罗汉松一株，数百年物。寺亦屡有兴替，而旧迹不改，即今之巍然独存者是也。戊午夏日，寺僧纂修宗谱，禅友磬峰征余记，将付剞劂氏。夫寺之设，以奉佛也。佛之来自西域，夫人知之，而梁之志公，实为禅门法乳。自梁至今越千余载，住持斯寺者难以更仆，而如志公之道行，邈不复觏，岂古今果不相及与？然吾闻雍正、乾隆间，寺僧有达源者，精修梵行，邑令宁君，尝以"道德超群"四字额之。又其裔普云，工书画，与吾族芷衣先生往还，亦异乎今之为释者矣。余尝读书寺中，其地川原秀美，前有小桥曲池，环绕左右；寺西土阜，可以眺远，俗传为侯景墓。侯景者，梁之逆臣，未克令终，安得归骨此间，墓殊不足信。吾舅氏玉溪先生，著说辨之。今寺在丁桥西一里，南有丰巷，北有寺巷。余核诸往日基址，固不分畛域。村民刈田，屡得古瓦瓶及宋时崇宁通宝大钱。盖宋之丁桥，广袤数里，岂今日可与较长洁短哉！所慨者，同时并称之太霄观，仅于荒烟蔓草间，凭吊遗址，发思古之幽情。而世之客游斯土，留连信宿，则区区兰若，犹足税高人之驾。而夕梵晨钟，宛同棒喝。是则吾里之有此寺，亦磬峰所当回忆先泽，而克缵前徽也已。余既诺其请，遂援笔而记之。

## 焦先与归真观

丹阳市皇塘镇后亭村有一个远近闻名的归真观。据传，归真观为焦先所建。

焦先，字孝然，汉末河东（今山西永济）人，是一位有才学、有贤德、有名望的人。他视荣禄为浮云，挂冠封印，云游四方，悟道求仙。

焦先南游来到了镇江的樵山，自筑草庐栖身，潜心修炼方术。他数日一食，冬夏一衣；每日担柴，送给邻里。一日，他栖身的草庐被火烧为灰烬，救火的百姓都以为他被大火烧死了。哪知焦先竟从火灰堆中徐徐而起。又一次，大雪纷飞，草庐被雪压塌，邻居赶去救援，也以为焦先一定被压死了。正在众人悲伤之时，焦先却从数十步外姗姗而来。焦先两次逢难不死的消息不胫而走，众人都将他视为神仙下凡。此后，不断有人前来拜师学道。焦先不愿被俗人俗事缠扰，遂离樵山而奔曲阿。镇江樵山便因焦先而改名为“焦山”。

焦先一路东游，来到了蒋墅。当时，此地杳无人烟，焦先觉得风景不错，就在此筑茅结庐，掘井炼丹。不久，他开始建造东瞟观。据传说，建观的木料，都是焦先从炼丹井中拔出来的，要粗拔粗，要细拔细，道观成，木料不多不少。

后焦先得道成仙，白日飞升，留下了丹井、丹池、迎仙桥、望仙墩等遗迹。

到了隋朝，东瞟观改名为“三清观”。

唐开元十四年（726）重建，改名为“清虚观”。

宋祥符中，改名为“归真观”。

明朝万历年间，归真观重建，规模继续扩大，形成了一个建筑群。归真观建筑群呈“口”字形，占地数十亩。道观正门朝南，俗称“大山门”。大山门九间通厅，高宽各丈许。观内有一座戏楼，坐北朝南。戏台离地一丈二，由四根合抱的楠木柱支撑。每年的正月十五为归真庙会，戏楼连唱三天大戏，热闹非凡。“口”字形建筑的中央就是看戏的露天大操场。北面是三清殿，为道观的主建筑，供奉着三清菩萨。东面是东岳殿，供奉东岳大帝及其部将。西面是阴森恐怖的阎王殿，供奉的是地藏王菩萨和面目凶狠的十殿阎王，内有刀山、油锅、石磨、钢锯等刑具。西南角上，有口池塘，塘边有株参天古银杏，枝丫交错，浓荫蔽日。

道观向东百步，有一座小桥，名叫落鞋桥。相传道观内精美的壁画和题诗都是仙中才子吕洞宾所作。有一天，吕洞宾正在观内作画，忽然有人进来烧香。因为仙凡不能碰面，所以吕洞宾急忙从东门逃出，慌乱之中跑丢了一只鞋。此处后来造了一座桥，故名“落鞋桥”。

新中国成立初期，当地政府利用归真观空闲的房子办起了学校。“大跃进”时因大炼钢铁，观内大殿均被拆除。“文化大革命”时戏楼被拆。远近闻名的归真观仅剩最南面的一排房子，幸亏当时被用作生产大队的大会堂，才得以保留。

## 链 接

### 归真观透壁诗

吕纯阳

东西南北大如斗，日月两轮荧火走。
须弥山水作金银，难买浮生作长久。
世情世态君莫羡，急景流光窗外箭。
思量今古几多人，得失荣枯都不见。
君不见门外哭声切，半是生离半死别。
君不见路上行人争长陌，抱恨离情送迁客。
中朝至暮只忧家，及至临朝忧不得。
休！休！休！要君知，冠盖从来无所依。
一日日穷，犹自可，一年年老，怎生医！

## 诸葛赓与归休亭

今导墅镇向东约两公里有个大华村，曾是诸葛亮的后人诸葛赓在宋代获赐的封地。

据《丹阳县志》记载："诸葛赓，字君俞。庆历间，五举乡试皆第一。累官殿中丞。观文殿学士兼侍读。提举崇福宫，致仕。赠太子少师，赐第大华。"

诸葛赓年老退隐后，一心想为乡人做点好事。一天，他踱步至大华双庆桥，看到这里四处空旷，来往行人没有避雨遮日之处，便决意在此建一座亭子，供行人小憩之用。

不久，亭子建成，诸葛赓的女婿、北宋名臣、书法家蔡襄，亲手书写了亭额，名曰"归休亭"。

归休亭是一座由四根石柱支撑、上部为瓦木结构的亭棚。亭内有书桌、书凳及茶水供行人休息使用，夏天蔽日，雨天避雨。诸葛赓自己也经常驻足亭中，一边观赏四时美景，一边吟诵自己的诗作：“日影初升半竹篙，一天晴色读离骚……”，“水国微茫境不凡，箨冠萝带芰荷衫。云归洞口鹿常卧，叶落巢门鸟自衔。采药道人过峭壁，汲泉童子下层岩。名山书卷封题处，多少烟霞护玉函。”诸葛赓晚年大都与归休亭为伴，自得其乐，别无他求，一直活到九十六岁高龄，才驾鹤西去。

元末，大华诸葛家族人才辈出，家业隆盛。为求太平，族人建起了“华堂竞辉，甲第连横”的庄园。当时，诸葛庄园良田一千七百多顷，连绵七府。庄中僮仆三百多人，仓廒两千余间，护城墙连绵三公里，只能经过护城河上的吊桥进出。俨然一副大户人家气派。

诸葛家族还在庄园周围建造了许多亭台楼阁，小桥曲水，使大华成了风景秀丽之地。当时的文人墨客、乡绅名流趋之若鹜，竞相吟诵“大华八景”：鹤水春帆，雁墩秋收，月潭垂钓，太白酒市，归真仙梵，紫桂霏霞，浮丘晴雪，彩虹卧波。

元末明初，盐贩出身的张士诚，拥兵自重，雄霸苏州。他早就听说诸葛庄园的盛名，企图将其收入囊中，据为己有。不料，遭到庄主诸葛翼的严词拒绝。张士诚恼羞成怒，勾结元军围攻大华。诸葛翼率民众抗敌，凭借坚固的庄园城防，坚守七个月，终因孤立无援，弹尽粮绝而城破人亡。宏大的诸葛庄园和秀美的大华八景也毁于一旦。

为保全诸葛宗脉，诸葛翼的兄弟诸葛畴带了一帮族人逃离大华，四散避居。明洪武二年（1369），朱元璋为表彰诸葛一门忠烈，追封诸葛翼为龙虎将军，诸葛后裔才得以重见天日。

此后，丹阳诸葛一族深受历代朝廷眷顾。光绪年间，大华曾被提升为市，一度再现繁华。1937 年农历六月十九，日本人窜至大华烧杀抢掠，逐渐恢复起来的古迹胜景付之一炬。

1957 年，残存的归休亭在疏浚鹤溪河时被拆毁，仅存亭额。

# 邮堂庙与三姑庙

很久以前，里庄境内有两座大有名头的庙宇，一座是邮堂庙，一座是三姑庙。两座庙相距仅有三里地，说起来它们之间还颇有渊源。

邮堂庙是一座千年古刹。相传，三国时期孙权率众相继开凿了里庄地区的越渎河、丁义河，不仅根治了水患，而且发展了农耕和漕运。当地百姓感念其恩，捐资择地建造庙宇，以祭祀孙权大帝，故其庙初名“大帝庙”。

唐朝时，距此一箭之遥的东褚村出了个天下闻名的宰相褚遂良。一时间，褚相老家门庭若市，热闹非凡。而作为客人们歇脚打尖的大帝庙，也跟着热闹起来，南来北往，川流不息。后来，朝廷干脆就在此设立了一个专门传递交接公文信函和喂马换马的驿站，大帝庙也改称为“邮堂庙”了。

五代十国时期，天下纷争，百姓流离失所，大批的流民逃难来到江南。

在逃难的队伍中，有三个年龄相仿、身世相同的姑娘走到了一起。她们的名字分别叫冯云霄、虞琼霄、薛碧霄，她们都已父母双亡，孤身一人，无依无靠。所以，当她们在风雨交加的二月初八这天相遇于邮堂庙时，就叩头结拜为异姓姐妹。为了得到神灵的庇佑，她们决定敬拜大帝菩萨为义父，承诺每年的二月初八，一定回庙上香，跪拜义父，风雨无阻。

第二天一早，姐妹仨拜别大帝菩萨后继续南行。不一会，她们行至三里外的竹塘村，只见此处地势平坦，河水清澈，是块风水宝地。于是，她们决定就此筑庐定居，垦荒耕作。在当地乡民的帮助下，她们春耕夏种、秋收冬藏，很快就过上了安稳的日子。她们还给当地人带来了栽桑养蚕、种棉织麻的新技能，几年之后就积累了一定的财富。于是，她们总是不遗余力地接济贫困村民和外来的难民。她们的聪明能干和善行善举传遍了四邻八乡，也引起了心术不正之人的嫉妒。

当地有个姓丁的财主早就垂涎三姑娘的美貌和财富，便暗地里买通官员企图霸占三姑娘的财产。三姑娘据理力争，但强龙不压地头蛇，为避免财产落入丁财主的手中，决定把田产委托给乡邻打理，自己外出习武学道。所谓“君子报仇，十年不晚”。于是，她们先到丁桥的太霄观学道，后又远走武夷、峨眉、武当，遍访名师，学禅悟道，终得正果。数年后，三姑娘得道归来，见田地财产均被丁财主霸占，便率众村民上门讨还。丁财主见三姑娘英气逼人，已非昔日的弱女子可欺，又见村民众志成城，自觉众怒难犯，便乖乖地把强占的财产悉数归还于三姑娘，并且从此以后洗心革面，重新做人，也开始学着三姑娘行善积德。

三姑娘见贪心的丁财主经过教化也能改恶从善，深感欣慰，决定在此地修建一座道观，这样既能方便自己继续修道，又可教化世人。消息传出，四方响应，十里八乡的村民们纷纷捐钱捐物出义工。不久，一座黄墙黑瓦的庙宇矗立在竹塘村边，庙内供奉着观音菩萨的神像，神像一旁塑了三姑娘的金身，人们给此庙取名为“三姑庙”。

三姑娘住庙修道后，也经常随丁桥太霄观的丁令威云游四海，但不管游至何处，每年的二月初八，必回邮堂庙祭拜义父大帝菩萨。令人惊奇的是，每年二月初八这一天，邮堂庙地区几乎总是有风、有雨、有雪。因为这三个姑娘分别姓冯、虞、薛，所以当地老百姓都说，是风姑娘、雨姑娘、雪姑娘回来了。

这一传说一直延至今日。

## 皇甫兄弟和皇甫庄

里庄地区有个自然村叫皇甫庄，这个村名源自唐朝诗人皇甫冉、皇甫曾兄弟。

据明《隆庆丹阳县志》载，皇甫敬德，进士，历泽州（今山西晋城）刺史。曾孙皇甫冉、皇甫曾。皇甫冉（约717—770），字茂政，十岁能文，张九龄叹异之，师事萧颖士，天宝初举进士，授无锡县尉，累迁右补阙。又据清《光绪丹阳县志》载，皇甫冉于天宝十五载（756）考中进士第一

（状元）。其弟皇甫曾，为天宝十二载（753）进士。再据清《乾隆丹阳县志》载，皇甫兄弟所住村庄为皇甫庄（位于珥陵里庄交界的丁义河东岸），村西至今仍有皇甫桥一座存世。

皇甫家族源自殷周时期，本姓皇父，秦时改“父”为“甫”。唐朝时，有一支迁徙到了丹阳。南宋《嘉定镇江志》载：“皇甫敬德，丹阳人，官银青光禄大夫，泽州刺史。”皇甫冉、皇甫曾的祖父皇甫价，官至六品饶州乐平（今江西乐平）县令兼五品朝散大夫；其父皇甫颢，为官至四品潭州（今湖南长沙）刺史兼中散大夫；叔父皇甫彬，为官至四品秘书少监。到了皇甫冉这代，官运不济，他本人只做到七品左补阙，他的弟弟皇甫曾也只是六品侍卿。再往后，皇甫家族日趋没落，数百年后，其后人不通文墨，居然不知祖上为“皇甫”复姓，而讹传为“王”姓。据清《乾隆丹阳县志》记载：“皇甫冉宅在珥陵东七里，号皇甫庄。子孙不知其先复姓，俱姓王氏云。”清道光年间《曲阿诗综》记载，丹阳诸葛亮四十六世孙诸葛程写有一首去状元故里凭吊皇甫冉的诗，诗前小序曰：“皇甫子孙不读书，皇甫之姓改王姓。”时至今日，皇甫庄上姓王的村民也不多了，大都姓袁。

皇甫冉虽然功名不大，在我国的诗坛上却有一席之地。他与同时代的杜甫、岑参、元结、王维、孟浩然、张继等诗人名动天下，盛极一时。《全唐诗》收录其诗集两卷，共二百四十一首。皇甫冉生逢安史之乱，诗作多写离乱漂泊、宦游隐逸、山水风光，尤其是山水写景之作风格清逸俊秀，与王维、孟浩然齐名，冠绝一时。刘禹锡过巫山时，见古人题诗千余首，便把这千余首诗按优劣搞了个排行榜，皇甫冉的《巫山峡》独占鳌头，故《巫山峡》又有“唐人三峡诗魁首”之称。

弟弟皇甫曾，比兄皇甫冉早三年进士及第，与凭《枫桥夜泊》一诗成名的张继是同榜进士。皇甫曾为官虽然只做到侍御史，但在诗坛也颇负盛名。皇甫曾师出王维，时人称其诗“体制清洁，华不胜文”。《全唐诗》存其诗一卷，其才名入《唐才子传》。

## （附）皇甫冉诗两首

### 泊丹阳与诸人同舟至马林溪遇雨

云林不可望，溪水更悠悠。
共载人皆客，离家春是秋。
远山方对枕，细雨莫回舟。
来往南徐路，多为芳草留。

### 巫山峡

巫峡见巴东，迢迢出半空。
云藏神女馆，雨到楚王宫。
朝暮泉声落，寒暄树色同。
清猿不可听，偏在九秋中。

# 十里三丞相，九里六尚书

丹阳东乡的荆溪流域，横跨原皇塘、蒋墅、导墅、里庄四镇，并一路向东，出蒋墅蜿蜒而去，与常州武进的扁担河交汇。

就在这块弹丸之地，仅唐、宋、明三个朝代，就出了诸多赫赫有名的丞相和尚书，素有“十里三丞相，九里六尚书”之称。意思就是在这东西长十里、南北宽九里的方圆之内，曾经诞生了三个丞相、六个尚书。

那这三个丞相分别都是谁呢？

宰相之一：褚遂良

褚遂良，字登善，祖籍阳翟（今河南禹州）。西晋末年，其先祖褚契徙迁曲阿里庄东褚村。

褚遂良为大唐名相，不但是政治家，也是名垂青史的大书法家。唐太宗酷爱书法，拜大书法家虞世南为师。虞卒后，即以褚遂良为师。

唐朝建立之初，褚遂良曾在秦王李世民府任铠曹参军。李世民即位后，任起居郎，负责记录皇帝的日常言行，并向皇帝提出建议和劝谏。太宗曾经问他："朕有不善，卿必记耶？"褚遂良回答道："臣职载笔，君举必书。"太宗晚年本打算立庶子李泰为皇太子，褚遂良据理力谏，太宗才改立嫡子李治为太子。此后，褚遂良拜中书令，行宰相职。

贞观二十三年（649），褚遂良受遗诏辅政，正式步入大唐政治舞台的中央。

李治称帝后，封褚遂良为河南公。不久，褚遂良因事受牵连被贬为同州（今陕西大荔）刺史。永徽三年（652）正月，褚遂良被召回京，拜为吏部尚书，同中书门下三品，为宰相职，并监修国史，兼太子宾客，后进拜为尚书右仆射。

永徽六年（655）九月，高宗准备废黜王皇后，改立武氏为皇后，褚遂良坚决反对，高宗不悦。过了一段时间，高宗重提这件事，褚遂良仍然反对，说："陛下执意要改立皇后，何必一定要选武氏呢？武氏是先帝的官姬，如果陛下立她为后，世人和后人将如何评说陛下呢？臣今天忤逆圣意，罪当死！"说罢，将笏置于阶上，一边叩头，一边流泪说："臣将此笏还于陛下，恳请陛下允许臣告老还乡。"高宗大怒，命左右将其推出朝堂。武氏躲在帐后咬牙切齿地说："为什么不扑杀了这个老东西？"长孙无忌急忙上前奏道："褚遂良曾受先帝顾命，有罪不能处刑。"褚遂良这才得以幸免。不过毕竟胳膊拧不过大腿，是月，武氏被立为皇后，随即将褚遂良贬为潭州（今湖南长沙）都督，赶出朝廷。不久，又贬为爱州（今越南清化）刺史。

唐显庆三年（658）十二月，褚遂良在忧愤中病死于爱州，享年六十三岁，并葬于爱州。直到咸通年间，唐懿宗才下诏命褚遂良的后代将灵柩运回丹阳，移厝于里庄竹塘高坟塘。

但是，在褚遂良的故里东褚村，对于褚遂良之死及其后裔有着另外的说法。

当时，对褚遂良恨之入骨的武氏被立为皇后之后，对褚遂良采取了追杀行动，并怂恿高宗皇帝诛杀褚遂良的九族，斩草除根。朝廷贤臣得知这一消息后，悄悄地给褚遂良通风报信。褚遂良为了使族人免遭灭顶之灾，就让家人改为"许"姓（在吴语方言中，"褚"与"许"发音近似）。褚（许）姓族人这才躲过了一劫。褚遂良却落得身首异处的悲惨结局。褚（许）姓族人忍痛节哀，不顾路途遥远，千里迢迢远赴爱州，将没有首级的褚遂良的遗体运回了东褚村（也有的说仅拿回了衣冠）。重新安装“金头”后，将其安葬在村东的石马坟。如今，东褚村并无褚姓，以许姓居多。

宰相之二：蔡京

蔡京为北宋名相，字元长，1047 年生，祖籍为福建莆田仙游县。金兵入侵中原时，举家定居丹阳里庄竹塘村。宋神宗熙宁三年（1070），蔡京得中进士，任钱塘（今浙江杭州）尉、舒州（今安徽潜山）推官。后拜中书舍人，入翰林院，任学士。宋哲宗绍圣元年（1094），任户部尚书，入仕中书省。宋徽宗时期，蔡京曾三次任中书省门下平章事，俗称宰相，也三次遭短暂罢相。

蔡京有八个儿子，其中有六个都官至大学士，长子蔡攸也曾任宰相。宋宣和二年（1120），蔡京以太师、鲁国公退相位，其子蔡攸当政。两年后，宋徽宗再度起用蔡京。蔡京年已高，不能看书写字，称太师，总领政事，具体事务都由其子蔡絛把持。再两年，蔡京再度被免官，其长子蔡攸加太保，三子蔡絛也遭免官。

金兵入侵中原后，北宋二帝被掳，南宋王朝偏居一隅，蔡京被贬官，流放岭南，途中死于潭州，其子蔡攸、蔡絛均被处斩。

蔡京的艺术天赋极高，素有才子之称，在书法、诗词等各个艺术领域均有辉煌表现。他的书法与苏轼、黄庭坚、米芾齐名。时人称其书法“冠绝一时”“无人出其右者”。就连狂傲的米芾都曾经表示，自己的书法不如蔡京。据说，有一次蔡京与米芾聊天，问米芾：“当今书法谁的最好？”米芾回答说：“从唐朝的柳公权之后，就得算你和你弟弟蔡卞了。”蔡京问：“其次呢？”米芾说：“当然是我了。”

在历史上，蔡京是著名的奸相，后人称其为北宋四大奸臣或北宋六贼之首，可见蔡京的历史形象是多么的恶劣。不过，蔡京曾经五次当权，在任期内，还是做了一些好事的。特别是在推行国家养老制度方面，蔡京所作的贡献是有目共睹的。当时，对有老人需要赡养的家庭，国家减免赋税和劳役，这项制度叫侍丁；犯人犯了罪，如果家里有老人需要赡养，可以先养老后服刑，这项制度叫权留养亲。对于那些没有子女的孤寡老人，国家出钱在各地建“居养院”“安济坊”“漏泽园”，使他们老有所养，病有所医，死有所葬。

蔡京是在宋钦宗时期被贬的，到宋高宗时开始得到平反。宋孝宗赵昚继位之初，连年号都没来得及改，就发布诏书，为蔡京和岳飞同时平反。

能将蔡京和岳飞放在一起平反，就说明即便在宋朝，人们也承认，蔡京其人对国家是有一定贡献的。

宰相之三：张捷

张捷，字前之，1645 年卒，丹阳导墅东泊村人。明万历四十一年（1613）登科进士。先任山阴（今浙江绍兴）知县。因政绩卓著，被晋升为监察御史。后任吏部右侍郎，再升为吏部尚书。

明太祖朱元璋称帝后，深感帝权与相权的冲突，唯恐元末“宰相专权”“臣操威福”的局面重演。于是，借反腐倡廉、整肃吏治之机，诛杀了宰相李善长、胡惟庸，废除了中书省。宰相制自此终结。六部尚书直接对皇帝负责，全国政务均由皇帝一人统管。因此，明朝中后期的尚书，实则行使的是宰相之职。张捷官至吏部尚书，主管官员的考评监督和奖惩升降任用，位高权重，权倾朝野，可谓一人之下万人之上。1644 年，李自成率农民起义军攻破北京城，崇祯皇帝在煤山自缢而崩，随后，吴三桂引清兵入关，攻陷北京，明朝灭亡。身在南京的张捷闻讯之后，与家人相视而泣。为了表明誓死效忠大明的决心，张捷在南京鸡鸣寺削发为僧。清顺治二年（1645），张捷在鸡鸣寺自缢身亡。

那六位尚书是哪六位呢？

尚书之一：蔡肇

蔡肇，字天启，丹阳里庄竹塘村人。宋神宗元丰二年（1079）登科进士，历任明州（今浙江宁波）司户参军、江陵府（今湖北江陵）推官。宋哲宗元祐中期，为大学正、常州通判。宋徽宗即位，任户部、礼部、吏部员外郎，明州知府等职。后官至中书舍人、显谟阁待制。蔡肇还是北宋时期著名的画家，尤其擅长画山水、人物。他与苏轼交情甚笃，曾多次结伴游览名山大川。他还常与苏轼、米芾、王诜、李公麟等人举行雅集。他的名画《松路仙岩图》《山麓渔舟图》《雪陂钟馗图》《松下逍遥图》《煎茶图》等，在中国传统画坊中占有重要地位，直到今天仍闻名于世。

蔡肇卒于 1119 年，墓葬位于竹塘村高坟塘。

尚书之二：洪拟

洪拟，字成季，一字逸叟，生于 1071 年，丹阳里庄竹塘村人。本姓弘，其祖有弘璆者，避南唐讳而改姓洪。洪拟在宋绍圣元年（1094）登进士甲科，崇宁二年（1103）为国子博士，先后任利州（今四川广元）路、福建（今福建）路学事，郓州（今山东东平）通判。宣和二年（1120）升任监察御史，迁殿中，进侍御史。当时，朝中王黼专权，洪拟不趋势，被贬到桂阳（今湖南桂阳）、海州（今江苏连云港）任职。时山东盗起，洪拟守城有功，于建炎年间被召为秘书少监，后又任起居郎、中书舍人、给事中、吏部尚书、龙图阁侍制。时宣抚使孟庾总师讨伐闽寇，洪拟私自把国库里的钱拿出来慰劳将士，并主动告发自己私动国库的行为。贼平后，洪拟不但没有受到处罚，反而被加封为礼部尚书、吏部尚书。绍兴三年（1133），洪拟进奏，宋高宗不悦，遂被降为徽猷阁直学士，到江州（江西九江）任职。洪拟著有《净智先生集》《注杜甫诗》等。1145年卒，终年七十四岁。

尚书之三：汤礼敬

汤礼敬，字仁甫，号云谷，丹阳里庄东河人，一说丹阳云阳汤甲人，一说丹徒人。

汤礼敬从小受雇于云阳驿站。一天深夜，驿站边的运河上停了一只官船，因为夜深，为了不惊动驿官，官员就在船上过夜。这位官员正准备安息，忽然听到从静夜中传来琅琅读书之声，甚觉稀奇。翌晨，此官员召见驿丞，问及“夜读”一事。驿丞随口答道：“此乃驿站佣书，天天如此。”此官一听，大为惊讶，立即召见了汤礼敬，试以文，谈以诗，皆对答如流。此官员大加赞赏：“邑有佳士，何乞其贫无食耶?”临别之时又嘱咐驿丞，一定要“善待此生”。后来汤礼敬经过刻苦攻读，果然不负众望，于明成化二十二年（1486）乡举中，以优秀成绩中举。明弘治九年（1496）登丙辰科三甲第六十六名进士，入翰林院。1502年，任刑科右给事中。明正德初年，汤礼敬上疏皇帝，直言：“陛下践阼以来……惟走马射猎。游乐无度”，“幸臣窃权，忠鲠疏远之应也”。后来汤礼敬又上书议论两广镇监军韦经，并上书弹劾阉党刘瑾，会同九卿大夫伏阙请诛八党，遭权奸谗陷，降为蓟州判官。

相传，汤礼敬死后葬于里庄镇东北坟家村。此村村民大都姓杨，原为汤墓的看护者，坟家村因此而得名。

尚书之四：贺邦泰

贺邦泰，字道卿，丹阳蒋墅人。明嘉靖三十八年（1559）中进士，历任福建莆田知事，南康（今属江西赣州）、廉州（今广西合浦）、琼州（今海南）太守，湖广参政，山西督学，江西按察使，户部尚书等职。卒后，葬于里庄回龙桥畔的贺家坟。

尚书之五：贺世寿

贺世寿，原名烺，字函伯，又字玉伯、中泠、山甫，丹阳蒋墅人，贺邦泰之房孙。明万历三十八年（1610）中进士，历任光禄寺少卿、太仆少卿、通政使、兵部侍郎、天津巡抚、刑部尚书、户部尚书等职。明光宗朱常洛即位后，阉党魏忠贤把持朝政，勾结宦官，沆瀣一气，党同伐异，贺世寿愤而辞官回故里，潜心研究理学，著书立说以传后人。魏忠贤被剪除后，贺世寿又复位户部主事。晚年，贺世寿叶落归根，回到故里蒋墅。作古后，葬于里庄回龙桥畔的贺家坟。

尚书之六：洪兴祖

洪兴祖，字庆善，号练塘，1090 年生，丹阳里庄竹塘村人。

洪兴祖自幼聪明，深悟理学之道。宋政和八年（1118）上舍及第，任湖州士曹。宋建炎三年（1129），高宗驻跸扬州，洪兴祖被召为秘书省正字，专掌图书及校勘典籍，后迁太常博士，著有《楚辞补注》。时金兵已破徐州，兵锋直指扬州，洪兴祖上疏进言："乞收人心，纳谋策，安民情，壮国威。"深得高宗赏识。

宋绍兴四年（1134），洪兴祖任迁驾部郎官，并先后知广德军、真州（今江苏仪真）。其间，他救荒革弊，率百姓建坡凿塘六百余处，动员百姓开荒种地七万余亩，招抚安置难民无数，深受百姓爱戴。绍兴二十四年（1154），洪兴祖为已故龙图阁学士程瑀所作的《论语解》撰序，不料此序引起朝中大臣的不满，有人借此竭力攻讦诋毁甚至弹劾洪兴祖。当时，朝中正是奸相秦桧掌权，谏官多出自桧门，加上洪兴祖素与秦桧言事不谐，曾怒斥秦桧的谬言。怀恨在心的秦桧当然不肯放过洪兴祖，借此机会，将洪兴祖贬到昭州（今广西平乐）。绍兴二十五年（1155）年八月，洪兴祖忧郁而死，终年六十五岁。墓葬在丹阳里庄竹塘村高坟塘。

秦桧死后，洪兴祖被追赠为敷文阁学士。

## 荆家祠堂·贺家坟·张家大门

在丹阳东乡荆溪一带，一直流传着这样一句民谚：荆家祠堂贺家坟，不如张家一扇破大门；荆家祠堂千亩田，不及张家祠堂一块匾。这句谚语到底有何来历呢？

皇塘荆氏宗祠建于明朝初年，坐北朝南，分前、中、后三进。第一进是十五间平房，第二进是十五间大厅，第三进是十五间楼房。进与进之间的东西两侧均有厢房相连。正房、厢房及转角楼等加在一起，共九十九间半。前进中间为正门，大门上贴有“江南望族”“汉后名家”的对联，屋内悬挂“荆大宗祠”横匾。中进正厅中堂悬挂“忠孝节义”大匾，两侧各挂“节并常山”“玉马清风”小匾。后进是供奉祖宗牌位的地方，阶梯形的格挡上摆满了祖宗牌位。前、后进之间的大天井中，栽有两棵数百年的古银杏，相传是刘伯温亲手栽下的，需五六个大人才能合抱。后进天井中种着清香四溢的桂树。整个宗祠古木参天，浓荫蔽日。时人称其“崇楼杰阁，高堂大厦，危耸云表”。

太平天国时，“长毛”犯境，一把大火将荆大宗祠烧毁大半，两棵古银杏也被烧死一棵。1937 年，日寇侵占皇塘，又是一把火将修缮后的荆大宗祠烧了三天三夜。仅剩的一棵古树也被烧枯，尽管如此，这棵烧枯的银杏树仍然是皇塘地区的制高点。日军把残存的荆大宗祠占为据点后，在烧枯的银杏树上架了一挺机枪，居高临下，皇塘周围数里均在机枪的火力之内。

新中国成立后，荆氏宗祠仅存的部分房屋曾被政府用作小学、中学、大会堂等，现已全部被毁。

再说贺家坟。

贺家坟是蒋墅贺氏家族精心挑选的一块坟地，位于里庄境内的回龙桥畔。

相传，明代户部尚书贺邦泰退休回到老家之后，想选一块风水宝地作为自己百年之后的墓地。他带着族人和地仙（看墓地的风水先生）访遍周边四邻八乡，终于选中了里庄回龙桥东侧这块风水宝地。此地前有荆城港的汉荆王庙，后有枳塘大坝，左有丁义河，右有回龙桥。风水先生说：“此地葬居颇佳，环境幽雅。头顶汉王，脚踏枳塘；左青龙，右白虎，代代出都堂。”贺邦泰死后果然葬于此。他的孙子贺世寿做了天津巡抚、刑部尚书和户部尚书，死后也葬在了这里。贺氏家族明清两代确实出了不少朝廷大员和地方官吏，死了之后大都落叶归根，葬在贺家坟园。

贺家坟方圆百余亩，四周是一丈多高的大坟垄岗。大坟垄岗的正门高两丈，宽三丈，两侧均用大青石砌成。大坟垄岗里面套着小坟垄岗，小坟垄岗内才是墓地。墓道旁和墓道中有数十尊石人、石马、石兽，其中石人高约丈余，神态威严，栩栩如生。

贺家坟原来有专人看管，太平天国时遭到损毁，渐趋荒芜。抗日战争时期，时任丹金武县抗日民主政府县大队长的薛斌率领武工队，发动当地民众把荒芜的贺家坟里的砖头、石块沉入河底，成功拦截了在丹金溧漕河里行驶的日军汽艇。经过激烈战斗，一举炸毁了日军汽艇，并歼灭了四十多个日寇和伪军。

沧海桑田，直至新中国成立后，贺家坟逐渐夷为平地。1966 年春，当地村民在挖排水沟时，挖出了一口黑漆锃亮的楠木棺材。打开棺盖，一具女尸仍完好无损，皮肤尚有弹性，身上穿的清式绸缎衣服光亮如新。但是，仅仅几分钟后，女尸皮肤逐渐变黑，所穿衣服在片刻间化为灰烬……此事当时传为奇谈。

最后再来说一说张家大门。

元末明初时期，丹阳里庄的大西泊村出过一个名人，叫张存。

张存，字性中，号雪洞。自幼聪慧，四岁能对偶，五岁能言诗，十三岁为邑文生。年轻时曾和刘基、宋濂一起游学，潜心理学。洪武初年乡贡，后任遂安县主簿。不久，弃官归里。

明初，刘基举荐张存入朝为官，张存辞谢不就，在家自筑“虚百庐”，授徒讲学，为明初理学之倡。一时间，门庭若市，高徒满座。其后，朱元璋倾慕其才学，亲自下诏，张存才不得不奉旨入宫，任太子太傅，专为皇家子孙授课讲学。

张存年迈后，告老还乡，仍居故里。

张存八十岁寿辰之日，刘基受朱元璋委托，率一帮张存昔日的宫中子弟，乘大船到导墅六窑桥上岸，再从陆路步行到大西泊张家，为张存祝寿，并将一块朱元璋亲笔御书的大匾交给了张存，大匾上书“理学大儒”四个大字。张家人获此至宝，欣喜万分，把它隆重地挂到了东泊村的张家祠堂的大门上。后来，张家人又把皇帝御笔亲书的“理学大儒”四个大字刻在了石碑上。石碑高一丈二，宽六尺，也竖在了张家祠堂里。可惜的是，这块石碑在“文化大革命”时被砸掉了，连石碑下面的石刻赑屃（俗称石乌龟）亦未能幸免。

张存死后，葬在丹阳北门外的石羊里。张存墓现已被毁。

## 链　接

### 张范我与《富春山居图》

2011 年 6 月 1 日，被誉为中国山水画“第一神品”的《富春山居图》在分离三百六十多年之后首次在台北故宫博物院合璧展出。

这幅国宝级的神品，在富有传奇色彩的流转过程中，与导墅东泊的张范我结下了不解之缘。

张范我，字伯骏，号赤涵（1614—?），丹阳导墅镇东泊村人，明末清初著名收藏家，吏部尚书张捷之子。

《富春山居图》被誉为“画中之兰亭”，是中国十大名画之一，是元代四大画家之首黄公望的巅峰之作。黄公望把耗时七年完成的《富春山居图》送给了师弟无用上人。在此后的两百多年中，此画又经沈周、樊舜举、谈志伊、董其昌之手，到了清朝，被宜兴的吴之矩收藏。吴之矩又把此画传给了儿子吴洪裕。吴洪裕得手之后，珍爱有加，日夜观赏，简直到了痴迷的程度。

清顺治七年（1651），吴洪裕在临死之前，嘱咐家人将《富春山居图》烧成灰，为他陪葬，使他在九泉之下仍能与画相伴。他的侄子吴子文趁其神智迷离之际，用偷梁换柱的办法从火盆中迅速抢出了《富春山居图》。得知此事后，张范我随即来到宜兴，用重金将《富春山居图》残卷买回，收藏于丹阳东泊家中。

清顺治九年（1652）阴历五月的一天，古玩商人吴其贞与一位官员朋友一起来到张范我家观赏《富春山居图》，直到日落，仍不释手。后来他在《书画记》中记载了这次在丹阳借观《富春山居图》的情景：“今将前烧焦一纸揭下，仍五纸，长三丈。为丹阳张范我所得，乃冢宰赤函先生（张捷）长君也……其图揭下烧焦纸尚存尺五六寸，而山水一丘一壑之景全不似裁切者。今为予所得，名为《剩山图》。”

焚后的《富春山居图》分为两段，后段为《无用师卷》，为主要部分；前段为《剩山图》。《无用师卷》从张范我处转入泰兴季寓庸（字因是）之手。康熙二十九年（1690），画家兼鉴赏家高士奇以六百金从季寓庸手中购得此卷，后又被松江的王鸿绪以原价买进。雍正六年（1728），王鸿绪病故，此卷又流落到扬州。当时，大收藏家安岐精于鉴赏，于雍正十三年（1735）以千金购得画卷。1746年，画卷被嗜爱书画的乾隆皇帝收进清宫内府。后被国民政府带去台湾，藏于台北故宫博物院。

《剩山图》成为吴其贞箧中之物后，又转到扬州通判王廷宾等人手中。后来就辗转于诸收藏家之手，至抗日战争时期，为近代画家吴湖帆所得。1956年，供职于浙江省博物馆的沙孟海得知，国宝《剩山图》在上海的吴湖帆处时，忧心如焚，多次前往上海与吴湖帆商洽，对其晓以大义，终于为国家征得此宝。此卷被浙江省文物管理委员会征集后，成为浙江省博物馆镇馆之宝。至此，这幅传世之宝，才结束了长达几个世纪的颠沛流离。

酷爱书画收藏的张范我，性情率真，多才多艺，为了收藏稀世珍宝，经常将田地和房屋典当了换钱去收购。他还收藏过顾恺之的《女史箴图》。此图后入清宫为乾隆皇帝所收藏，在八国联军火烧圆明园时，被掠去，现收藏于英国伦敦大英博物馆。

## 荆家祠堂里的十八根旗杆

皇塘荆氏自唐宋以来日益兴旺，读书致仕、入朝为官者层出不穷，络绎不绝。荆氏家族由此逐渐成为江南望族。

到了元末明初时期，荆氏考取的进士、举人等为一时之冠，远近闻名，传为佳话。

这一现象引起了朝廷的注意。

相传，一年夏天，朱元璋派他的军师刘伯温到皇塘一带微服私访。

刘伯温头戴一顶草帽，冒着酷暑一路寻访到皇塘。当时，正是麦收时节，刘伯温一路赶得是大汗淋漓，汗流浃背，嗓子冒烟，口渴难耐。他看到前面有一户人家，就急忙走上前去敲开了门，向女主人讨碗水喝。

女主人看他大汗淋漓的样子，略一迟疑，然后转身进屋，拿碗舀了一碗颈罐水端了过来。刘伯温急忙伸手准备接过水碗，不料女主人略一偏身，从他身旁走过，径直来到门外的麦堆旁，顺手抓了一把大麦芒往碗中一丢，也不说话，转身把碗递给了刘伯温。

刘伯温看着碗里漂着的大麦芒，不知何意，心想：这妇人也太小气了，问你讨碗水喝，你却撒把大麦芒在碗里，是不是怕我多喝呀？不过，刘伯温心里虽然不悦，嘴上却没好意思多问，只是捧着碗，一边噘起嘴巴把碗里的大麦芒吹到一侧，一边慢慢地喝着这碗颈罐水。

喝完了水，刘伯温把剩有麦芒的碗递给女主人，连声称谢。女主人淡定地说道："谢就免了。你只要不怪我无礼就行了。"

刘伯温这才好奇地问道："不知你为何要在碗里放一把大麦芒？这有什么讲究吗？"

女主人说："我看你满头大汗，肯定渴坏了。颈罐水是温吞水，你若是一口气喝下去，肚子肯定会暴涨的。大麦芒能清火消暑，我撒一把大麦芒在碗里，你就只好慢慢吹、慢慢喝了，这样，你才不会闹肚子。所以，请你不要见怪！"

原来，这颈罐是江南农家土灶上砌在两只大锅间与烟囱交界处，利用余火加热的水罐，罐里都是温水，一般用于洗漱。如果用它解渴，喝得太急或太多，就很容易拉肚子。

刘伯温听女主人这么一说，不禁面露愧色，连连致谢。

离开农家，刘伯温又朝皇塘镇上走去。远远地就看到一大片工地。只见工地上人头攒动，好不热闹。箩底砖、青皮石、石鼓墩、滴水瓦、合抱柱、过梁、横条、椽子……各种建筑材料堆放有序，乌泱泱的一眼望不到头。一位银须飘然、手拄龙头拐杖的老者，正在指挥瓦匠、木匠、石匠、小工有条不紊地忙碌着。刘伯温向人打听，得知这位老者就是荆姓族长。刘伯温来到族长身边，向族长抱拳施礼，自我介绍说是教书先生，并询问这么大的工地造的是什么房子。

族长见刘伯温彬彬有礼，气度不凡，就告诉他建的是荆氏宗祠，共有九十九间半。族长还向他介绍了祠堂建好后如何敬祖宣德，教化族人，奖掖后人的具体做法，说今后荆家子弟凡是考取进士者，就会在祠堂里为他竖一根旗杆，以示嘉勉。

刘伯温闻言，若有所思，颔首称赞道："难怪荆姓人才辈出，果然是有缘由的！"他和族长相约，待祠堂建成后他会再来祝贺。

一年后，荆氏宗祠建成，刘伯温果然没有食言，带了两棵银杏前来祝贺，并亲手把这两棵银杏栽在了祠堂的大天井中。

当时，荆家人并不知道这位教书先生是刘伯温。直到荆家有人考取功名入朝为官，见到朝廷中皇上的军师后，才知道当初微服私访的教书先生，竟然是辅佐皇上一统江山的大明军师刘伯温。

那荆氏宗祠里的十八根旗杆又到底是怎么回事呢？

原来，当初在建造祠堂时，匠人们每天的伙食鸡鸭鱼肉样样有，酒管有，菜管够，饭管饱。后来，细心的匠人们发现，端上桌的菜经常不是鸡少了腿，就是鸭少了脯，要不就是猪少了腿肉，或者是鱼缺了段肉。匠人们私下里嘀咕，是不是主人把好东西都留给自己吃了？有人就找了个借口到主人吃饭的桌上察看，发现主人的伙食竟不如匠人们的好，仅有青菜豆腐而已。匠人们很是纳闷，但心里依旧有些不快。

在江南一带，有个约定俗成的规矩，手艺人当中瓦匠的地位一般是最高的。所以，瓦匠的头人就成了手艺人中的实际领头人，当地人称匠人们的头人为“作头”。当时的瓦匠作头心里也很不快，认为东家太刻薄。于是，他悄悄地做起了手脚，神不知鬼不觉地做了十八个小木头人，并用石灰水一浇，将其全部变成白人像。然后偷偷地把这十八个小木头白人藏在了祠堂的屋脊上。他要用这促狭的阴招报复东家的“刻薄”。

转眼到了年底。祠堂里的族长为匠人们准备了丰盛的年夜饭。酒过三巡，菜过五味，族长叫人搬来了一大堆鼓鼓囊囊的蒲包。族长对匠人们说：“平时你们在这里干活，每天的伙食不管怎样，荤的素的还是有得吃。可你们家里的妻儿老小却是难得尝到荤腥。所以，我就从你们平时吃的鸡鸭鱼肉中剔了些上好的肉，替你们腌制好。眼下快过年了，你们每个人各带一蒲包鸡鸭鱼肉回去，一家老小欢欢喜喜过个年吧！”

匠人们一听这话，以前的心头疑云顿时化为乌有。东家的体恤周到，使他们感动得眼泪都快掉下来了。那个瓦匠作头听了这话，如梦初醒，羞愧得无地自容，真恨不得猛抽自己的嘴巴。但是，他又不能流露出半点声色。一番沉思之后，他站起身来，对旁边的人说：“看我这记性，我的一把瓦刀忘了拿，掉在屋脊上了，我得上去拿一下。”

说罢，他搬来梯子，又悄悄地揣了两瓶墨汁，爬上屋脊，不声不响地把那十八个白色的小木头人，一个一个地用墨汁漆成了黑色。夜色朦胧中，他俯身一看，那一排十八个黑色的木头人，就像是十八个头戴乌纱帽的官人，一溜排开，好不威风。

荆氏宗祠建成之后，荆氏子弟考取功名者不计其数。按照族规：凡考中进士者，祠堂就为其竖一根旗杆，以示嘉勉。据《荆氏族谱》记载，明清两代，仅皇塘荆氏就考中进士十八人，皇塘荆氏宗祠内果真竖起了十八根旗杆。加上河南、陕西等地荆氏分支，明清两代荆氏考取进士者共有三十五人，举人六十七人。

## 里庄三绝

丹阳东乡有个知名度不怎么高的里庄桥。这里既无崇山峻岭，茂林修竹，也无雕梁画栋，秦砖汉瓦，但里庄自有里庄的情趣和特色。

清末民初时期，茅山香火旺盛。其时，从里庄桥下经过的鹤溪河里的香船络绎不绝。这些香船行至里庄桥时，都要挂桨抛锚，上岸后的善男信女们总少不了到里庄镇上的天禄斋里买几条软似酥、甜若蜜、香赛兰、白如玉的大糕，方才满意而去。

里庄大糕，堪称一绝，素负盛名。早在唐宋时期就风靡大江南北，曾被皇帝赐封为“宫廷玉带”，列为朝廷贡品。里庄大糕以选料考究、配方独特、做工精细、味美质佳著称。里庄大糕选用优质上等的糯米粉、白糖、桃仁、果脯、椒盐、植物油、黑芝麻等原料，采用独特工艺纯手工制作而成，香甜味美、酥软可口、别具一格。“椒盐玉带糕”远近闻名，逢年过节，人们都把它作为寓意吉祥如意的名贵食品馈赠给亲友。每年大年初一，家家户户的长辈都会把压岁钱插在玉带糕中送给小辈，寓意孩子们能够平安如意“步步糕”。

里庄的另一绝是酒。里庄老陈酒，曾名“百花酒”。封缸酒又名“沉香酒”。丹阳的酒以一等糯米为原料，经独特的配方酿制而成。里庄地区盛产优质糯米，镇南有一南河，其水清澈甜润，是酿酒之天然佳料。《丹阳县志》记载：“酒米出丹阳，里庄尤为最”，“糯稻，性粘，宜酒，为种二十有三，唯邑东南乡近古荆城地，数十里糯米尤佳”。“古荆城”指的就是里庄地区。里庄老字号同兴昌酒坊合并于丹阳酒厂后，酒厂酿制的老陈酒曾多次获得省优、部优奖和国家级、国际金奖。封缸酒传统酿造技艺是丹阳市唯一入选国家级非物质文化遗产代表性项目名录的技艺。

要说里庄的“绝”，就不能不说里庄的篮球运动。1937 年，里庄完全初等小学有个叫朱福坤的体育教师（后来参加新四军，曾任金坛县抗日民主政府军事科科长，解放战争中任二十四军先遣支队参谋长，1947 年 7 月，在睢杞战役中牺牲），用毛竹竿支起了里庄的第一副篮球架，以开展篮球运动组织引导进步青年参加抗日救国活动，并由此在里庄地区点燃了篮球运动的火苗。新中国成立后，朱福坤的学生们继承师业，自发组织了“五星”“飞燕”“星光”等球队，掀起了群众性的“篮球热”。里庄人的球艺也日臻精湛，里庄农民篮球队曾多次与苏南强队较量并斩获佳绩。如斯，里庄球坛人才辈出，著名体育教育家夏翔、国家田径队前教练虞祺、江苏省男篮首任队长贺梅初等都是里庄人。20 世纪 80 年代，里庄农民女子篮球队异军突起。自 1984 年起，其连续 5 年参加江苏省农民篮球赛，获得五连冠，并两次代表江苏省参加全国农民女子篮球赛，获亚、季军各一次。

## 链 接

### 农民和将军的篮球比赛

1964 年 1 月 13 日晚，南京军人俱乐部里灯火辉煌，一场特殊的篮球比赛开始了。一群脚穿布鞋的农民小伙，正和由南京军区的将军们组成的篮球队在球场上展开激烈的角逐。

将军队成员有许世友上将、聂凤智中将、张藩中将、王晓少将、吴华夺少将、高厚良少将、蔡永少将等，王平上将任场外指导。对阵的农民队则是由丹阳县 11 个生产队的农民业余篮球队队员组成的“新农民篮球队”。

比赛一开始，将军队率先夺得球。拿到球的许世友上将一边说：“肚子大了，腰不能弯”，一边低手投篮，首发命中，得 2 分，引得全场一片欢呼。比赛高潮迭起，最终，将军队以 64：54 获胜。

随后，《新华日报》《中国体育报》《人民日报》《解放军报》等多家报纸相继发表报道和评论员文章。中央新闻纪录电影制片厂还拍摄了该比赛的新闻纪录片，并在全国放映，引起了国内外广泛的反响。由此，丹阳的农民篮球运动闻名全国，名噪一时。

# 书画之乡能人多

皇塘书画，历史悠久，习字作画者代代相传，延绵不绝。

东晋时期，荆弘宗、荆弘绪兄弟俩喜好书画诗文，在士林中名噪一时，并与当时的大画家顾恺之交往甚密，互有书画诗文相酬。相传，顾恺之曾亲为荆氏首编族谱撰序。

此后，皇塘文人雅士层出不穷，书画之气蔚然成风。

清道光年间，珥塘村的荆振冈以榜书闻名乡里，冠绝一时。民国时期，以荆超然为代表的书画界人士结成“归真书社”，方圆数十里的店铺匾额、中堂、壁画等，均出自归真书社书画家之手。20世纪五六十年代，栾雨亭、孔浩生、荆百川等书画爱好者创办了“巴人书画坊”，既为当地百姓写字作画，又相互交流学习、切磋技艺，还培养了一大批农民书画爱好者。

1989年，为了传承皇塘农民书画技艺，皇塘镇率先成立了丹阳市首家乡镇农民书画协会。首任会长陈金祥，第二任会长汤达庚，第三任会长朱永琪，会员多达200人。

2003年起，皇塘农民书画进入繁荣发展期。在江苏省第三届农民画展中，皇塘镇选送的16幅书画作品全部入选，并有2幅作品获优秀作品奖。此后，皇塘有多件农民书画作品参加首届中国农民画艺术节，第二届、第三届中国农民画大赛，文化部举办的书画展等，先后有20多件作品获优秀奖、银奖、铜奖。陈金祥、荆锡元、刘雪梅等分别在各地举办个人作品专场展，并出版了个人画集。张雅芬、黄菊明、陈金祥等人的作品曾被外交部、中国人民对外友好协会选送到日本、奥地利等地展出。

2009年，皇塘镇成立了农民画研究会，会员有20多人，并开始实施“皇塘农民画”传承工程。在幼儿园和中小学成立书画兴趣小组31个，从小培养孩子们的书画兴趣爱好，辅导教师均由农民画研究会的骨干担任。

2014年，皇塘镇农民书画协会选送17件作品参加江苏现代民间绘画大赛。其中，张惠兰的作品《收土豆》获金奖，汤达庚的作品《农村新貌》获铜奖，刘雪梅的作品《晒匾》获优秀奖。同年，汤达庚的另一幅农民画《小桥流水人家》获全国一等奖，并被国家选送到联合国展出。

浓郁的书画氛围，孕育了皇塘镇一大批书画名人。

蔡兵，画家、版画家、教授，中国美术家协会会员，上海华夏书画院院长，上海市浦东新区时代艺校名誉校长。获英国剑桥“世界杰出成就人物奖”“世界当代名人艺术家”称号，世界教科文组织“特殊贡献奖”等荣誉。

陈金祥，中国书画家联谊会会员，北京人民画院理事，国家一级美术师。被ISQ9000A艺术体系资质认证委员会评为中国优秀民间画家。自1995年以来，他在全国美术作品展览中获金、银、优秀奖30余次。2008年，他历时25个月创作完成的100.8米×0.48米的巨幅山水画《百米长卷迎奥运》，荣获国际奥林匹克艺术金奖。2013年7月，他获得中国民族艺术家联合会授予的“首届中国红色文化传承杰出功勋奖”，并被推选为“红色文化形象大使”。其艺术传略入编《世界美术家传》。

2015年，汤达庚成为中国农民书画研究会会员、中国民间文艺家协会会员。

汤达庚、荆锡元、刘雪梅、石利云、陈春寿、朱永琪、张雅芬、黄菊明等一大批农民书画家，也都各怀绝技，佳作迭出，为皇塘镇这个书画之乡增色颇多。

2002年，皇塘镇首获“江苏省特色文化（书画）之乡”荣誉称号。2008年，皇塘镇被文化部授予“中国民间文化艺术之乡”称号。

## 北周庄村的宝藏之谜

北周庄是皇塘地区荆氏家族中较有影响的一支的聚集之地。

明隆庆五年（1571），北周庄荆光裕金榜题名，荣登第二甲第三十二名，赐进士出身。后授刑部主事，晋刑部郎中、吏部考功司郎中，擢任云南提学副使、四川参议，再迁广东按察司副使。荆光裕退休后闲居北周庄，著书立说。北周庄荆氏一支因此日臻旺盛，不仅人丁兴旺，而且财富剧增。数代之后，北周庄俨然成为远近闻名的殷实富庶之地，可谓显赫一时，富甲一方。

2022年春，南西村村民汤书庆挖树时，挖出荆光裕墓碑和墓志铭各一方。墓碑篆书清晰可见，墓志铭碑文字体较小，损毁严重，几乎有一半无法分辨。丹阳市文物局得知讯息后，立即派人把这两方石碑运至丹阳指定场所保管。

据村上老人讲，之前的北周庄是一座豪华的庄园，方圆大约1平方公里，四周是丈余宽的护村河。村中间是庄严肃穆的荆氏祠堂，堂号“西雅堂”。祠堂两侧厢房数间，中间有一个大天井。祠堂四周是式样基本一致的村民住房，这些住房均为两层木质楼房。楼房门前的走廊户户相连，家家可通。连通全村的走廊也是精致绝伦，地上一律青石铺地，两侧是红漆木质廊柱，上穹为拱形圆顶，上盖青灰小瓦，檐下是镂空花格，滴水花雕瓦当。只可惜清朝咸丰年间太平天国的战火席卷江南，北周庄这座漂亮的庄园被战火化为灰烬。

太平天国运动衰退时，为了补充军费，太平军沿途抢劫富家大户。消息传至北周庄，荆氏祠堂的族长找来几个口风较紧的长者，把各家各户的金银财宝和值钱的物件秘密收集到一起，用铁锅盛装。装满之后，上面再用铁锅反扣合盖，固定成球形，便于搬运。这样，全村的宝物整整盛满了18只大铁锅。然后把这18只铁锅分散几处，悄悄埋入地下，再在上面砌上房屋或栽上树，用于遮挡，以防不测。每一处宝藏均由族中一名德高望重的长者秘密看管，每个看管者持有一块窖牌。窖牌上注有藏宝地址信息，其既可作“令牌”，也可作传世之信物。

太平军溃败途经北周庄时，见庄园华丽，祠堂庄严，料想此庄一定富裕，有不少金银财宝。谁知搜遍全村，居然找不到分文银两。拷问村民也是一无所获，盛怒之下，太平军就一把火把庄园给点着了。只见浓烟滚滚，火光冲天，偌大的村庄在顷刻之间便化为灰烬。

此后数十年依然争战不断，兵匪不绝，村民们谁也不敢提及地下宝藏之事。直至当年的亲历者相继离世，地下宝藏之事渐至成谜。100多年来，有不少人偷偷地找过宝藏，但均未成功。直至现代，有人甚至借助现代探测仪器在北周庄四处探测，也没能找到这批宝藏。

这批宝藏是否真的存在？它仅仅是个传说吗？20世纪60年代，当时的南建大队在兴修水利时，一位大队干部问过北周庄80多岁的荆再生老人。荆再生说：“我小时候亲眼见过窖牌，窖牌长约15厘米，宽约8厘米，厚 1.5 厘米，是铜浇铸的。窨牌上有‘下楼卜步’四个隶体字。据我爷爷讲，这种窨牌共有四块，我们家保存了一块。”他还解释说：“卜是谐音，可能是‘百’的意思，也就是下楼百步之意。‘卜’，也可能是‘迈’的意思，其地方言‘卜步’就是‘迈步’，也就是下楼一步的意思。”根据荆再生的说法，大队组织人员在荆再生家老屋百步和一步的地方，用钢钎戳了半天，依然一无所获。

1966 年春天的一个深夜，村民荆听宜出来上茅坑，听到麦田里有人小声说话。他悄悄摸了过去，只见微弱的星光下，有 4 个人正鬼鬼祟祟在地上翻找着什么东西。荆听宜猜想可能是盗宝的贼，吓得惊叫一声，拔腿就朝家跑。那 4 个人听见有人喊，也吓得扔掉手里的东西撒腿就跑。第二天早上，荆听宜再去麦田察看，只见昨夜盗宝贼扔下的探宝仪器还在麦田里。

时至今日，北周庄 18 锅宝藏仍然是个谜。

## 八姑娘民兵班传佳话

在美丽的鹤溪河畔，“八姑娘民兵班”的故事已经流传了半个多世纪。

20 世纪 60 年代初，我国正处于三年严重困难时期，为了防范台湾国民党，我沿海军民加强戒备，严阵以待，做好了随时歼灭来犯之敌的一切准备。苏南地区民兵队伍的建设，就是在这个背景下得到加强的。

当时的蒋墅乡人民公社也建起了基干民兵连，人武部部长兼任连长，下辖 3 个排，每排 3 个班。按照战时要求，又增设了 1 个女民兵班，成员都是未出嫁的大姑娘。除了进行投弹、射击、刺杀等科目的训练，她们还要学习战地救护和后勤保障等技能。

1963 年 3 月，伟大领袖毛主席题词“向雷锋同志学习”。随后，朱德、周恩来、刘少奇等党和国家领导人分别题词，全国报刊电台大力宣传雷锋事迹，在全国迅速掀起了学习雷锋精神的热潮。当时，学雷锋做好事的口号响遍全国，蒋墅民兵连也积极行动起来，开展了形式多样的学雷锋活动。女民兵班的姑娘们更加坐不住了，自发地组织起来，走上大街扫马路，帮助孤寡老人挑水扫院，主动帮男民兵洗衣服……只要是能帮助别人的事，她们都抢着去做。她们的出色表现得到了领导和同志们的一致夸奖。

有一天，女民兵班的姑娘们发现，鹤溪村上有个叫张爱华的老人，无儿无女，孤身一人。这年张爱华老人已经69岁，突然中风，瘫痪在床，大小便失禁，生活不能自理。女民兵班的首任班长姜国英对队员们说："张大妈辛苦了一辈子，也不容易，现在中了风，生活不能自理，我们不能眼睁睁地看着她遭罪。以后，就由我们女民兵班来负责照顾张大妈吧。"

打那以后，女民兵班的姑娘们天天轮流着去照料瘫痪在床的张爱华老人，端水烧饭，洗裤擦身，没有一个姑娘嫌脏嫌烦。瘫痪在床的张大妈实在过意不去，抹着眼泪跟姑娘们说："我已经是一个废人了，就别麻烦你们了。你们天天来照料我，就是亲生儿女也未必能做到！"姑娘们说："我们都是您的女儿，您就放心吧。"春去秋来，暑往寒至，天天如此，风雨无阻。张大妈家门前的树叶绿了又黄，姑娘们的年纪也一年年增大，有的已经到了出嫁的年龄。班长姜国英年纪最大，在25岁这年结婚了，嫁到了常州，已经无法继任女民兵班的班长了。

这一天，姜国英把她的继任者第二任女民兵班班长姜春秀带到张爱华老人的卧床前，郑重其事地把照料张大妈晚年生活的接力棒交到了姜春秀的手中。

姜春秀继任班长后，除了带领姐妹们完成好各项本职工作，还义无反顾地接过了照料张爱华老人的任务。这个任务接手之后，干了一年又一年，直到她也结婚嫁人，再传给了下一任班长王小凤。就这样，班长换了一任又一任，女民兵班的姑娘们换了一茬又一茬，义务照料瘫痪在床的张爱华老人的传统也传承了一年又一年，一直传承了12年，直到老人安然辞世。

就这样，八姑娘民兵班照顾瘫痪在床老人12年的美名，在蒋墅一下子就传开了。

从照顾张爱华老人开始，八姑娘民兵班就把学雷锋做好事当作一项优良传统一代一代传承了下来，并且不断发扬光大。归真村有个孤儿叫蒋惠娜，勉强读到高一就因交不起学费失学了。姑娘们得知这一情况后，心急如焚，商量着拿出微薄的私房钱，有的甚至把准备买嫁妆的钱掏了出来。姑娘们凑足了学费，把蒋惠娜送回了学校。蒋惠娜考取大学后，姑娘们每月凑足15元钱交给班长，由班长转给蒋惠娜作为生活费，一直资助到她大学毕业。

塘西村马建荣，从小父亲病故，母亲离家出走，下落不明，跟着年老的爷爷奶奶生活，到了入学年龄却无法入学。姑娘们听说后，又自发捐款凑足了学费，买了新衣服和学习用品，把马建荣送到了学校。学校领导和老师早就听说过八姑娘民兵班学雷锋做好事的美名，当他们目睹了姑娘们的善举后，都大受感动，主动为孩子减免了学费。

大南庄村的恽春生瘫痪在床多年，以前都是唯一的儿子恽亮照顾他。2011 年，恽亮应征入伍了，瘫痪在床的恽春生无人照顾。八姑娘民兵班的姑娘们从人武部征兵办了解到这一情况后，主动承担起了照顾恽春生的重任，使恽亮能够安心在部队服役。

1999 年，《光明日报》记者许杏虎、朱颖夫妇在南斯拉夫联盟共和国牺牲后，八姑娘民兵班的姑娘们赶到司徒镇许杏虎家里，主动承担起了照料烈士父母的义务，并表示愿意做他们的“干女儿”，这让刚刚失去亲骨肉的烈士父母深感慰藉。

光阴荏苒，时代变迁，民兵班的姑娘们换了一茬又一茬，可民兵班学雷锋做好事的传统一直没有丢。她们的事迹传遍了十里八乡，并且深深地感动了周围的人。

随着时代的飞速发展，农村的组织结构和生产生活方式也发生了翻天覆地的变化，为了生活，姑娘们各自走上了不同的谋生之路。“八姑娘民兵班”这面旗帜还能不能继续飘扬？这个问题不仅引起了党委政府的深思，而且牵动着社会有识之士的心。辰阳电子厂的老板何新友也密切关注着八姑娘民兵班的命运，他主动找到镇政府，表示愿意把八姑娘民兵班编入他的企业，为延续这个光荣团体的血脉提供便利。

辰阳电子厂收编八姑娘民兵班之后，何新友对姑娘们大开方便之门，只要是学雷锋做好事的公益行动，他都一律支持，有求必应。比如姑娘们在上下班的途中发现，接送孩子的校车沿途没有候车亭，孩子们候车很不方便，她们想为孩子们修建候车亭。何新友得知姑娘们的想法后，当即表示大力支持，拨出专款 30 万元，为孩子们沿途建造了 11 个候车亭。

姑娘们也很争气，刻苦钻研生产技术，努力争当生产能手，积极主动勇闯市场，为企业发展壮大贡献自己的力量，表现了不同凡响的八姑娘民兵班的风采，得到了企业领导和员工们的一致好评。

蒋墅镇和皇塘镇合并后，八姑娘民兵班的组织结构又得到了升级，班长由人武部的专职干事兼任，队员由机关工作人员、教师、医生、专业技术人员、志愿者等组成，这大力提升了八姑娘民兵班的军事技能和为民服务功能。在抗击“非典”、新冠疫情和抗洪救灾等重大考验面前，八姑娘民兵班的姑娘们每次都交出了满意的答卷。

八姑娘民兵班的姑娘们秉承“诚心献同志，热心献事业，爱心献社会，红心献祖国”的坚定信念，为社会为老百姓做了数不清的好事，受到了政府和人民群众的一致赞扬，她们的美名也传遍了大江南北。全国各地的一些有名的学雷锋先进单位都和八姑娘民兵班建立了互动关系。八姑娘民兵班和“南京路上好八连”“柳堡二妹子民兵连”“洞头先锋女子民兵连”等结对，相互学习，交流经验，分享喜悦，共播文明种子，共树文明新风，共谱文明新曲。

半个多世纪以来，八姑娘民兵班换了16任班长，队员进出200余人，先后受到各级表彰180余次，有110人次出席过省、市、县先进代表大会。1984年，八姑娘民兵班荣立集体二等功；1990年，被镇江市政府和镇江军分区授予“学雷锋模范女民兵班”荣誉称号；1999年2月，被江苏省政府、省军区授予“学雷锋模范民兵班”荣誉称号；2004年8月，被江苏省国防教育委员会评为“全民国防教育先进单位”；2007年4月，被江苏省军区表彰为“先进基层单位”；等等。

## 灿烂的非物质文化遗产

鹤溪拥有着丰富多彩的特色传统文化。自2000年以来，有多个项目分别被国家、江苏省、镇江市、丹阳市列为非物质文化遗产代表性项目，其中国家级非物质文化遗产代表性项目1个；江苏省级非物质文化遗产代表性项目1个；镇江市级非物质文化遗产代表性项目1个；丹阳市级非物质文化遗产代表性项目5个。

2008年6月，国务院公布：丹阳的封缸酒传统酿造技艺，被列入国家级非物质文化遗产代表性项目名录。而丹阳酒厂的这项技艺源自里庄老字号同兴昌酒坊。

2011年9月，江苏省人民政府公布：皇塘镇南建村的灯舞（马灯阵舞)，为省级非物质文化遗产扩展项目。2014 年，唐阿龙被列为马灯阵舞的传承人。

2013 年 7 月，镇江市人民政府公布：皇塘镇堂皇集团的缝纫机绣（堂皇缝纫机绣)，为镇江市级非物质文化遗产代表性项目。姜冬仙为缝纫机绣（堂皇缝纫机绣）的首位传承人。2024 年 11 月，江苏堂皇创意空间成功入选江苏省非物质文化遗产创意空间名单。

2008 年 6 月，丹阳市人民政府公布：皇塘镇的“白龙娘娘的传说”和导墅镇的“老三乐”为丹阳市级非物质文化遗产代表性项目。

2013 年 6 月，丹阳市人民政府公布：皇塘镇的张埝盐水鹅制作技艺和皇塘老虎鞋制作技艺为丹阳市级非物质文化遗产代表性项目。

2018 年 7 月，丹阳市人民政府公布：蒋墅镇的糍粑制作技艺为丹阳市级非物质文化遗产代表性项目。

# 下篇

# 人物传奇

第一章

# 历史的星空

# 汉荆王刘贾

## （一）

天下苦秦久矣！

秦始皇兼并天下、统一六国后，建立了我国历史上第一个中央集权的专制主义封建国家。接着他又进行了一系列政治、经济、军事、文化改革，以健全和巩固新政权。其中，最重要的改革就是采纳了李斯的建议，把天下分为三十六郡，统一法令和度量衡，书同文，车同轨，使秦国得到了空前的强大。

然而，正所谓“月满则亏，水满则溢”。三十九岁当了始皇帝的嬴政，不到五十岁竟梦想长生不老，开始迷信上了灵丹妙药、得道成仙这一套。于是，他苛政虐民，扼杀民智。而这引发了全国各地百姓的反抗暴动，从根基上动摇了秦朝统治。

## （二）

这天傍晚，秦始皇带了卢生、徐福等几个信得过的术士夜观天象。卢生启奏道：“陛下，您看东南方上空有一团瑞气，此乃出天子的征兆，大不妙啊！”秦始皇顺着卢生手指的方向一看，果然看见东南方的天空中有一道紫光直透云霄，当即龙颜大怒：“难怪天下不太平，原来是有人要抢朕的天下，速速派人去破了那团气！”

方士徐福是今江苏赣榆人，算是东南方的人。于是，他就领到了这份“破王气”的差事。

徐福领旨，一边循紫光东来，一边暗自思忖：我老家如能出一个真龙天子取代始皇帝，岂不是好事？如果真的破了王气，出不了真龙天子，恐怕老百姓也要跟着遭殃，这可如何是好？

徐福毕竟是对五行八卦、阴阳风水颇有研究的方士，他循着紫光略一推算，王气所在之地还真离他老家不远。他想：反正始皇帝又不懂风水堪舆，我把方位稍微调整一下，神不知鬼不觉，既可交差，又能保住真正的王气，岂不两全其美。

于是，徐福把原来在苏北的王气的方位偷偷地偏离了一下，这一偏就偏到了今镇江丹阳一带。

那时候的镇江丹阳隶属三十六郡中的会稽郡，古称京口、云阳。徐福发现京口的瑞山祥云环绕，草木茂盛，风光旖旎，大为惊讶：莫非此山也要出真龙天子？瑞山分明就是王者之山呀！于是，他马上下令凿断瑞山山脉，把瑞山的“瑞”字去掉左边的形旁“王”，并用“囗”把“耑”字圈起来，使之成了“圌山”。这就是镇江圌山的由来。

他还派人把京口通往云阳的通衢大道截断，并使之弯曲。这就是丹阳古称从云阳变“曲阿”的缘由。

这还不算，他又从各地调来三千红衣囚徒在京口南面的谷阳服苦役，开山凿地，挖河掘沟，以压王气。这三千囚徒后来就定居于此，于是谷阳就变成了“丹徒”。这就是丹徒地名的由来。

经过这番折腾，徐福赶回咸阳向秦始皇复命去了。

秦始皇非常高兴，赏了一大笔金银珠宝、绫罗绸缎给徐福，满以为从此天下太平，江山永固了。

不料想，大泽乡陈胜吴广揭竿而起的农民起义很快就动摇了大秦帝国的统治。

更没想到的是，推翻大秦王朝统治的竟然就是东南方的两个苏北人，一个是下相（今江苏宿迁）的项羽，一个是沛郡丰邑（今江苏徐州）的刘邦。而最终取代秦王朝统治建立西汉王朝的“真龙天子”，竟是丰县一个小小的亭长刘老三——刘邦。

## （三）

刘邦，是沛郡丰邑人，也就是现在的徐州人。在家排行老三，人称刘老三。

这个刘老三，高鼻梁，长胡须，虽说人长得漂亮，但不学无术，整天游手好闲，碌碌无为，又不肯吃苦下地干活，到处赊酒喝，蹭饭吃。

刘邦虽不务正业，却宅心仁厚，心胸豁达，喜欢施舍，出手大方，人缘不错。后来，他混了个泗水亭长的职务。这个亭长虽说相当于现在的派出所所长，但那时候还不是官，属于吏，相当于办事人员，就是干些摊派徭役、征收钱粮的活，所以俸禄也不高。尽管如此，他总是俸禄一到手，便呼朋唤友，在外面吃喝玩乐。

樊哙、夏侯婴、周勃、卢绾几个都是吃白食的主，天天跟在刘邦的屁股后面混。但是，关键时刻，这帮兄弟也甘愿为刘邦卖命。所以，刘邦的工作得到了上司萧何的赏识。

有一天，萧何带刘邦去陈郡汇报工作，正好遇到秦始皇巡游。刘邦看到那旌旗招展、武士林立、气势恢宏的场面，不禁感慨道："大丈夫当如此！"

无独有偶，在秦始皇游览会稽郡、渡钱唐江时，随叔父避仇隐居到吴中的项羽看到始皇帝出巡的场面，竟然说："彼可取而代也。"吓得一旁的叔叔项梁赶紧捂住了他的嘴，说："不要胡说，当心被灭了九族！"

这两个年轻人都不是凡夫俗子，冥冥之中似乎也预示着刘邦和项羽之间必有一场谁主天下的生死之争。

## （四）

刘邦乐善好施，出手大方，经常寅吃卯粮，欠了一屁股债。有时实在没钱了就带一帮兄弟到大哥家蹭饭吃，为此，他的大嫂没少给他脸色看。

刘邦大伯家有个儿子叫刘贾，比刘邦大两岁，为人忠厚老实，经常暗地里接济刘邦，不止一次瞒着家里人替刘邦还清了酒店里的赊账。所以，刘邦一直打心眼里感激这个堂兄，有什么好一点的差事也总是不落下他。

这年夏天，刘邦领到了押送徒役去骊山给秦始皇修陵墓的差事。他又叫上堂兄刘贾和樊哙、夏侯婴等人一起上了路。这些徒役们知道到骊山服苦役几乎不可能活着回来，就纷纷在半道上跑了。刘邦一看，照这种跑法，走不到骊山人就跑光了，到时候他这个亭长也难免一死。于是，他干脆一不做二不休，走到丰西大泽时，就停下来饮酒，吩咐刘贾把其余的徒役全部放掉，打算自己领着几个兄弟一起远走高飞。谁知徒役中有十几个年轻人不愿回家，希望跟着刘邦一起闯荡天下。刘邦趁着酒兴就收留了他们。

就这样，刘邦拉起了自己的队伍。

陈胜吴广农民起义爆发后，沛县的曹参、萧何做了刘邦的内应，杀掉了县令，拥戴刘邦做了沛公。

秦二世二年（前208），项羽在吴县（今江苏苏州）起兵，也竖起了抗秦的大旗。

征战数年之后，刘邦和项羽逐步发展出两个各自以二人为首的强大的军事集团。项羽拥兵四十万，号称百万，并自立为王，自称"西楚霸王"。

刘邦拥兵十万，号称二十万，被项羽封为“汉王”。这两位当初共同抗秦的战友，随着秦王朝的土崩瓦解最终成为楚汉相争、一决雌雄的真正对手。

## （五）

西楚霸王项羽兵强马壮，屡战屡捷，楚军所到之处，火光冲天，遍地焦土，降卒被杀，百姓遭殃。而刘邦的汉军体恤百姓，所到之处秋毫无犯，被百姓拥戴为“仁义之师”。

按照双方约定，“先入关者为王”。虽然刘邦最早攻入咸阳，但他还是听从了张良、刘贾等人的建议，跟关中的父老乡亲约法三章，还军霸上，韬光养晦。

又经过了项羽设鸿门宴的生死考验，刘邦明修栈道，暗度陈仓，回到关中联合河南、河东、河内的全部军队，沿江而下，准备与项羽决一死战。

楚汉两军对垒，持续了一年多的时间，互有胜负。其间，刘邦败得最惨的一次是被项羽围在成皋（今河南荥阳汜水镇），他只身一人逃过黄河。后来掌握了韩信的军队，刘邦才稳住了阵脚。项羽兵强马壮，粮草充足，几番交手，略占上风。

为了扭转战局，刘邦派刘贾率领一支由两万步兵、数百骑兵组成的先遣军悄悄地渡过白马津（今河南滑县），并在敌后成功开辟了第二战场，这大大牵制了项羽的主力部队，减轻了正面战场的压力。进入楚军腹地后，刘贾率部烧毁了楚军的粮草物资，又汇合了彭越的军队一起在燕县（今河南延津）西南大败楚军，并一鼓作气攻下了梁地（今河南开封一带）的十多座城池，一举扭转了楚汉相持的整个战局。

项羽眼看战场上不能取胜，就提出以鸿沟为界，与刘邦平分天下。

刘邦采纳了张良、陈平的计策，进兵追击项羽，又联合韩信、彭越的兵马共同合击楚军。刘贾作为先遣军则早已率部在楚军腹地中心“开花”，发动了围攻寿春（今安徽寿县）的战斗。

寿春是九江王英布的封地。

由此，刘贾与英布结下了不解之缘。

英布，六县（今安徽六安）人，秦始皇时期因犯了秦律被处以脸上刺字涂墨的黥刑，所以，时人又称其为黥布。

英布犯罪后被送往骊山当役徒，修筑秦始皇陵墓。在服役期间，英布有意和犯罪头目等结交。其后，就带这些人逃了出去，当了盗贼。陈胜吴广起义时，英布就趁势拉起了几千人的队伍，投奔了项梁、项羽。

英布骁勇善战，深得项羽赏识，常作为前锋攻城略寨。秦军降卒二十万就是被英布活埋的。

公元前206年项羽分封天下时，封英布为九江王，都六县，统辖九江（今江西九江）、庐江（今安徽合肥）两郡，寿春属九江郡治。其后，英布又奉项羽之命，击杀了楚怀王。

楚汉之争开始后，英布便有意疏远项羽。

刘邦趁势派随何前往淮南游说英布。随何凭三寸不烂之舌说服了英布，并促使英布杀了楚使，竖起了反楚归汉的大旗。

公元前203年，刘邦封英布为淮南王。

公元前202年，英布和刘贾一起谋划并成功策反楚大司马周殷，给了楚霸王项羽最致命的一击。

随后，刘邦、刘贾、英布、韩信、周勃、周殷等兵合一处，把“力拔山兮气盖世”的西楚霸王项羽围在了垓下。不可一世的楚王项羽终于穷途末路，四面楚歌，自刎乌江。自此，楚汉相争终于落幕。

刘邦一统天下，建立了西汉王朝。

## （六）

刘邦建立汉朝，并封赏有功的开国将领，韩信、彭越、英布三大战将分别被封为楚王、梁王和淮南王。

汉高祖六年（前201），刘邦感到异姓王势力过于强大，难以驾驭，又分封了一批同姓王。刘贾，作为开国元勋，首先被封为荆王。其封地为荆国，管辖淮河以东五十二座城邑。封地范围北起鲁南，西邻两淮，南接富春，东及沿海。正好和淮南王英布做了邻居。

刘贾凭什么被封为荆王？《敕封文》写道：

> 朕以微妙之身，提三尺剑，克歼三殰，匪止贤士大夫肯共驱驰，亦由诸昆戮力故也。今已海宇廓清，躬膺大命。每念兄等，谊切同支，情关一体。邀宗族之余休，奚忍独享；抚山河之全盛，义合分茅。且昔围羽垓下，实兄引兵淮北，首建奇功。兹广虞帝亲爱之仁，仿成周“剪桐”之制，特封尔于延陵旧地，国号曰“荆”。就封以后，务期世笃忠贞，仰宣一人德意；代守仁厚，俯培亿世弘基。既锡尔位，勿弃朕言。汝往。钦哉。

翻译成现代白话文就是：我以短小的身躯，手提三尺利剑，之所以能够歼灭众多强悍狡猾的敌人，不只是因为贤良的士大夫们肯跟我共同驰骋疆场、艰苦征战，还因为各位兄长齐心合力同我一起英勇战斗。四海之内已经澄清，我亲身承担起开创帝业、振兴大汉的重大使命。每当想起兄等，就感到我们之间的深情厚谊源于我们都是一个家族的同胞兄弟。依靠宗族荫庇求得的欢乐，我哪能独自享用；抚触山河的全盛景象，从道义上讲也应当分封土地给诸位兄长。况且，当年在垓下围歼项羽大军，实在是得力于我兄带领先头部队挺进淮北，首先建立了特殊的功勋。为了弘扬虞帝待人的亲爱仁厚，仿效周成“剪桐”的规制，特加封你在延陵旧地为王，国号叫“荆”。就封以后，期望兄务必世世笃守忠贞的品格，上能宣扬大汉帝王的恩德和旨意，代代保持仁厚的美德；下能培修千秋万代永久坚牢的宏伟基业。已经赐你王位了，请不要有负我的嘱托。你当前往荆国就任，一定要遵旨而行啊！

## （七）

刘贾得封荆王之后，立即赶赴吴县即位。

刘贾生性温和，宽厚仁爱。他的治国方略就是休养生息，富国爱民。当时的荆国封地大多是现在的江浙一带，算得上是风调雨顺、四季分明的富庶之地。因此，荆王刘贾采取了一系列鼓励农耕、安居乐业的政策。他用人注重品德，赋税从轻，刑罚从宽，老百姓得以休养生息。他还采取以役代资的办法征调民工数万人兴修水利，开河挖沟，疏浚河流，极大提高了农业生产的效率。他还整治出了流域灌区面积达数千平方公里的水系河道，时人称之为“荆溪”。由于灌溉便利，荆溪两岸的数百万亩良田成了荆国的粮仓。尤其是这块肥沃的土地还盛产一种优质的糯稻，它是不可多得的上乘贡米。当地人除了进贡，还利用香糯甜绵的糯米酿造出上等的黄酒，开创了荆溪一带悠久而灿烂的酿酒文明。荆溪黄酒传之后世，名声日隆。唐代大诗人李白的诗“兰陵美酒郁金香，玉碗盛来琥珀光。但使主人能醉客，不知何处是他乡”，赞美的就是荆溪出产的老黄酒。

荆王刘贾有两个儿子，长子叫刘文，次子叫刘武。刘贾对他们从小严加管教，用“忠良仁厚”的训旨教育他们。尽管如此，他仍担心从小就锦衣玉食的两个儿子，难免会沉溺于安逸享乐，变成骄奢淫逸的纨绔子弟。于是，他郑重其事地为两个儿子立下了一份遗训：

余钦承高帝忠良仁厚之训，夙夜毖饬，凛凛然惟陨是惧。今履位十年于兹矣，赖圣朝德化日新，而余禀法以行，庶几无忝帝命。仍恐二子生长深宫，或耽逸乐。谨于暇日亲撰遗训一篇，以授长子文、次子武。二子须念汝父分封匪易，锋镝矢石之下，艰危备尝。长子文他日即位，其行事务一一照我。事主必尽忠诚，用人必择端厚，税敛从薄，刑罚从宽。不特尔当如是，传之子，传之孙，千百载一辙可也。

今大汉寰宇一统，固永享承平之福，万一有事，后人当殚精向前，力为捍御，庶我家茅土，亦托皇灵以长久也。次子武则于荆溪之上给庄田五千亩，以供其需。朝廷若不用汝，躬耕乐道，做一好人。傥或念父微劳，并录用汝身，须矜名砥节，上为一人宣猷，下为百姓造福。盖我家系天朝宗戚，稍愧官箴，贻玷比他臣不同，汝等宜自爱也。至于异日，子孙繁盛，所赐茅土有限，不能自给，俱要自寻一业，大抵耕读为上。其余细人之务，不可轻习，致损体面。

若北固山前有一佳地，我百年后可葬于此。墓左百步须立一庙，以为春秋祭祀之所。要著一员仔细照管，勿得损坏。

我之训汝，大略如此。尔等克遵所言，在家为孝子，在国为忠臣，尔父之心亦大慰哉。昔晋大夫赵鞅有二子，一伯鲁，二无恤。晋大夫作训辞授之。三年，问伯鲁，不能对；问无恤，诵之甚悉。迄今以是知恤之贤。吾愿二子俱效恤毋为鲁也。勉之，勉之。

这篇遗训用白话文表达，就是：

我蒙高祖皇帝亲赐予忠良仁厚的训导，每日从早到晚谨慎自律、勤勉卫国，一心想的是不负圣命，唯恐有失职之处。如今我在位已经十年了，全靠圣朝的恩德感化，荆国气象日新。而我能遵循圣朝的法令制度行事，这才无愧于高帝的旨意。但我仍然担心两个儿子生长在深宫中，有时难免会沉溺于安逸享乐。特地利用闲暇时间亲自写了这篇遗训，用来授予长子文、次子武。两个儿子要经常想到你父亲受封为荆王是很不容易的，冒着刀林箭雨，经历了无数次征战，艰难危险全都尝尽了。长子文将来就任王位，立身行事务必一一仿效父亲。侍奉皇上一定要尽忠、至诚，用人一定要挑选品德端正、为人淳厚的，税收要减轻，刑罚要从宽。你不只是要这样做，而且要传到子孙后代，千百年都要沿着这条道路走下去。

如今大汉天下一统，原本可以永享太平之福。但万一遭到侵犯，后人应当殚精竭虑、奋勇向前、全力抵抗、保卫国土，这样才能使我们的家园也依托皇灵而长久不受侵害。次子武就在荆溪两岸给予五千亩庄田，用来供生活所需。朝廷如果不用你，你就要亲自耕作，以守道为乐，做个好人。倘若朝廷考虑到我的微薄功劳，录用了你，你必须谨慎行事，不计名利，磨炼自身，坚守气节。对上，为帝王出谋划策；对下，为百姓创造幸福。因为我们家是大汉高帝的宗族，立身行事稍微有愧于宫廷的劝诫，留下的污点和耻辱跟其他臣子是有所不同的，你们应当自爱！至于将来子孙后代繁衍兴旺，我赐给你等的土地有限，但也不可能再给了，全都要靠你们自己去寻找一个职业，大多以耕田和读书为上策。另外一些行为不正、人格卑劣之人所从事的职业，你们切不可轻率地去学习，以致损害我们天朝宗戚的体面。

倘若在北固山前能选到一块好地，我去世后可安葬在这里。距离墓左侧百步远的地方必须建一座庙，用来作为每年祭祀的场所。要派一人仔细照管，不能损坏。

我对你们的训导，大概就是这些。你等如果能遵从这些话，在家做孝子，在朝做忠臣，那么你父亲的心里也就非常欣慰了。从前晋国大夫赵鞅有两个儿子，一个叫伯鲁，一个叫无恤。赵鞅写了篇训辞授给他们。三年过后，问伯鲁训辞的内容有哪些，伯鲁已忘记，不能作答；问无恤，无恤背诵得很熟悉。到今天，从这个故事也可以知道无恤的贤能。我愿我的两个儿子都能效法无恤，不要做伯鲁这样的人。你们要好自勉励啊，好自勉励啊！

## （八）

汉十一年（前 196），已被贬为淮阴侯的韩信对汉高祖刘邦心生怨恨，暗中唆使陈豨谋叛，并准备里应外合策应陈豨。吕后、萧何得到密报后，用计诱捕了韩信，在长乐宫把他杀了，还诛杀了他的三族。

陈豨反叛，汉高祖亲自率领部队前去讨伐。到达邯郸向梁王彭越借兵，彭越称说有病，不肯出战，刘邦很生气。彭越的手下跑到汉高祖那里控告彭越谋反。刘邦、吕后就诛杀了彭越。

梁王彭越被诛杀后，汉高祖把彭越剁成肉酱，又把肉酱装好分别赐给诸侯。肉酱送到淮南时，淮南王英布正在打猎，看到此十分害怕。他想，汉初三大名将中的两位都已被诛杀，下一个肯定轮到自己了。于是，他暗中调集军队，对相邻的荆国派出了警戒部队，准备随时应对不测。

说来也巧，英布宠幸的爱妾病了，去医师家看病。英布的手下中大夫贲赫为了拍马屁就主动和英布的爱妾套近乎。淮南王发现后，疑心贲赫和他的爱妾私通。贲赫吓坏了，偷偷地坐上驿车跑到长安告发英布谋反。刘邦和萧何商量，觉得这是私人结仇诬告，不相信英布会谋反，就派使臣到淮南来调查验证。英布见汉王使臣来调查，认为事已败露，干脆杀了贲赫全家，起兵谋反。

## （九）

英布造反，震动朝野。

作为邻国，荆王刘贾在第一时间得到消息。在派出快马飞报长安的同时，刘贾立即动员荆国的军事力量，厉兵秣马，准备为天朝勤王平叛。

当时，英布的军事实力强于刘贾，但淮南国的富裕程度却不及荆国。为了获得粮草财物等战争资源，英布先下手为强，率先发动了攻打荆国的战争。

刘贾率荆国军民，同仇敌忾，严阵以待，准备给英布以迎头痛击。然而，英布毕竟是与韩信、彭越齐名的三大名将之一，排兵布阵、领兵打仗确有一套，并非浪得虚名。更何况英布拥兵三十万，而刘贾作战人员不足十万，兵力太过悬殊。刘贾与英布一经交手，几个回合下来，荆军损兵折将，已显败迹。荆王的手下进言道："英布那些楚国人彪悍凶猛，兵强马壮，骁勇善战，我们恐怕不是他的对手，还是弃守荆国，向朝廷求援吧。"

刘贾毅然决然地回答道："英布谋反，是为不义。不义之师，人神共愤，何足惧哉？况且，我们都是大汉的臣子，理应为朝廷分忧解难。我们荆国就是玉石俱焚，也要誓与英布血战到底！"慷慨悲壮之豪气，直冲斗牛，凛然自威，荡气回肠。

汉十二年（前 195），荆王刘贾亲率子弟兵与数倍于己的英布大军在富陵（今江苏洪泽县）展开决战。

由于敌众我寡，实力悬殊，荆军虽拼死搏杀，但终没能扭转战局。

荆王刘贾手提一柄三尺宝剑，身先士卒，拍马冲入敌阵，左拼右杀，斩敌无数。混战之中，刘贾身中数箭，跌落马下，被乱军杀害，壮烈殉国。

## （十）

汉高祖刘邦听闻荆王刘贾被英布叛军杀死的消息后，悲愤交集，迅速调集大军，横扫英布叛军，把叛军打得丢盔弃甲，一路逃过淮河，逃过长江。最后，英布在南逃途中被杀，落得个身首异处的下场。

刘邦在平定英布叛乱回朝途中，路过沛县时驻了下来，与沛县父老把酒言欢，开怀畅饮。酒至半酣，刘邦想起荆王刘贾和同他一起在家乡举义起兵的子弟兵，不禁悲从中来。乘着酒兴，亲自击筑，唱起了自己编写的歌：

大风起兮云飞扬，
威加海内兮归故乡，
安得猛士兮守四方！

歌罢，刘邦拔剑起舞，悲戚哽咽，泪流满面。座中父老乡亲莫不感怀动容。

刘邦在沛县一住就是十天。临行前，免除了沛县百姓的全部赋税徭役。

## （十一）

刘贾战死后，被赐葬北固山前。历经两千多年的岁月沧桑，此墓至今犹在。

刘邦回长安之后，得了一场大病，朝中大事就交给了吕后处理。

当初，刘贾战死之时，他的两个儿子还小，吕后就没把他们放在眼里，不但没有让他们继承封号，还把荆国废除了，将其封地赐给了刘邦的侄子吴王刘濞。

等到汉文帝刘恒即位，原荆国大夫田安上奏荆王后人未封之事，刘文才获得了列侯爵位，食采于朱方。

朱方，也就是现在的润州、丹徒一带，当时属于吴王刘濞的地盘。因此，刘濞容不下刘文，处处刁难欺凌他。刘文生性孱弱，经不起刘濞的折磨，年方弱冠便抑郁而死。

刘贾次子刘武继承列侯爵位后，仍然遭到吴王刘濞的幽禁。吴王大将田百禄是和刘贾当年一起征战沙场、生死与共的故交，他不忍心老战友的孩子遭受欺凌，就私下里偷偷地放走了刘武。

刘武只身逃回朱方，躲过了吴王的迫害。“七国之乱”发生后，刘武为了使父王刘贾的血脉在险象环生的恶劣处境中得以延续，悄悄地将自己的儿子刘潭改姓为“荆”，一来是躲避迫害，二来是为了纪念父王的封号。自此，刘贾成为江东荆氏始祖。

汉景帝刘启执政后，痛恨诸侯割据酿成的“七国之乱”，决意削藩，对于王子世袭封爵之事，一概置之不理，群臣也不敢奏请。所以荆潭流落到润州后一直得不到世袭祖父的封地。

汉武帝刘彻三年（前138），中山王刘胜来朝觐见，武帝赐宴与其畅饮。中山王看到宫中鼓乐齐鸣，歌舞升平，一派祥和景象，不禁潸然泪下。武帝忙问其故，刘胜声泪俱下地把地方官吏欺凌王室宗亲的情况做了如实禀告。武帝这才开始厚爱诸侯宗亲。随即下令各地官员对此等情况予以稽查核实。

此时，太尉田蚡奏道：“吴楚赵等七国谋反叛乱，其封国理应予以废除。荆王刘贾是抵御英布叛乱战死的，是我们大汉王朝的功臣。所以，荆国的封号应当由其子孙继承世袭。”

武帝准其奏，下诏荆潭承袭荆王爵位，到领地就封。

荆潭守护祖茔，不忍离开朱方，就托词说自己年事已高，不求荣华富贵，不愿就任。武帝也只好依从其恳辞，并赐其朱方东南田五万亩，作为荆潭的采邑之地。

荆潭就率子孙在荆溪之畔安家落户，耕读传家。

几年之后，荆潭建起了自己的庄园，时人称之为“潭府庄”。

为了安全起见，荆潭又在四周筑土为城，时为荆城。这就是现在的荆城港。

## （十二）

延至三国时期，荆氏采邑之地为东吴孙权所略，荆氏族人开始迁离故居。

到了南朝，宋武帝刘裕起兵一举攻下润州，杀死了刘贾的第二十世孙——官拜大司马的荆元晖。荆氏族众恐遭屠杀，纷纷远奔逃离。有的逃到了河南，有的逃到了今湖北，也有的逃到了今安徽等地。

南朝宋文帝即位（424），天下战事停息，荆元晖的孙子荆弘宗、荆弘绪兄弟俩一路寻访，重返故里。他们考虑到荆溪之地乃兵家必争之要冲，不宜安居，就举家循荆溪东移，来到了现皇塘镇的珥塘，占卜观象之后，觉得此地是一佳地。于是就在珥塘开荒凿井，拔茅筑屋，世代延居下来。荆氏子孙自此不乐仕途，耕读传家，怡然隐退。

弘宗、弘绪两兄弟虽不乐仕途，但修身养性，勤于好学，学富五车，见多识广，与当时名动一时的顾恺之、何承天等名流相酬唱。因此弘宗、弘绪在修编族谱时，分别邀请顾恺之、何承天等巨擘大家作了序。

荆氏自荆王刘贾至弘宗、弘绪已是第二十二世。

第二十六世的荆虔威，隋初任扬州司马参军，成为荆氏广陵之祖。

第三十二世的荆裕仁，开元中任兖州从事，祠部员外，居莱，成为山东最早的荆氏子民。

第三十九世的荆企，客游洛阳，于是有了河南之派。

第四十一世的荆正民，游秦晋，成为山西派始祖。

第四十三世的荆延隐，入赘皇塘富商大户之家。宋乾德年间应制科考高居榜首，因父丧守孝，未能入仕，终生教谕宗戚乡里。生五子，荆氏始有乾、坤、宇、宙、洪五派。

自此，荆氏在皇塘地区开枝散叶，枝繁叶茂，瓜瓞绵绵，成为皇塘第一大姓。

## 满门忠烈荆本澈

荆本澈，字濂之，一字大澈，皇塘荆氏第六十三世孙。从小好学，博览群书，明朝天启甲子（1624）举人，崇祯甲戌（1634）进士。

荆本澈长得眉清目秀，一表人才，双目如炬，炯炯有光，沉稳大方，身躯伟岸，气宇轩昂。当时，负责考试、阅卷、录取工作的督学熊廷弼见了荆本澈，不禁由衷赞叹道："真杰士也!"

荆本澈生性刚烈，不事权贵。初期为官时，正值奸相温体仁当政。荆本澈初生牛犊不畏虎，敢于当面向温体仁提出不同意见和见解，但也因此得罪和冲撞了一手遮天的温体仁而被贬。

崇祯十年（1637），温体仁结党营私事败，被削职为民，遣送回乡。朝中大臣一致向崇祯皇帝推荐起用刚直不阿的荆本澈。崇祯皇帝准奏，晋升荆本澈为职方郎中、下江监军。明朝的职方郎中，负责掌管天下地图、城隍、镇戍、堡寨、烽候及边防少数民族等事务。下江监军，监督长江一线湖北以下的军务工作。

1644 年，闯王李自成攻下北京城，崇祯皇帝在煤山自缢而亡，大明王朝土崩瓦解。

身在南京的兵部尚书史可法、户部尚书高弘图、凤阳总督马士英等拥立福王朱由崧为帝，是为弘光帝，建立南明政权。荆本澈身为明朝臣子，义无反顾地加入了抗清复明的统一战线。

南明王朝建立后，朱由崧升迁马士英为东阁大学士兼兵部尚书、都察院右副都御史。马士英一举成为南明弘光王朝的首辅。而这引起了太子太傅左良玉的不满。

左良玉居有湖广及下江地盘，拥兵自重。此时，李自成败退武昌。左良玉不敌闯王，只能顺江东下。为了找一个东下的理由，左良玉伪造了先帝太子的密谕，说是前往南京救驾，并且打出了“清君侧”的旗号，声称要讨伐马士英。弘光帝和马士英得知这一消息后，慌作一团，却又无计可施，急忙找来史可法商议。

史可法说：“荆本澈是大明的职方郎中兼下江监军，与左良玉应有旧交，可与荆大人共谋退左兵之策。”

朱由崧忙说：“那就麻烦史爱卿去找荆本澈商量商量吧。”

史可法当即来到荆本澈的官衙，向他讨教退兵之策。

荆本澈说：“左良玉既然打的是清君侧、讨伐马士英的旗号，我们不妨向他陈情原委并晓以利害，看他如何应对。如若再不退兵，我愿提兵御敌。”

于是，荆本澈亲自写了一封义正词严却又情意真切的书信，派快马送到了左良玉的军营。

左良玉接信之后，反复细读，终于被荆本澈书信中刚柔并济的言辞打动，加之荆本澈任下江监军的几年中对他多有帮助，于情于理，他都觉得不能辜负了荆本澈。于是，引兵西去。

荆本澈一纸退兵，应该是大功一件，不料马士英、阮大铖忌其才，竟然借此做文章，诬陷荆本澈与左良玉串通一气，意图谋反，奏请弘光帝严惩荆本澈。幸亏史可法、刘泽清据理力争，荆本澈才免遭不测。弘光帝也十分清楚朝中两党斗争激烈，像荆本澈这样耿直之人难免遭陷害。但朝廷可用之材实在寥寥无几。权衡再三，弘光帝动了恻隐之心，决定外放荆本澈做官，让他离开朝廷这个是非之地。于是，荆本澈被任命为兵备道，仍监下江军，驻防浙江舟山。

临行前，史可法设宴为他饯行。

席间，史可法站起身，双手端起酒杯，说：“荆大人此去舟山，山高路险，任重道远。舟山东临大海，外有倭寇袭扰，内有闯贼鼠窜，北有满虏虎视，南有蛮夷觊觎。况天下纷争，多事之秋，人心不古，万望荆大人保重!”

言罢，一饮而尽，潸然泪下。

荆本澈斟满酒杯，回敬道：“多谢史大人垂怜，我大明内忧外患，半壁江山已落他人之手，我等岂能苟延？覆巢之下，安有完卵？我已抱定必死之心，誓为大明王朝鞠躬尽瘁!”凛然之气，天地可鉴!

为了表明义无反顾、慨然赴死之决心，次日，荆本澈率全家老幼一起踏上了赴任舟山的征程。

舟山总兵黄斌卿是福建莆田人。他虽是明朝旧臣，但看到清兵铁骑一路南下，所向披靡，临时组建的南明政权又处于风雨飘摇之中，岌岌可危，不免为自己的前途担忧起来。他想效仿吴三桂，易帜叛明，投靠清兵。于是，他私下里派人与清兵征南先锋多铎暗通款曲。双方约定，一旦清兵入浙，黄斌卿立即易帜，引清兵进驻舟山。

孰料就在这时，南明朝廷派荆本澈任兵备道，驻防舟山，这给他的易帜计划带来了麻烦。而且，他了解到，荆本澈是个死硬的抗清复明分子，要想拉他入伙，绝无可能。黄斌卿左思右想，决定孤注一掷，先下手为强，趁荆本澈立足未稳之际，把他除掉，以绝后患。

一场阴谋，就此展开……

经过二十多天的舟车劳顿，荆本澈一家终于抵达舟山，住进了兵备道的行署。

这天傍晚，黄斌卿率一众亲信假意设宴为荆本澈一行接风洗尘。席间，一番客套之后，黄斌卿等人轮番给荆本澈一家敬酒，意图将其灌醉。荆本澈只饮三杯，力辞再劝，任凭奉承激将，不为所动。他的两个儿子荆沐、荆溱，更是以不胜酒力为托词滴酒未沾。黄斌卿无奈，只得草草收场。

半夜时分，黄斌卿组织叛军对荆本澈一家下榻的行署发动了突然袭击。

睡梦中的荆本澈被外面的噪声惊醒，他来不及披挂，提剑便冲了出去。他的两个儿子荆沐、荆溱各执一剑，横身挡在父亲的前面，力御叛军。父子三人遂成“品”字阵型，勇斗叛军，杀敌无数，一时竟致叛军不能近前。

这时，内室传来妇幼号啕痛哭之声，荆本澈大喊：“快去保护家眷!”

父子三人杀进内室，只见叛军正在屠杀女眷。荆本澈的夫人已经倒在血泊之中。荆本澈的儿媳、荆滚的妻子于氏，长得貌美，几个叛军正围着她意图强暴。于氏看到夫君杀到，自知难以活命，急忙对自己的丈夫喊："夫君快先杀我！"荆滚不忍下手，于氏又大喊："你不杀我，是要留我给贼兵侮辱吗？"言罢，不顾一切扑向了荆滚手中的利剑。又手握剑刃，奋力朝自己一捅，利剑穿过她的身体。临终前，于氏口中喃喃道："死于夫君之手，无憾！"

荆本澈父子三人目睹此景，肝胆俱裂，旋又提剑杀入敌阵。混战中，三人先后身负重伤，终因寡不敌众，体力不支，全部被叛军杀害，壮烈殉国。

清人修《明史》时，对荆本澈一家满门忠烈的事迹有明确记载。后人也在史书中评价说：明清两朝，荆氏家族中入朝为官者，不下数百人，尤多忠义之士，记入国史者唯于氏一人也。

荆本澈满门忠烈，光照后人。明末清初著名理学家、文学家，江南大儒陆世仪写有《明下江监军道大澈荆公传》一文。清朝文华殿大学士兼户部尚书、《康熙字典》的总裁官张玉书，撰《大澈公传》一文传世。

## 明礼部尚书姜宝

姜宝，字廷善，号风阿，丹阳蒋墅滕村人。生于 1514 年，卒于 1593 年。

嘉靖丙午年（1546），已过而立之年的姜宝赴应天府（今南京）乡试，考取了举人功名。嘉靖癸丑年（1553），姜宝再赴北京参加会试，中二甲第四十九名，赐进士出身，后改庶吉士。

所谓庶吉士，是明、清两朝翰林院内的短期职位，一般从通过科举考试中了进士的人当中选择有潜质的优秀人士担任，为皇帝近臣，负责起草诏书、为皇帝讲解经籍等重要职责，也是内阁辅臣的重要来源之一。明代翰林为政府储材之地，非进士不入翰林，非翰林不入内阁。故此，庶吉士有"储相"之称，成为庶吉士就有了平步青云的机会。明朝把持朝政二十余年的奸相严嵩，以及后来的内阁首辅张居正，都是庶吉士出身。

姜宝能够考取功名，及第入仕，主要得益于祖上庇荫，家学渊源。

蒋墅滕村姜氏，是当地望族，名人辈出。

据姜氏家谱记载，元至正年间，姜瑶仁、姜瑶仪兄弟俩随驾南迁，姜瑶仁为临安（今浙江杭州）太守，后来定居溧阳，成为江南姜氏始祖。姜瑶仁的第四世孙聪一，生有十子，长子千十一始迁丹阳，成为丹阳姜氏始祖。姜千十一的第五世孙姜正，迁居蒋墅滕村。姜宝就是滕村余庆堂的第七世传人。

姜宝进士及第后，入翰林院授编修。当时，严嵩为内阁首辅，把持朝政，为了稳固自己的地位，大肆网罗党羽，结党营私，俨然把明皇朝当成他的家天下。严嵩父子也曾向姜宝伸出橄榄枝，但姜宝看不惯严嵩父子一手遮天、骄横跋扈的所作所为，除了公事以外，决不与之私交。严嵩一看拉拢不成，干脆就把姜宝先后外放到四川、河南做了提学佥事和参政，之后，又转任提督八闽学政。

严嵩倒台后，徐阶成为内阁首辅。当初，姜宝入翰林院、被选为庶吉士后，就得到了时任礼部尚书兼文渊阁大学士徐阶的青睐。蒋墅滕村姜氏族人捐资修建祠堂时，徐阶亲自为姜宝撰写了一篇《姜氏祠堂记》。可见徐阶对姜宝的厚爱。

徐阶主政后，马上把姜宝从福建调回南京，征为南京太常寺少卿，不久，又升任国子监祭酒。

隆庆三年（1569），高拱挤走徐阶，成为明穆宗的内阁首辅。

尽管昔日姜宝在徐阶和高拱的矛盾中恪守中立，从不参与党阀之争。但高拱还是认为，姜宝既然是徐阶的门生，那当然非我族类，一定是在排挤打压之列。所以，他利用手中权力，趁驳查魏国公家事一案，连带诬陷姜宝“危法”，罢了他的官，勒令其“听勘家居”。就这样，姜宝回到家乡，闲居长达十五年。

隆庆六年（1572），高拱也因多行不义而被赶下了台，朝政由张居正接替主持。

张居正，江陵（今湖北荆州）人，明朝著名的政治家、改革家。

张居正生于1525年，虽比姜宝小十余岁，但从小就是学霸，是荆州府远近闻名的神童。1547年，年仅二十三岁的张居正就中了二甲第九名进士，被授予庶吉士。取代高拱成为内阁首辅之后，张居正对当时的军事、政治、经济、吏治等进行了全面改革，改革的核心目标就是整饬吏治，富国强兵。

国难思良将，治国思重臣。张居正平反了高拱时期的冤假错案，重新启用了遭受高拱打压的忠臣良将。被高拱罢了官、勒令“听勘家居”的姜宝，以年届六十的年迈之躯重返政坛。他先被万历皇帝和张居正任命为南京太常寺卿，继而转任刑部侍郎，又转任吏部侍郎。不久，他升为礼部尚书，成为当时张居正改革派的股肱之臣。

姜宝在任职吏部侍郎时，协助张居正整饬吏治，积极推广考成法。所谓“考成法”，大抵与现在的业绩考核相似，主要做法就是以内阁控制六科，六科控制六部，六部控制各级衙门，明确职责，层层考核，做到心中有数。考成法的推行改变了以往“上之督之者虽谆谆，而下之听之者恒藐藐”的拖拉现象，提高了各级部门的办事效率，使朝廷发布的政令“虽万里外，朝下而夕奉行”，当时官场浑噩、推诿、空谈、跑官、钻营之气一扫而空，出现了少有的吏治清明之风。

姜宝升任礼部尚书后，极力主张赋税改革，竭力促成张居正在全国范围内实行“一条鞭法”。

“一条鞭法”就是将田赋和各种名目的徭役合并在一起征收。同时将部分丁役负担摊入田亩，赋役负担除政府需要征收米麦以外的，一律可以折收银两。“一条鞭法”是中国赋役制度的重大变革，改变了历代赋与役平行征收的形式，统一了役法，简化了赋役制度，标志着赋税由以实物为主转为以货币为主，既降低了课税成本，又促进了商品生产的发展，还推动了整个社会的进步。“一条鞭法”的实行，增加了政府的财政收入，缓解了经济危机，缓和了政治危机，减轻了人民负担，也给了走下坡路的明王朝一线生机。经过一系列的改革，万历年间的明朝出现了难得的中兴时期。

年过花甲的姜宝，不顾自己的年迈体弱，依然为朝廷的中兴兢兢业业，呕心沥血，深得明神宗万历皇帝朱翊钧和内阁首辅张居正的赏识。到了退休年龄，朝廷还是继续留用老臣姜宝多年。

直至古稀之年，姜宝再次向皇上提交告老还乡的辞呈，万历皇帝才予准奏，并在应天府造了一座宅子赐给姜宝养老。姜宝回到南京住了一段时间后，思乡心切，又回丹阳建了一座园子，颐养天年。

因为礼部尚书姜宝在南京住过，所以南京解放路南端与八宝东街交叉口那一带，至今仍有尚书村。姜宝在丹阳建的园子，叫姜家园，后毁于战火。

年逾古稀的姜宝退休之后最终叶落归根，回到了养他的故土滕村安度晚年。

晚年的姜宝，做了三件大事。

第一件大事是在老家滕村出资建起了一座“登云桥”。此桥因姜宝次子姜士昌进京科考得中进士而得名，至今犹存。

第二件大事是把自家两千多亩的田地，全部捐给姜氏宗祠，办起了义庄。

义庄，是古代中国社会风俗，是宗族所有之田产，始于北宋。仁宗时期，范仲淹在苏州用俸禄置田产，用以赡族人，固宗族，采取租佃方式经营。义庄设有义宅、义学等，是一种宗族范畴内的救助慈善机构。姜宝在《请建立义庄疏》中详细地记录了他创立义庄的目的和经过，义庄土地的来源，“立法振给庶臣族人贫者，得无流亡转徙之患”，“祠费节省亦渐有成绪，先后置田千亩，并臣男士麟、士昌让出受分业田各五百亩，共得田二千亩”。滕村姜氏义庄的设立在姜氏族人宗族观念的巩固提高、贫困族人的救助、家族人才的培养等方面起到了极大的作用。自姜宝之后，姜氏宗祠采取了一系列扶持奖掖族人读书致仕的做法，使得滕村姜氏人才辈出，明清两代就出了姜士昌、姜志礼、姜朝勋等朝廷重臣。延至近代，出现了一大批有建树、成就卓越、学有所成的各界精英。人才之多，成就之高，名动一时，冠绝乡里。滕村姜氏后人不忘姜宝建立义庄的功德，在义庄土地聚集的导墅东邮村建了20余间庄房，并请人精心雕刻了真人大小的姜宝木雕全身像，供族人常年供奉祭祀。直至1949年遭毁灭。

第三件大事就是整理汇编了他的毕生绝学，为后人留下了宝贵而丰富的思想遗产。他晚年整理汇编的主要著作有：《周易补疑》13卷、《四书略解》6卷、《春秋读传解略》12卷、《春秋事义全考》16卷、《稽古编大政记纲目》8卷、《资治上编大政记纲目》40卷、《资治下编大政记纲目》32卷、《凤阿文集》38卷、《诗集》10卷等。同时，他还撰写了许多应酬之作，《湖山聚乐卷序》《请建立义庄疏》《筑内城记》《重修学宫记》《重修普宁寺记》等，可谓学富五车，著作等身。

万历癸巳年（1593）七月十二，姜宝与世长辞，墓葬于丹徒张堰湖。

姜宝在老百姓中有着良好的口碑，在明代时就被视为“乡贤”。丹阳人民为了纪念这位乡贤，在姜家园为他竖立了一座巨大的石碑坊，上书“黼黻文明”四个大字。为了表彰他建立义庄的功德，朝廷在滕村给他建造了一座艺术品味很高的砖石坊楼。

后来嘉靖皇帝为了表彰姜宝和姜士昌父子为朝廷作出的贡献，下圣旨专门建造了一座“尚书亭”，御赐了“敬宗瞻族”“太史文宗”“宗宪司成”“父子进士”四块牌匾悬挂其中。这四块匾均由书法家董其昌题字。尚书亭一直延至新中国成立后，直至“文化大革命”才被拆除。

2020年，在姜建新、姜亚庆、姜锁保、姜红辉等人的共同努力下，滕村姜氏族人捐资1500余万元，在滕村姜氏祠堂原址重新建起了姜氏祠堂。次年，又捐资200余万元重建了尚书亭。2023年，滕村入选江苏省传统村落名单和省级地名文化遗产名单。滕村这个千年古村重新焕发出生机。

## 铮铮谏臣姜士昌

姜士昌，字仲文，丹阳蒋墅滕村人。明礼部尚书姜宝次子。

作为典型的“官二代”，姜士昌却没有沾染上纨绔子弟的习气，从小就受到良好的教育。他五岁启蒙，天资聪慧，过目不忘。他在学堂上自置一座右铭，“惟善为宝”，以父名励志，令教书先生大为惊叹。十岁那年，姜士昌就参加了县试，以文采倾动全县，时人称之为“神童”。

明万历庚辰年（1580），姜士昌得中进士，任户部主事，掌管徐州仓，兼理关务。明朝的户部主事，就是负责户籍财政机关日常事务的官员，相当于县处级，一般都是正六品。上任后，姜士昌大胆革除关仓积弊，不久就升迁为郎中。之后，又升迁陕西提学副使。

在陕西提学副使任期内，姜士昌积极修复书院，创立五学会（经、史、理学、古文辞、典故），为朝廷培养了一大批有真才实学的人才。

两年之后，姜士昌赴任江西参政，督理驿传。到任之后，他把对老百姓的一切征收和不适当的差役全部废除。当时，负责江西矿监的官员自恃朝中有靠山，勾结当地官员对百姓横行索取，巧取豪夺，为非作歹。姜士昌不畏强权，坚决打击，对贪污官吏给予了严惩。

姜士昌生性耿直，敢说敢做，在朝中素以“敢谏”著称。

当初，姜士昌入朝为官时，就敢于仗义执言，不怕得罪权贵。在吏部时，姜士昌看到吏部侍郎徐显卿构陷张位、少詹事黄洪宪排挤赵用贤等不平之事时，便上疏皇帝，要求罢黜徐黄二人的官职，以儆效尤。他还上疏提议：邹元标、吕坤、李三才正直有才，能干实事，应该提拔重用，以激励埋头苦干的人。他还向朝廷建议恢复连坐法，以强化法制的权威；谨慎选拔巡抚官员；大力表彰守节重义之士；加大对贪官污吏的打击力度；等等。

姜士昌的一系列上疏，引起了朝廷的震动。朝廷中专门负责规谏弹劾的给事中李春开不乐意了，就上奏弹劾姜士昌的上疏举报是“越权”，是“越位”。皇帝也怕无节制地上疏举报会动摇官场体制，乱了章法，遂下诏禁止各部越职上谏。

朝廷的规定，没能够捆住姜士昌的手，更没能封住他的嘴。只要看到不平事，他就如鲠在喉，不吐不快。

贵妃的父亲郑承宪想回家把自己父亲的坟改造一下，皇帝就批了五千两银子给他。这事给姜士昌知道了，就上疏皇帝说：“上次太后的兄弟陈昌言修祖坟，您只给了五百两。而这次贵妃家您就给了十倍的钱，这叫天下人怎么看？”弄得皇帝很无颜面。

皇帝觉得姜士昌这个人太喜欢多管闲事，不能放在身边碍手碍脚。于是就把他派到陕西、江西去了。

明万历三十四年（1606），当朝首辅沈一贯因大搞山头主义形成“浙党”，遭到“东林党”和朝中大臣的上疏弹劾，实在撑不住局面，就被迫辞职下野。临下台之前，为了不给自己留下后遗症，他决心除掉同朝辅政的宿敌沈鲤，在皇帝面前狠狠地奏了沈鲤一本。

万历皇帝为了平衡重臣之间的关系，就采取了“和稀泥”的方式，同时给沈一贯和沈鲤办理了退休手续，让他们一起下台。

对于皇帝这种不分青红皂白各打五十大板的做法，姜士昌又看不下去了。这年秋天，姜士昌写好疏状，专程从江西赍表赴京上疏。

他在上疏中说：“皇上听一贯、鲤并去，舆论无不快一贯而惜鲤……夫鲤不肥身家，不择利便，惟以众贤效之君，较一贯忠邪远甚。一贯既归，货财如山，金玉堆积；鲤家徒壁立，贫无余资，较一贯贪廉远甚……”他还借机隐讽当朝首辅李廷机不能推贤荐士，阻塞了圣上用人的途径。此次上疏得罪了李廷机，为之后埋下了祸根。

明神宗万历皇帝朱翊钧，十岁即位，在位四十八年。万历皇帝虽然是明朝在位时间最长的皇帝，却也是历史上少有的懒皇帝。除了张居正辅政的初位十年他做了一些事情之外，从万历十四年（1586）九月起，他就开始罢工了。其后二十多年他就窝在巴掌大的紫禁城里“冬眠”，不再上朝，国家运转几乎停摆。其间，无论大臣们怎么恳求、谩骂、抱怨还是造谣，他就像一颗铜豌豆，就是不上班，不见臣子，不办公。臣子毕竟是臣子，就算再有胆子，也不能跑进后宫把皇帝拖出来批斗。所以，万历皇帝是最让大臣们头大的皇帝。

由于万历皇帝不理朝政、不作为，辅臣就显得举足轻重了。万历二十九年（1601），朱赓以礼部尚书兼东阁大学士的身份参与机务。万历三十四年（1606），辅臣沈鲤、沈一贯去位，朱赓独当国，其时已七十有二，朝政日弛，内忧外患。同年，官至礼部尚书兼东阁大学士的李廷机进入内阁辅政。李廷机虽勤勉有加，亦未能挽狂澜于既倒。特别是国体渐显颓败之象时，更是引起了朝野的不满。姜士昌首先上疏历数其“天变人离、民穷败尽、仁贤遗弃”的误国事实，彻底得罪了当时的朱赓和李廷机。姜士昌因此被调任广西佥事，后来又被降为兴安典史。这就等于是降到底了。明朝的典史虽然也是吏部铨选、皇帝签批任命的“朝廷命官”，但其就是知县下面掌管缉捕、监狱的属官。

朝廷如此对待，姜士昌心灰意冷。“人生在世不如意，明朝散发弄扁舟。”不久，姜士昌挂冠而去，归家隐居，彻底告别官场。

告别官场、归隐家乡的姜士昌，居住在丹阳的姜家大院，开始潜心研究理学思想。当时，名噪一时的东林书院就在离丹阳不远的无锡。而东林书院的主讲人顾宪成正好是姜士昌的同科进士。顾宪成也是因为得罪权贵从吏部侍郎被贬革职回家的。两人同病相怜，惺惺相惜，经常走访互动。顾宪成常来丹阳看望姜士昌，姜士昌也常去无锡的东林书院听课，甚至受邀讲学。

东林书院创建于北宋政和元年（1111），是北宋理学家程颢、程颐的嫡传弟子杨时长期讲学的地方。明朝万历三十二年（1604），东林学者顾宪成、高攀龙等人重修书院并在此聚众讲学。他们倡导“读书、讲学、爱国”的精神，引起全国学者普遍响应，一时声名大著。顾宪成撰写的对联“风声雨声读书声声声入耳，家事国事天下事事事在心”更是家喻户晓。东林书院成为江南地区人文荟萃之区和议论国事的主要舆论中心。“天下言书院者，首东林。”姜士昌也因此成为东林书院的常客。在讲学中，他总是引经据典，借古喻今，针砭时弊，入木三分。时人称其“一语中的，醍醐灌顶”。

明末时期，朝中派系林立，形成了以浙江人沈一贯为首的“浙党”，以宦官为主的“阉党”等，而顾宪成、高攀龙、姜士昌这批下野之人聚集在东林书院议论国事，自然就形成了“东林党”。由于“东林党”提出的“开放言路，反对宦官干政，反对矿税”三大主张得罪了大太监魏忠贤，魏忠贤便搜集编织一系列罪名，栽赃东林党人，使东林党人遭受了严重的打击和迫害。

天启初（1623年左右），姜士昌病逝于丹阳姜家大院。

明熹宗朱由校念姜士昌对大明皇朝耿耿忠心，追赠其为太常少卿。

## 爱民如子荆其惇

荆其惇，字敕五，为荆王刘贾六十五世孙。

荆其惇年幼时，家里很穷，食不果腹，父母就把他出继给叔父为嗣。叔父对他视如己出，把他送到荆氏宗祠的义学念书。荆其惇天资聪慧，为诸生时就博览群书，尤其留心研习理学。

明崇祯十五年（1642），举于乡。

清顺治四年（1647），司教南陵县（今属安徽芜湖）。

顺治六年（1649）登进士及第，迁平乐（今广西平乐）知县。逢母丧服孝三年，未赴任。守孝三年后，补河南郾城（今属河南）县令。

清朝初期，河南境内流寇盗贼猖獗，百姓遭殃，民不聊生，郾城县尤剧。

荆其惇赴任时，县城遍地荒凉，居无房舍，县署衙门居然连个像样的办公场所都没有。荆县令只好租赁了一间普通的民房作为栖身之所。

郾城县的东面有个龙塘河口，地势非常险要，是通往陈州（今河南周口）与颍川（今河南禹州）的关隘。以前外埠的匪盗都是从龙塘河口流窜入境滋扰乡民的。荆县令得知这一情况后，为了根绝匪患，就带领百姓筑堤防御。此堤屹如长城，守住了关隘，境内百姓不再遭受流寇侵袭。当地百姓感念荆县令的恩德，就在堤上种满了荆树，并把这道保境安民的长堤取名为“荆堤”，以彰其政。

当时，朝廷调兵南下，师出必经鄢城。按照惯例，大军过境之时，各州县均要发布公告，要求沿途百姓杀猪宰羊犒劳军队。老百姓本来就缺吃少穿，生活拮据，每逢大军过境，就更加苦不堪言。这年，荆其惇到任鄢城之后，恰好又遇到朝廷大军南下，鄢城是必经之路，老百姓又得深受劳军之苦了。

荆其惇考虑到鄢城百姓生活的疾苦，实在不忍心增加老百姓的负担。他既没有张榜公告要求老百姓劳军，也没有安排衙役购置鱼肉等食物，而是只身单骑到县界迎接大军，口头慰问军士，并亲自为大军做些安排宿营地、烧开水之类的勤杂事务。夜幕降临之后，他就在营帐之外找块空地铺些稻草，将就一晚。第二天天一亮，他又早早起来帮军士们做早餐。领兵带队的将军了解到荆县令勤政爱民的情况后，不但没有责备他，反而对他大加赞赏，称他是爱民如子的好县令。

鄢城县地处河滨低洼之处，这年遇到洪灾，河堤被冲垮了。鄢城百姓迷信巫术，都相信巫婆神汉的妖言，认为遭遇洪灾是黑龙神降临。很多百姓就聚集在一起，掮旗打伞，跪迎天神，祈求消灾。那场面声势浩大，喧嚣尘上。荆县令知道一时难以劝解百姓，就派人把巫婆神汉悄悄地叫到县衙，对他们晓以利害，迫使他们解散了迎神活动。荆其惇说："老百姓受灾受难，都是我这个当县令的责任。"他带领衙署大小官员和百姓一起，齐心合力修好了堤坝，治好了水患。

荆其惇在鄢城六年，宽严得体，勤政爱民，为老百姓办了许多实事、好事，把一个贫穷落后的县治理发展成一个富裕之邑。老百姓不但解决了温饱问题，还能为朝廷国家上缴钱粮赋税了。经朝廷考察，荆其惇总评优秀。

这一天，荆其惇召集差役，准备把各地老百姓上缴的税银押解到京城国库。当天夜里，有一股土匪聚众打劫了县衙银库。荆县令得报之后大吃一惊，从床上一跃而起，来不及整理装束穿好官服，只穿了一身里衣，提了一柄宝剑就带着衙役们冲入了匪群，与劫匪们展开了混战。夜幕中的一场恶战，双方各有死伤。荆其惇也在这场混战中不幸被匪徒刺中要害，倒地身亡。身边的衙役一看到荆县令被刺倒地，急忙大喊："不好了，荆县令遇害了！"

这一喊，打斗中的双方都吃了一惊，互相停止了砍杀。当匪首得知被刺杀倒地的就是爱民如子、万民敬仰的荆县令时，陡然喝令手下："停！荆县令被我们误杀了，真是该死！统统放下劫来的银两，我们走。"

匪徒们退走后，衙役们清点被劫银两，发现竟完好无损，分文不少。

荆其惇去世后，鄜城、南陵二县的百姓都十分感念这位爱民如子的好县令，把他的牌位供奉在当地的名宦祠中，永久纪念。《丹阳县志·名臣》亦有传。

荆其惇生前著有《苑吟集》。《曲阿诗综》录有其古诗四首。现选录一首，以窥其才：

**彭城道中**

当年霸业任纵横，风土于今未肯平。
山势西来分两界，河流东注逼孤城。
云龙峰瘦霜天晓，燕子楼空夜月清。
歧路徘徊人不识，悲笳吹起故园情。

## “大麦粥太守”贺邦泰

贺邦泰（1523—1591），字道卿，号澹庵，丹阳蒋墅人。其祖上是书香门第，官宦世家。贺邦泰的祖父贺灿敕赠文林郎、中城兵马司副指挥；父亲贺镐是监生，敕封承德郎户部陕西司主事，累赠光禄大夫、太子太保、户部尚书兼都察院右副都御史。

据说，贺邦泰年幼时，其父为闭门课子，曾在门前水塘中央建了一个读书亭，令贺邦泰一人独处亭中攻读课文。而亭子与岸仅一木相连，贺邦泰往来亭中只能径走独木。数年工夫，贺邦泰不仅功课大进，而且练就了身轻如燕、健步如飞的本领，飞檐走壁如履平地。

贺镐为了让儿子全面发展，就请了武进名士唐顺之（1507—1560，字应德，号荆川，儒学大师、军事家、散文家、数学家）来家里讲学。“唐荆川一见奇之，由此课之学甚严。”滕村大贺邦泰十岁的姜宝，也同时拜在唐荆川的门下求学，由此“所闻大进”。其时，唐荆川遂将济世之兵学秘授贺邦泰。

嘉靖三十八年（1559），贺邦泰考取进士，任福建莆田知事。任期内，有一次率军民与倭寇作战时，贺邦泰一马当先冲入敌阵，直捣倭巢。狡猾的倭寇把他们的巢穴建在一处河的对岸，退过桥面之后，立即拆毁便桥，以绝追兵之路。贺邦泰追至河边，找来一根圆木搁置在河中，独自一人踩木如飞，犹如蜻蜓点水，直趋对岸。倭寇见状大惊失色，以为神人，纷纷缴械投降。

抗倭名将戚继光率援军赶到莆田，了解到贺邦泰统兵有方、抗倭有功的情况后，不由得佩服地对别人说："行尽天下，文官知兵者，贺一人也。"

由于抗倭有功，不久，贺邦泰相继升擢户部主事，南康（今江西南康）、廉州（今广西合浦）、琼州（今海南）太守。

琼州，即现在的海南省，当时属于广东省琼州府，辖海南岛全境之内的儋州（今海南儋州）、崖州（今海南三亚）、万州（今海南万宁）三个州十三个县。名动一时的清官海瑞就是琼州人。

作为琼州的最高行政长官，贺邦泰没有依仗自己抗倭的战功摆架子树威风，而是以海瑞为榜样，为政清廉，自洁自律，与乡民同甘共苦，打成一片。有一次，海瑞回乡省亲，去州府拜访贺邦泰。贺邦泰热情地接待了他，一番寒暄之后，贺邦泰没有在衙门用公款招待海瑞，而是邀请海大人到他家中做客。海瑞来到贺邦泰家中，环视四周，只见摆设简陋，家人衣着无华，与当地平民并无二致。厨房内既无龙虾鲜贝等海味，也无雉鸡野兔等山珍，吃的竟是丹阳人习以为常的大麦粥、豇豆和茄子之类的普通食物。作为朝廷命官，身居太守高位，贺邦泰的生活竟是如此清苦节俭，连素以清廉著称的海大人也极为钦佩，称他是"廉洁大计，卓异第一"。

大麦粥是丹阳地区的传统食物，其做法就是在清汤寡水的稀饭中掺入少量大麦粉，主要目的就是节省大米。大麦粥是穷苦百姓度饥的廉价食物。海瑞在浙江淳安（今属浙江）任知县时曾与丹阳人汤用共事多年，吃过汤用家的大麦粥。所以，他了解丹阳大麦粥的来历。

海瑞说："虽然我们琼州条件不好，但你作为太守也不至于如此清苦啊？"

贺邦泰答道："琼州百姓的生活比我还苦，我何敢独享其乐？"

此事传至乡里，乡民们均称贺邦泰为"大麦粥太守"。

琼州四面临海，乡民饱受海盗抢劫骚扰之苦，生活不得安宁。贺邦泰组织军民全力围剿，同时派出官员收服盗魁，恩威并施，剿抚并举。

当时，最猖獗的海盗头目叫李茂，他人多势众，最难剿灭。贺邦泰打探清楚李茂的底细之后，先写了一封情真意切又义正词严的信派人送给李茂，又约定单刀赴会和李茂见面谈判。李茂素闻贺太守清廉为民，又被贺邦泰书信中的言辞打动，决定弃暗投明，归降贺太守。贺邦泰也信守诺言，当即委任李茂为平寇“大帅”，派他领兵剿灭了其他多股海盗，一举荡清危害琼州多年的海盗之患。朝廷解除了心头之患，百姓过上了太平日子。而李茂从一个海盗转身为一名战功卓著的将军。所以，李茂视贺太守为再生父母，天大的恩人。

为了表达对贺太守的感恩之情，一天傍晚，李茂带着以前积攒下来的巨万珍宝来到贺邦泰的家中，一定要悉数赠送给贺大人，以表寸心。贺邦泰不为所动，婉言谢绝。李茂见状，跪地不起，叩头不止，说：“没有您贺大人就没有我李茂的今天，我的命都是贺大人给的，所以，我的所有财富也都是您的。贺大人如若不肯收下，我就不起来！”

见此情景，贺邦泰迫于无奈，就从无数珍宝中取了一片沉香，说：“那好吧，我就留下沉香一片，以供敬佛之用吧。”

此事不胫而走，琼州上下官员和乡民赞叹不已。

贺邦泰在琼州为官清廉，政绩卓著，不久擢迁湖广参政，后又历任山西督学和江西按察使，累至户部尚书等职。

贺邦泰年迈归家后，绝迹公府，杜门训子，立义田，恤贫困，赈灾民。虽富而不喜豪华，自奉俭约。诸婿来，惟初到设酒耳。

贺邦泰死后，葬于里庄境内回龙桥畔的贺家坟。

## 为民请命姜志礼

姜志礼，字立之，号同节，丹阳蒋墅滕村人，寓居丹阳城内太平桥姜家大院。明朝万历四年（1576）应天府乡试第三十六名举人。万历十七年（1589）会试第五十五名，殿试得中三甲第二十四名进士。

入仕后，姜志礼先后历任四川建昌府七品推官、浙江衢州府推官、大理寺评事、刑部五品员外郎、福建泉州府四品知府、广东副使、山东右参政、广西佥事、尚宝卿、太常寺卿等职。

姜志礼官历明朝神宗、光宗、熹宗、思宗四帝，仕中曾因进谏遭贬三秩，也曾遭阉党魏忠贤弹劾陷害。但无论身居高位，还是被贬放逐，他都不忘为民请命，为老百姓办实事，做好事。

姜志礼的仕途生涯始于四川建昌府推官。明朝的推官就是管理刑狱的七品小官。姜志礼初涉官场，本着实事求是、认真办案的原则，缜密而负责地办理每一起案件。很快，建昌府发生了轰动一时的著名理学家邓元锡案。姜志礼在审阅案宗时，发现此案证据不足，疑点颇多。于是，他追本溯源，重新厘清案件，终于发现这是一起冤假错案。上报之后，朝廷当即给予了平反。

姜志礼办案认真负责、细致缜密，受到皇帝和朝廷的信任，不久，就升任为大理寺评事。到任后，姜志礼发现被关押在大牢的犯人大多数是因天灾人祸缴不起矿税或者是因虚假罪名入狱的普通老百姓。

这些犯人入狱后又久拖不决。牢中缺衣少食，时间一长，有些人被折磨成病，无法医治，惨死狱中。万历三十三年（1605），姜志礼为了解救这些无辜的百姓于水火之中，竟然不避忌讳，直接上疏“囚多瘐死”。他在疏中直言不讳地写道：“犴狴之间，一日毙十五人，积日而计，亦何纪极？又况海内小民，罹灾祲而转死沟壑，及为矿税所罗织、貂珰所攫噬、含冤毕命者，又复何限？乞亟为矜宥，勿久淹系，且尽除矿税，毋使宵人窃弄魁柄，贼虐烝黎。”

这份尖锐而严厉的奏折，矛头直指以魏忠贤为首的宦官，引起了宦官魏忠贤等人的极大不满和恐慌。为了拔掉眼中钉，魏忠贤参本奏请皇帝，把姜志礼外放到云南做了负责科举考试之类事务的典试。

几年之后，姜志礼升任刑部员外郎，官至从五品。一年之后，出任福建泉州府知府，官至四品。

姜志礼到任泉州之后，做的第一件事就是修复了横跨洛阳江长达三里的万安桥。第二件事就是为渔民夺回了被渔霸侵占的渔场。当地渔民感恩戴德，自发捐资在渔场边修建了一座“姜公祠”，以志永久纪念姜志礼。

泉州靠海，商贸发达，富人聚集。每当到了考取秀才的日子，富人们总是千方百计地打通关节找到姜志礼送礼说情，意图请他网开一面，适当照顾。光是打招呼的信件姜志礼就收到了一箱子。姜志礼当众打开箱子，一把火把这些信件烧了个精光，一律不徇私情。

有一天，堂下来了一位衣着华丽的仆人，他满不在乎地直入大堂。衙役把他拦住，他手举一封书信，傲慢地说：“我是替李廷机大人送信给姜大人的。”

姜志礼把惊堂木一拍，喝道："我和李大人素无书信来往，你这是假传书信！来呀，给我打二十大板！"

来人经不起杀威棒的伺候，乖乖地承认了送假信的事实。

事后，李廷机听说了此事，就对同僚说："全我晚节者，姜君也！"

此后，姜志礼再迁广东副使。

明朝阉党执政期间，税收部门的重要官员都是由宦官担任，时人称之为税珰。当时，广东的税珰叫李凤。这个税珰在粤期间巧取豪夺，敛财无数。百姓恨之入骨。后经朝野多次举报弹劾，朝廷终于查实李凤的贪污罪行，直接处死了他。

李凤死后，广东的税署空缺，福建的税珰高寀看中了这个肥缺，四处打通关节，意图通过魏忠贤把自己调到广东当税署。

姜志礼得知这一内情后，跟同僚们说："广东人几乎死于李凤。如果这个高寀来广东，那我们广东人就要死第二次了。"

为了阻止税珰高寀入粤，姜志礼下令沿途各部，严格控制来往船只。如果看到高寀，一律不准他上船。同时，姜志礼又修书一封，借李凤被处死伏法一事，劝阻高寀打消来广东的念头。高寀得知原委后，果然知难而退，放弃了到广东任职的打算。

未几，姜志礼迁任山东右参政。

当时，正值福王朱常洵就封河南，诏赐田二百万亩，封地横跨山东、湖南、湖北等地。负责征收封地田赋的就是福王的侍从宦官徐进。这个徐进又是一个吃人不吐骨头的主。他所到之处，百姓无不怨声载道。

为防止宦官进入山东鱼肉百姓，姜志礼"舍得一身剐"，立即秉笔直书给皇帝上了一份"抗疏"，大意是说："臣所管辖的山东本来就穷，民不聊生，况且又与倭寇为邻，实在不宜有藩王的土地。自从高皇帝开国以来已有十余世了，分封的王子也有很多，可哪有赐田二百万亩，连绵几十个郡县的呀？还有瑞、桂、惠三个王子，如果继续这样分封，恐怕我们大明的土地还不够诸位藩王分啊！"

皇上见了姜志礼这份毫不留情的"抗疏"，十分震怒，当即下诏，连降姜志礼三级，把他贬谪到广西充任总管文牍的佥事。

离任前，姜志礼仍关心山东百姓的疾苦，建议朝廷募粮赈灾。他又担心徐进中途变卦，不肯拨付赈灾粮食，就在土地庙前贴出告示，说：福王是皇上的爱子，庄田连接三省，是为了便于荒年赈灾救济，丰年保障税收。所以，请大家一定要放心，遇到灾荒年景，福王是不会不管大家的。

他又给徐进写了一封信，信中说：你能带一百万担粮食到山东来吗？如果不能，你就不要进入山东去收税赋了。

徐进权衡再三，最终还是没敢踏足山东。

姜志礼被贬谪任广西佥事期间，适逢瑶族叛乱。为首的叫韦尚胜，凶残狡诈。官兵多次围剿皆败，百姓苦不堪言。姜志礼到任后设巧计诱敌深入，又亲率剿匪大军直捣匪穴，一战而生擒韦贼，瑶乱遂平。广西百姓无不称之为诸葛孔明再世。

江苏、广西遭灾，姜志礼不畏艰难积极募粮赈灾，受到百姓拥戴和朝廷嘉奖。不久，就升迁江西参议，随即又升迁浙江副使。

在浙期间，姜志礼在审理叶郎生叛乱案时发现，此案株连者多达万人，大多数都是无辜受牵连者。姜志礼本着实事求是的态度，采取宽严相济的办法，只诛杀了数名首犯，其余人等一律免罪，不再追究。

由于姜志礼为官清廉，公正无私，皇上又把他调到身边，让他当了掌宝玺、符牌、印章的尚宝卿。

有一次，河南巡抚给皇帝进献了一块名贵的玉石。权珰魏忠贤知道之后就想据为己有。魏忠贤示意姜志礼上疏，请皇帝把这块玉石赏赐给自己。姜志礼当即予以回绝。不仅如此，姜志礼还联合同僚一起上疏，力救被魏忠贤陷害的左都副御史杨涟等。这彻底得罪了魏忠贤。魏忠贤唆使党徒弹劾姜志礼，说姜志礼老糊涂了，早就应该退休了。皇帝批准了姜志礼退休，并恩赐太常寺卿。

姜志礼退休后，魏党还不肯放过他，又借左都御史赵南星案，把姜志礼也列入案中，勒令江苏巡抚缉捕审查。镇江知府贺仲轼素知姜志礼为人，也深知魏党居心叵测，一直顶住压力拖而不办。赵南星也据理力争，极力为姜志礼开脱干系，最终姜志礼幸免于难。此后，阉党魏忠贤又大肆捕杀东林党人，编造所谓的“东林党人榜”，凡三百零九人，姜志礼赫然名列其中。

天启七年（1627），朱由校驾崩，朱由检即位，即崇祯帝。崇祯即位后，立即开始整治阉党。不可一世的“九千九百岁”魏忠贤自知罪孽深重，难逃一死，上吊自杀了。崇祯元年（1628），皇帝下诏，姜志礼官复原职。姜志礼以年老体弱为由固辞，告老还乡。

姜志礼晚年居家，仍不忘为家乡做善事。

他和时任丹阳知县旷鸣鸾一起，把丹阳东门外尹公桥东运河的直道改为弯道，以纡缓东流水势，并首发倡议建起了万善宝塔。

崇祯五年（1632），姜志礼上疏朝廷，建议治理练湖及大运河丹阳段。练湖居民感其恩，立“姜公祠”以祀。

归居滕村后，姜志礼出资修筑了三溪坝，疏浚了吕渎河，以便冬季枯水期间能够蓄水济漕。

姜志礼还十分关注地方官员的政绩和清廉，把他们的表现亲笔写信反映给江苏巡抚。镇江府和丹阳县的官吏感觉到时时刻刻犹如明镜高悬。

姜志礼著有《同节公文集》《湖漕成案》等。《曲阿诗综》录有其诗作六首。

《明史》对姜志礼评曰：“性淳朴，所居多政绩，亦以行谊称于乡。”

姜志礼，九十岁高龄寿终正寝。据《滕村姜氏族谱》载：姜志礼葬于延陵九里三圈桥畔乌龟山。墓碑镌刻：“明万历己丑进士翰林院提督四译馆太常卿同节姜公神道碑。”

## 老县令荆伟喋血垫江

荆伟，字元升，为荆王刘贾六十三世孙。

荆伟自幼熟读经书，从小立志报效国家。然而，束发之后多次参加应科考试，不中，只得蛰居老家，以教书为生。

明朝崇祯年间，全国各地爆发了大小无数的农民起义，其中，尤以高迎祥、李自成、张献忠等人的起义队伍规模宏大，影响广泛。在这群雄四起、遍地狼烟的动荡社会，一些盗贼恶匪趁机作乱，浑水摸鱼，到处杀人越货，祸害无辜百姓。朝廷既要应对清兵入关，又要平定各地的农民起义，内忧外患，顾此失彼。

为了保住风雨飘摇的大明江山，朝廷决心打破科考取士的常规，下诏各州县向朝廷推荐有真才实学的人才，经朝廷应试考核后即可破格录取。

丹阳县衙将荆伟作为贡生推荐给了朝廷，并送荆伟赴京参加应试。

荆伟果然不负众望，以优异的对策成绩受到了主考官的青睐，经皇帝御批后直接被录用为七品知县。由于张献忠的农民起义军已经剑指四川，朝廷紧急委任荆伟为四川垫江（今重庆垫江）县令，并命令他即日启程赴任。

这一年，荆伟已经六十一岁。得知荆伟被授以垫江县令后，同僚和乡亲都以川内匪患猖獗、兵荒马乱、时局不安、蜀道艰难、年老体迈等理由，力劝他不要赴任。荆伟却毅然答道：“我已人身许国，何敢以年老辞！”

当即，荆伟携带家眷，辞别乡亲，溯长江逆流而上，义无反顾地前往垫江县赴任。

垫江县位于川东地区，山高林密，地势险要。忠县为全蜀门户，垫江县则为忠县之根本。荆伟到任后，立即带领垫江的百姓修筑城堡，训练乡勇，建立县、乡、保、甲联防机制，以确保一方平安。

垫江县城东西两端皆是大山，当时有个叫龚遂的匪首率领一群乌合之众啸聚山林，藏匿草木，遁之无形，前几任县令曾多次组织剿匪，均无功而返。荆伟得知这一匪情后，先派人摸清了龚遂匪众的活动规律，又亲自乔装打扮勘察地形，设下了直捣匪巢的作战计划。是役，荆县令亲率剿匪大军直取匪穴万家岭，匪徒大部分被歼，只有匪首龚遂漏网，潜逃他乡。龚遂远遁，垫江县境内匪患基本肃清，百姓从此安居乐业。

明崇祯十三年（1640），张献忠欲图巴蜀，就暗地里派人与龚遂等山贼联络，约定龚遂重招人马作为内应，待大军入蜀时，由龚遂打开进入四川的门户。龚遂是四川人，熟悉巴蜀山川地形。他深知，要想夺取忠县，必先攻占垫江。如今，垫江有县令荆伟把守，防守严密，如何下手？龚遂左思右想，决意必先除掉荆伟，才能后图垫江。

于是，龚遂悄悄潜到垫江城外，找到以前的旧部，让他们分批乔装混入城内，以为内应。到了行动的这天凌晨，头遍鸡鸣刚过，内应便悄然动手杀死了守城门的卫兵，举火为号，打开了垫江的城门，引导龚遂盗匪蜂拥入城，直扑县衙。

睡梦中的荆伟县令被外面的嘈杂声惊醒。他整肃衣冠，佩上宝剑，就直奔县衙大堂，准备率部应对突发事变。他的夫人和孩子急忙紧紧攥住他的衣服，劝他先躲一躲，观察一下外面的动静再做决定。荆伟厉声道：“吾不惜一死，以报主上。尔等好自为之！”说罢，只身来到大堂。

这时，众匪徒也已手持利刃，涌入大堂。

荆伟县令面无惧色，大声呵斥道：“你们都是朝廷的子民，想干什么？我劝你们不要听信贼人的妖言，赶快和我一起共同抗击流寇贼兵。本县令不但可免你们一死，还可以保证让你们以后衣食无忧。”

为首的盗匪被荆伟县令的一番话说得有些心动，正在犹豫不决之时，有个盗匪突然大吼："我兄弟就是被他杀死在万家岭的，我今天要为兄弟报仇，我要亲手杀了他!"说罢，挺刀向荆县令刺来。荆伟虽年过六旬，却面无惧色，与之搏斗。众匪徒蜂拥而上，挥刀乱砍，荆伟县令终于寡不敌众，身中数刀，血染官服，壮烈殉职。

垫江百姓惊闻荆伟县令被盗匪所杀，纷纷自发来衙吊唁。披麻戴孝者拥塞街巷，痛哭之声，三日不绝。

## 抗清志士贺王盛

贺王盛，字周兼，号无党，丹阳蒋墅人。

明朝天启元年（1621），贺王盛得中举人。崇祯元年（1628）举进士，列三甲第九十一名。入仕后历任山东诸城县令、兵部职方主事、大理寺副使、太仆寺丞等职。

贺王盛生性耿直，敢谏敢议。在京任大理寺副使期间，他初生牛犊不怕虎，上疏皇帝，直谏内阁首辅温体仁结党营私、排除异己的恶行。在一手遮天、无人敢在太岁爷头上动土的"党禁"时期，敢于直接和温体仁叫板的做法，无疑是石破天惊之举。贺王盛的敢谏之名一下子声震天下。

没等温体仁反应过来，贺王盛又有了更大胆的举动，上疏指责崇祯皇帝"任内臣如此其专，而未得内臣之效；遇武臣如此其重，而未得武臣之效"，"求治太速，立法太严。终于事事考核而稽玩如故；日日奏销而丛脞如故"。崇祯皇帝气得差点没吐血。温体仁趁势火上浇油，大骂贺王盛"大不敬"。皇上下诏，降贺王盛三级，将其逐出京师，贬为河南幕府。

崇祯十七年（1644），李自成攻克北京城，崇祯皇帝自缢煤山，大明王朝分崩离析。

随着清兵的入关，大清王朝逐渐取代了大明王朝，许多大明旧臣也都改换门庭做了大清的臣子。清廷也派人来劝降贺王盛，说："识时务者为俊杰，大清即将一统天下，贺大人只要愿意归顺大清，照样可以高官厚禄。"

贺王盛凛然答道："我生是大明的人，死是大明的鬼！我贺王盛宁降汉贼，不降满虏！"随即，贺王盛投奔了大顺的李自成。

没几天工夫，吴三桂"冲冠一怒为红颜"，引清兵入山海关，旋即攻破北京城。李自成不敌多尔衮，带着残部退出北京，一路南下。贺王盛也随李自成部辗转来到江南。

投奔李自成并非贺王盛本意，只不过是他摆脱清廷纠缠的权宜之计。如今回到江南，贺王盛悄然离开了"流寇"部队，回到老家隐居。

清军攻占江南后，又打听到了贺王盛隐居老家的消息，再次派人上门请他出山，担任大清的官职，为清廷效力。贺王盛断然拒绝了。

明朝京师顺天府失陷后，明朝宗亲及文武大臣逃亡南方，依据半壁江山继续抵抗清兵，并建立了南明政权。征战数年之后，南明只剩下东南地区以桂王朱由榔为皇帝的永历政权和东南沿海以郑成功为首的抗清武装还在与清军继续战斗。这两支武装互为策应，两面夹击清军，使抗清局面出现了短暂的高潮。

贺王盛虽然隐居在老家，却时刻关注着天下大事，暗地里联络和团结了一大批抗清志士，从事着抗清复明的事业。他通过茅山道士张充甫同郑成功的先锋官张名振取得了联系，随时准备策应永历政权抗清大军的行动。

清顺治十年（1653），郑成功派张名振率两万水师直抵长江口，驻军崇明，准备溯江西进。清廷为之震动，江南反清复明志士以为光复明室指日可待，备受鼓舞。这时，贺王盛接到了他的老上级、原吏部侍郎、现任永历政权宰相雷跃龙派人送来的诏书。永历皇帝敕封贺王盛为兵部侍郎，并命令他在江南组织反清武装，随时准备策应张名振西征。与此同时，郑成功的江南总联络官茅山道士张充甫也给贺王盛带来了张名振的行动计划和作战部署。

正当贺王盛全力谋划抗清复明的具体行动计划时，因内奸告密，清廷破获了他们的地下组织。贺王盛等不幸被捕入狱，关押在南京明故宫内。

顺治十一年（1654）年八月，贺王盛等十人被清廷处斩。

临刑前，贺王盛自题《绝命词》一首：

悲歌慷慨说天祥，
浩气凌虚返帝乡。
从此十人离紫荆，
相随地下拜高皇。

# 户部尚书贺世寿

贺世寿，原名烺，字函伯，又字玉伯、中泠、山甫，丹阳蒋墅人。

贺世寿明万历三十四年（1606）考中举人。四年后（1610）殿试考中进士。授户部主事，迁升户部郎中。

其时，顾宪成、高攀龙等在东林书院讲学，建立了与魏忠贤等阉党势不两立的阵营。魏忠贤擅弄权柄，竭力打压排挤东林党人。贺世寿不畏权贵，旗帜鲜明地站在顾宪成、高攀龙一边，支持东林党人，两次上疏与阉党争辩，彻底得罪了当时的吏部尚书赵焕。《明史》记载："其同官李邦华、周起元、孙居相，及户部郎中贺烺交章劾焕擅权，请还振基等于言路。帝为夺诸臣俸，贬烺官以慰焕。"贺世寿受到了降级外放的处罚。

明泰昌元年（1620），光宗即位，贺世寿被起用为户部主事。

天启年间，宦官结党营私，排斥异己，为所欲为，气焰更加嚣张。天启五年（1625），贺世寿愤而辞官，挂冠而去，回到丹阳老家，闭门著书。

天启七年（1627），熹宗病逝，崇祯即位后，彻底铲除了魏忠贤等阉党，贺世寿才又官复原职，调礼部，擢光禄寺少卿，转太仆少卿。

崇祯四年（1631），贺世寿累迁通政使、兵部侍郎兼佥都御史、天津巡抚。

崇祯十七年（1644），贺世寿晋户部尚书，致仕归里。

贺世寿晚年叶落归根。作古后，葬于里庄境内回龙桥畔的贺家坟。

贺世寿著有《思闻录》《闲坪杂识》《清音集》《净香池稿》等。

# 薄命才女贺双卿

## （一）

清康熙五十四年（1715）的秋天，丹阳蒋墅北角落村有个叫贺弥高的农户家，又生了一个女儿，取名双卿。双卿有个舅舅是读书人，就在她家屋后贺家祠堂的书馆里做先生，为她取了个字，叫秋碧。

这个小双卿说来也怪，她在哭闹之时，只要听到从屋后书馆里传来读书的声音，就立马止住哭声，睁大眼睛，静静地听。有时候听到抑扬顿挫的读诗声，她居然会咧开小嘴甜甜地嘻笑起来。这一不可思议的现象令村里人啧啧称奇。

双卿牙牙学语时，也跟着书馆里的童子念念有词。等长到四五岁时，她就天天跑到书馆的窗下，跟着学童们一起有模有样地读起诗文来。舅舅见双卿聪明好学，就在书馆的角落处为她加了一张小凳子，让她插班旁听。小双卿果然聪慧，诗词课文一学就会，过目成诵，倒背如流。舅舅又教她描红写字，这双卿极有灵气，一手毛笔字写得工整有范，特别是蝇头小楷，清丽中透着女性特有的秀美，让人赏心悦目，爱不释手。双卿的才情和功课，书馆里的学童无人能及。

双卿十岁那年，父母觉得女孩子读书没啥用，还不如学点家务女红管用，就再也不准她去书馆了。双卿学女红也异常手巧，描龙绣凤，学啥像啥。可她心里头始终放不下心爱的诗书，身在家中坐，耳听书馆声。手里没有课本，她就用自己亲手绣的漂亮的扇面、手绢、鞋垫等绣品，跟书馆里的学童换旧的课本回来自学。隔几天，她就把自己做的功课、写的诗文拿去请舅舅指教。舅舅常把她写的诗文当作范文，读给书馆里的学童们听。虽然双卿没能继续上学，可她始终醉心于诗文，以致她的才学、才情依然得到了惊人的长进。

十五岁那年，贺双卿已经出落得亭亭玉立，闭月羞花，更兼诗文出众，才情大进。村里人争相传诵她的诗文。一天，有个闺蜜要出嫁，贺双卿在一块手绢上用蝇头小楷抄写了《心经》送给了她。闺蜜看了之后不禁感叹道：“多聪明的双卿呀！可惜是个农家女，这辈子恐怕无缘识得书生面哦！”

双卿羞涩地微微一笑，低头不语。虽然少女情窦初开，可她毕竟还小，从来没有往那方面想过。

## （二）

转眼之间，贺双卿已经十八岁了。她兰心蕙质，出落得秀美绝伦，楚楚动人，上门提亲做媒的络绎不绝。可就在这时，她的父亲突然病故了。正值壮年的父亲突然病故，对一个多子女的农家来说无疑是天塌地陷般的打击。为了减少家里一张吃饭的嘴，双卿的叔叔听信媒婆的一番花言巧语，自作主张收了人家的聘礼——三担稻谷，把贺双卿嫁到了四十里之外的金坛绡山一户姓周的佃户家。

周家只有母子两人，子大旺，大双卿十岁，相貌丑陋，粗俗不堪，扁担大“一”字都不认识。其母杨氏，早年守寡，性格古怪刁钻，蛮横凶残无理。贺双卿嫁给周大旺，活生生就是一朵鲜花插在了牛粪上，好端端的一棵大白菜真就给扔进了猪圈里。这周大旺得此美人，欢天喜地，高兴得魂都飞上了天。因此，新婚头两天，周大旺大门不出，二门不迈，日夜缠着娇妻不肯出门。而这引起了婆婆杨氏的极大不满。她觉得，儿子娶了媳妇忘了娘，是双卿夺走了儿子对她的爱。而且，漂亮的媳妇又不能当饭吃，反而害得儿子无心下地干活，往后还怎么过日子？第三天一大早，天刚蒙蒙亮，杨氏就敲开了儿媳妇的房门，厉声呵斥了这对新婚中的夫妻，毫不留情地把他们赶下地去干农活。生性柔弱的双卿遭此“下马威”，苦难的日子从此就降临到了她的头上。

## （三）

周大旺二十八岁娶了一个如花似玉的娇妻，新婚燕尔自然魂不守舍，乐此不疲。怎奈这厮粗俗不堪，不懂得怜香惜玉，仗着自己体壮如牛，不管娇妻身子是否适应，只顾自己快活。一来二去，双卿的身体有了毛病。

俗话说，好汉只怕病来磨，况且双卿本来就是个纤弱女子。双卿得了病，也不敢吭声，不管天寒地冻，不管晴天下雨，都下地干又脏又重的农活。回到家里还得洗衣做饭，舂米砍柴，提水浇菜。一天下来，累得腰酸背痛，头晕眼花。可是，婆婆和丈夫还是嫌她手脚太慢，干活太少。一肚子的委屈无处可诉，双卿只能偷偷地用诗词排遣心中的冤屈。

等丈夫睡着了以后，她悄悄地爬下床来，写下了这首《浣溪沙》词：

暖雨无情漏几丝，牧童斜插嫩花枝，小田新麦上场时。

汲水种瓜偏怒早，忍烟炊黍又嗔迟，日长醉透软腰肢。

像这样自怜自艾的诗词，双卿偷偷地写了不少。不料，有一次被婆婆杨氏发现了，她辟手就夺了过去，一把撕了个粉碎，嘴里还骂道："半本烂纸簿，秀才盖在脸上都得穷死，你这个好吃懒做的东西，还想去考女童生不成?"双卿的丈夫周大旺也站到了母亲的一边。有一次，他看到双卿在洗砚台，便大声呵斥道："有空你就给我到地里去弄弄泥块，这黑锅灰还可以肥肥田。"

为了尽量不让刁蛮凶狠的婆婆和目不识丁的丈夫发现，双卿后来的诗词大都写在了树叶、树皮或菜叶上，不图传流，唯精神寄托尔。她在《春从天上来·梅花词》中写道：

自笑恹恹，费半晌春忙，去省花尖。玉容憔悴，知为谁添，病来分与花嫌。正腊衣催洗，春波冷，素腕愁沾。硬东风，拦寒香，一度新月纤纤。

多情满天坠粉，偏只累双卿，梦里空拈。与蝶招魂，替莺拭泪，夜深偷诵《楞严》。有伤春佳句，酸和苦，生死俱甜。祝花年，向观音稽首，掣遍灵签。

她的另一首《春从天上来·饷耕》词是这样写的：

紫陌春情，漫额裹春纱，自饷春耕，小梅春瘦，细草春明。春田步步春生。记那年春好，向春燕说破春情。到于今，想春笺春泪，都化春冰。

怜春痛春春几？被一片春烟，锁住春莺。赠与春侬，递将春你，是侬是你春灵。算春头春尾，也难算春梦春醒。甚春魔，做一场春梦，春误双卿！

这一首首哀怨悱恻、凄凄惨惨，却又才华横溢的绝美佳词，双卿只是信手而作，写完之后也不刻意保存。待花粉消退或是树叶干枯之后，这些倾注了双卿满腹诗情的诗句，便同枯花或枯叶一起被她倒之野外，化为乌有。

如果不是另一个人的出现，贺双卿，这位"清代第一女词人"，也许就被淹没在历史的长河中而不为人知了。同样，贺双卿的这些绝美诗词也就不可能流传至今了。

## （四）

这个人叫史震林。

史震林，字公度，号梧冈，别署瓠冈居士、华阳外史等，自号弄月仙郎。江苏金坛人，清康熙三十一年（1692）出生。他自幼聪慧，成年后学问道德、诗词文章、书法绘画颇有才名。可是，史震林的仕途不太顺利，几番乡试，屡屡落第。三十岁那年，史震林开始了长达十年的漫游生活。

雍正十年（1732），又到了秋闱考试的年份。史震林的堂姑父张修园聘请他来到薛埠（今金坛薛埠镇）绡山里，为他的两个儿子张梦觇、张仁趾作辅导，一起陪读，以期同赴金陵（今南京）乡试，结果却是均名落孙山。

次年，史震林敞开绡山张修园家的耦耕书院的大门，接纳了赵暗叔、郑痴庵、段玉函、恽宁溪、申志纶、荆振翔等一批饱学之士，共同探讨学术，相互唱酬诗文。一个偶然的机会，史震林遇到了贺双卿。

一天傍晚，史震林和段玉函、张梦觇三人踏着余晖在绡山前漫步。行至小溪流水处时，只见从溪边农舍中走出来一位俊俏美人。她手执畚箕款款来到溪边，倒掉畚箕中的垃圾之后，自顾转身返回了家中……不一会，这俏美人又臂挎一只竹篮，径直走过小桥，到桥西种瓜去了。从出门倒垃圾，到挎篮过桥去种瓜，自始至终，这女子目不旁视，心无旁骛，只管做自己的事情，走自己的路。至于路边的三个看客，她完全视若无睹。

这一幕，把史震林看呆了。他没想到，在这山野之间居然还有如此俊俏佳人。他忙向张梦觇打听这是何人？张梦觇告诉他，这女子是他家佃户周大旺的媳妇，名叫贺双卿。说话之间，他们漫步来到了刚才贺双卿倒垃圾的地方。这些垃圾大都是些菜叶和树叶。不过，史震林觉得这些菜叶、树叶有些奇怪。仔细一看，这些菜叶、树叶上面写满了秀气的蝇头小楷。细读之，居然都是些见所未见、闻所未闻的哀怨悱恻的诗词。史震林等三人大为惊讶：这些幽深窈曲的诗词莫非就出自贺双卿之手？

第二天，在张梦觇的安排下，史震林和段玉函跟着张梦觇来到农舍，见到了贺双卿。

这贺双卿虽是一身农妇素衣穿戴，可依然掩不住她沉鱼落雁之容，闭花羞月之貌。见东家带了客人来访，贺双卿急忙端凳倒茶，招呼客人。经过一番交谈，证实了那些树叶、菜叶上的诗词确是贺双卿所写。史震林拿出自己的文稿给贺双卿看，并希望能得到她的诗词佳作。贺双卿随即就用芍药叶粉写了《浣溪沙》词一首，并赠给了史震林一行。

同行的段玉函，武进人，善诗词，自号怀芳子。他目睹了贺双卿的绝色美貌，又亲眼见她写出了绝代好词，不禁大为慨叹。在敬佩贺双卿绝世才华的同时，不由得替她的身世处境抱不平：好端端的一朵鲜花怎么就插在了牛粪上呢？可惜呀，可惜！打那以后，段玉函就迷上了贺双卿，天天晚上一个人跑到贺双卿种瓜的桥边去看天上的月亮发呆，或是坐在贺双卿洗衣服时坐过的石头上低吟双卿的诗词，难以释怀。后来，他越想越觉得不是滋味，越想越感到愤愤不平，就写了一首暗含同情甚至爱慕之意的词，瞅准机会，悄悄地塞给了贺双卿。

次日，段玉函就收到了贺双卿用芍药叶粉写的《双调望江南》回赠词：

春不见，寻过野桥西。染梦淡红欺粉蝶，锁愁浓绿骗黄鹂。幽恨莫重提。

人不见，相见是还非。拜月有香空惹袖，惜花无泪可沾衣。山远夕阳低。

怀芳子段玉函细读这首词，心中大为不悦，就跑去找到双卿，向她表明心迹，并非戏弄。双卿对他说："我生在农家，嫁给山民，早就知道这辈子是没有福分与书生在一起了。自从有幸遇见你们几个才子，我是天天早晚烧香拜佛，求菩萨保佑我能与你们一起唱酬诗文，我就像笼中的鸟儿一般盼望着飞向天空。"说到这，双卿背过身去，向隅而泣道："我嫁了个种田佬，也就只好嫁鸡随鸡，嫁狗随狗，这都是命中注定的。如果你们想要我跟村妇那样不讲礼义，那我这辈子就不会再和你们书生见面了！"说罢，双卿又作《湿罗衣》一首，题赠怀芳子：

世间难吐只幽情，泪珠咽尽还生。手拈残花，无言倚屏。

镜里相看自惊，瘦亭亭。春容不是，秋容不是，可是双卿。

段玉函听了双卿的一番话，又看了双卿的这首词，十分后悔。回来之后，连填了十几首诗词送给双卿，希望能够得到双卿的唱和。双卿一首都没有跟他答和。怀芳子段玉函怅然若失，离开了绡山。

离开绡山之后，段玉函找到了当时有名的画家张石林，请求他一定要去绡山，把贺双卿的绝色姿容画下来，传之后世。

张石林慕名来到绡山，想要一睹贺双卿的芳容。贺双卿拒不相见。张石林无奈，只得在小溪旁守着。傍晚时分，只见贺双卿端了一盆衣裳，来到小溪旁的柳树下浣洗。张石林就在一旁偷偷地观察着双卿的一举一动，又佯装路过，从双卿的面前慢慢地走过，仔细地端详了双卿的容貌。走过两个来回之后，他才松了口气，自言自语道："得到了，得到了！"

两天之后，张石林画好一幅《双卿种瓜图》，送去给双卿看。贺双卿看画中人真的很像自己，非常喜欢。张石林请她为这幅画题首诗词。贺双卿略一沉思，就在画上写下了一首《玉京秋·自题"种瓜小影"》：

眉半敛，春红已全褪，旧愁还欠。画中瘦影，羞人难闪。新病三分未醒，淡胭脂，空费轻染。凉生夜，月华如水，素娥无玷。

翠袖啼痕堪验。海棠边，曾沾万点。怪近来，寻常梳裹，酸咸都厌。粉汗凝香蘸碧水，罗帕时揩冰簟。有谁念。原是花神暂贬？

词题完后，双卿又有些后悔，不肯把画交还给张石林，说是"戏双卿耳"。幸亏东家张梦觇再三说明，此画是为了广为宣传她的诗词才情而作，贺双卿才欣然交出了画作和题词。

几天后，张石林又为双卿画了《玩月图》《饷黍图》《浣衣图》。

## （五）

贺双卿写诗填词，并非为了出名，更没想传之后世。她的诗词都是自己的哝哝絮语，都是自己的心灵独白，都是自己的悲情诉说，都是自己的郁情宣泄。

雍正十一年（1733）农历九月末，双卿本来就病恹恹的身体因劳累过度，又染上了疟疾。可是，丈夫和婆婆非但不体恤她，还时常嫌她手脚太慢而呵斥责骂，甚至动手打她。满腹的委屈无处可诉，双卿唯有暗自落泪，自叹命苦。这一天，双卿在地里看到几朵野菊花，生性爱菊的双卿不禁触景生情，偷偷写下了《二郎神·菊花》：

丝丝脆柳，袅破淡烟依旧。向落日秋山影里，还喜花枝未瘦。苦雨重阳挨过了，亏耐到小春时候。知今夜，蘸微霜，蝶去自垂首。

生受，新寒浸骨，病来还又。可是我双卿薄幸，撇你黄昏静后。月冷阑干人不寐，镇几夜，未松金扣。枉辜却、开向贫家，愁处欲浇无酒。

农家的秋忙不是一般的忙，翻地、担肥、打谷、割稻、晒谷、晒草、摘棉、晒棉、淘米做饭、洗衣……哪一样离得了农家妇女？双卿忙完了田头忙灶头，放下了钉耙拿镰刀，两手不放空，一刻不敢松。这年的秋收季节，双卿得了疟疾，寒热不定，面黄肌瘦，冷汗直滚。因为要割稻，婆婆不顾双卿有病，厉声催促刚放下饭碗的双卿下地割稻。双卿强撑着虚弱的身子下了地，由于身体虚弱，手里的镰刀都拿不稳，拿在手上的稻子也在嗦嗦颤抖。一阵热发来，她脱了外衣还是面赤大喘。口渴了，没热水喝，她就跑到塘边捧河水解渴。到了晚上，月黑风起，犬声寥寥。婆婆和丈夫都回家休息了，她一个人还在打谷场上独坐捆草，直至夜半。

尽管如此辛苦，她还是遭到了莫名的打骂。有一次，正在发疟疾一会儿冷一会儿热的双卿，强撑着身子，给在地里干活的丈夫送饭。粗俗的丈夫嫌她送得迟了点，挥起锄头柄就要打她。双卿眼看不妙，拔腿就往回跑，一边连滚带爬地往回跑，一边暗自落泪，自叹命苦，所嫁非人。当晚，她偷偷地写下了《孤鸾·病中》：

午寒偏准，早疟意初来，碧衫添衬。宿髻慵梳，乱裹帕罗齐鬓。忙中素裙未浣，折痕边，断丝双损。玉腕近看如茧，可香腮还嫩。

算一生、凄梦也拼忍。便化粉成灰，嫁时先忖。锦思花情，敢被爨烟薰尽。东菑却嫌饷缓。冷潮回，热潮谁问？归去将棉晒取，又晚炊相近。

第二天傍晚，双卿在回家的路上看到一只落单的孤雁，盘旋哀鸣，无奈无助之下投圩夜宿，不禁触景生情，由孤雁想到了自己的身世，又续写了一首《惜黄花慢·孤雁》：

碧尽遥天，但暮霞散绮，碎剪红鲜。听时愁近，望时怕远，孤鸿一个，去向谁边？素霜已冷露华渚，更休倩、鸥鹭相怜。暗自眠、凤凰纵好，宁是姻缘。

凄凉劝你无言，趁一沙半水，且度流年。稻粱初尽，网罗正苦，梦魂易惊，几处寒烟。断肠可似婵娟意，寸心里多少缠绵。夜未阑，倦飞误宿平田。

双卿的丈夫周大旺，是个粗俗不堪而又脾气暴躁的粗人，臭毛病不少。邋里邋遢不讲卫生，脖子上的泥垢一搓就是一个大泥丸。双卿爱干净，每天晚上都打好水让周大旺洗脸洗脚，可周大旺总是不听。周大旺还喜欢赌博，屡赌屡输，输了还要拿妻子双卿撒气。一个下雨天的晚上，周大旺又借了钱去赌博，双卿实在看不过去，就好言劝了他几句。不料，周大旺居然把双卿关在柴房里一夜，不准她回屋睡觉。可怜的双卿雨夜独坐柴房，面对忽明忽暗的如豆残灯，写下了《凤凰台上忆吹箫·残灯》：

已暗忘吹，欲明谁剔？向侬无焰如萤。听土阶寒雨，滴破三更。独自恹恹耿耿，难断处、也忒多情。香膏尽，芳心未冷，且伴双卿。

星星。渐微不动，还望你淹煎，有个花生！胜野塘风乱，摇曳渔灯。辛苦秋蛾散后，人已病、病减何曾？相看久，朦胧成睡，睡去空惊。

双卿的身体一直病病歪歪，结婚一年多了也没怀上孕，婆婆和丈夫对她更是没有好脸色。

雍正十一年（1733）秋，因年成不好，粮食歉收，双卿一家的生活更加艰难。真是屋漏偏遇连夜雨，双卿的疟疾非但没好，反而越发地严重了。可双卿不敢歇息，只能抱病劳作。这天上午，她拖着虚弱的身子在家舂米。舂累了刚扶着舂杵想喘口气，正好被从地里回来的丈夫看到了。周大旺觉得双卿在偷懒，走上去就推了双卿一个跟头，舂杵正好又压在了她的腰上。到了烧午饭的时间，双卿忍住腰痛，咬着牙坚持烧火做饭。不料疟疾又发作了，双卿稍一迷糊，锅里的粥就潽了出来。双卿急忙舀了一勺子水倒进锅里，不巧又被婆婆看到了。凶狠的婆婆一边破口大骂，一边冲上前去，一把攥着双卿的耳环就往外拽："你这个没用的东西，给我滚出去！"可怜的双卿耳环被拽掉了，耳朵被撕裂了，鲜血滴了一肩膀，只能掩面而泣。婆婆还不解气，举着铜勺威胁道："再哭打破你的头！"双卿只得忍气吞声，躲在一旁揩血抹泪。午饭时间到了，丈夫周大旺回来了，得知事情原委之后，他非但不安抚受伤的双卿，反而罚她不准吃饭。双卿欲哭无泪，只好强忍委屈，含着眼泪，饿着肚子，在一旁继续舂米。

偏偏在这个时候，有个邻居妇人看到了这一幕，阴阳怪气地问她："饿吗？"

双卿说："不饿！""怎么会不饿呢？"邻妇揶揄道，"你大概是癞蛤蟆，自己气饱了吧！"

无奈的双卿就像一只受伤的小鹿，只能躲在一旁，舔着伤口上流淌的血独自垂泪。夜深人静之后，她偷偷爬下床，就着如豆的油灯，在榆树叶上写下了一首首如泣如诉的诗。

**和白罗诗九首·其一**

未许焚修闭小庵，冰心无皱似澄潭。

泥迟枉怪饥时燕，茧薄谁怜病后蚕。

**和白罗诗九首·其四**

冷厨烟湿障低房，爨尽梧桐谢凤凰。
野菜自挑寒自洗，菊花虽痛奈何霜。

她想起了自己在娘家时和邻家女的快乐时光，想起了童年时期父母对自己视若掌上明珠，疼爱有加。可如今，自己在婆家遭受如此的苦难与折磨，如果母亲看到她现在这副面黄肌瘦的可怜模样，还能认得出她来吗？

命如蝉翼愧轻绡，旧与邻娥一样娇。
阿母见儿还认否，苦黄生面喜红消。

自从春天病魔缠身以来，双卿内心充满了酸楚。因为精神不佳，意志消沉，她连梦都做得少了。为了抓药治病，她把从娘家带来的陪嫁镜奁和簪钗都卖掉了，就只好用水作镜，自己削根树枝梳头了：

浸透春酸一点心，病中疏梦易销沉。
镜钗已卖酬方药，自削杨枝照水簪。

## （六）

贺双卿的诗和词，也不全都是自怜自艾的咏叹，也有与史震林、段玉函、张暗叔等文人雅士们的唱酬交流，以及对真诚友情的自然流露。

双卿患疟疾久病不愈，又遭丈夫和婆婆的百般虐待刁难，一度痛苦不堪，万念俱灰，曾萌生一死了之的念头。此时，恰逢史震林在绡山做客，看出了端倪。碍于礼义，史震林无法当面开导她，就修书一封，让张梦觇的女佣把书信偷偷地送给双卿，劝慰她万事都应乐天知命。贺双卿接信之后，写了一首《薄幸·咏疟》回赠史震林：

依依孤影，浑似梦、凭谁唤醒！受多少、蝶嗔蜂怒，有药难医花症。最忙时，那得功夫，凄凉自整红炉等。总诉尽浓愁，滴干清泪，冤煞娥眉不省。

去过酉、来先午，偏放却、更深宵永。正千回百转，欲睡仍起，断鸿叫破残阳冷。晚山如镜，小柴扉烟锁，佳人翠袖恹恹病。春归望早，只恐东风未肯。

没过多久，段玉函也来到绡山看望贺双卿，见双卿患病，大为同情，作《浣溪沙》词二首赠双卿。双卿即回赠《一剪梅》一首：

寒热如潮势未平，病起无言，自扫前庭。琼花魂断碧天愁，推下凄凉，一个双卿。

夜冷荒鸡懒不鸣，拟雪猜霜，怕雨贪晴。最闲时候妾偏忙，才喜双卿，又怒双卿。

段玉函得到贺双卿回赠的词以后，大为感悦，夜中梦呓且哭。次日晨，段玉函见双卿头裹旧帕，身穿单衣，四肢无力，抱病在门前打扫落叶，虽病态慵懒，可举止幽婉，楚楚可怜，更心痛不已。素有“情痴”之称的怀芳子段玉函见此情景，竟一时恍若梦中，徘徊在双卿家门前，久久不忍离去……

这一年的五月初，史震林和张梦觇买了青蛙放生，两人分别写了咏蛙诗。双卿听说此事以后，非常欣赏他们爱惜众生的善举，分别和了他们的咏蛙诗。

**其一　和弄月仙郎**

莲叶层开水面楼，暗香生喜便生愁。
仙郎为解无情网，夜雨春恩说到秋。

**其二　和张梦觇**

映水幽间坐绿矶，蓼辛荼苦敢嫌饥。
何方可化银蟾去，但愿身轻不愿肥。

贺双卿家邻居有个叫韩西的姑娘，对双卿非常友善，经常跑过来帮她舂米汲水。她虽然不识字，却喜欢听双卿吟诗诵词，还乞求双卿抄写了《心经》，教她诵读。双卿生了病，又遭到恶婆暴夫的打骂，受了委屈之后，韩西就跑过来劝慰安抚双卿，有时候还陪双卿一起伤心落泪。可以说，韩西是双卿嫁到绡山之后唯一的好朋友，是她苦难生命和窒息生活中出现的短暂欢乐。因此，双卿十分看重她和邻女韩西的友情。韩西出嫁后，每次回娘家，都来看望双卿。有一次，韩西又回娘家来，父母烧了好几个菜慰劳出嫁的闺女。韩西忘不了双卿，本想叫双卿过去一起吃饭，可双卿正患疟疾，不能应约。韩西心痛双卿，迟迟不肯端碗下筷，硬是端了好几个菜送过来给双卿吃。双卿非常感动，就用淡墨在芦叶上写了《摸鱼儿·谢邻女韩西馈食》这首词答谢韩西：

喜初晴、晚霞西现，寒山烟外青浅。苔纹干处容香履，尖印紫泥犹软。人语乱，忙去倚柴扉，空负深深愿。相思一线。向新月搓圆，穿愁贯恨，珠泪总成串。

黄昏后，残热谁怜细喘。小窗风射如箭。春红秋白无情艳，一朵似侬难选。重见远，听说道、伤心已受殷勤饯。斜阳刺眼。休更望天涯，天涯只是，几片冷云展。

又在竹叶上题写了情真意切的《凤凰台上忆吹箫》：

寸寸微云，丝丝残照，有无明灭难消。正断魂魂断，闪闪摇摇。望望山山水水，人去去、隐隐迢迢。从今后，酸酸楚楚，只似今宵。

春遥，问天不应，看小小双卿，袅袅无聊。更见谁谁见，谁痛花娇。谁望欢欢喜喜，偷素粉、写写描描。谁还管，生生世世，夜夜朝朝。

## （七）

贺双卿的诗词，经过史震林等人的介绍传播，在当时的文人雅士中广为流传，一时引来粉丝无数。“毗陵女子，熟谙双卿词者十余人，争使人索其词，寄赠双卿词者亦颇众。”这种争相传抄双卿诗词的风气，至少波及南起江浙、北抵京师的广大地区。还有一些自负的诗词高手，起初并不相信这些佳词好诗出自一位农妇之手，直至见了真人真容，亲眼看到双卿的“命题”诗作后，才心悦诚服，由敬佩到崇拜，甚至痴迷。

自史震林始，凡是到绡山见过贺双卿的那些才子，如段玉函、赵暗叔、张梦觇、恽宁溪等，无不为双卿的才情色艳叹服。

怀芳子段玉函，刚认识双卿时就对她的不幸婚姻表示同情，情不自禁地对双卿动了恻隐之心，使双卿对他产生了小误会，“此生不愿识书生面矣！”为了求得双卿的谅解，段玉函连填数十首词请人送给双卿索和，双卿不答。偶见双卿于门，怀芳子望空遥拜。临别之后，又请来画家为双卿作画。

过了几个月，段玉函再来绡山，见到了贺双卿。双卿作了《太常引》赠玉函。段玉函获双卿词后，喜而不寐，答以词，复得《一剪梅》，大悦，梦呓且哭。此后，两人各有唱酬，双卿并以吉祥叶粉书劝慰怀芳子。怀芳子段玉函更为感动。他后来给朋友们说起过当时的情景：“归东湖，坐芦中大哭，未能畅。安得向双卿痛哭三日夜，畅吾怀也。”

赵暗叔为了一睹双卿芳容，在双卿家门前往来万余步，吟双卿词千遍。后来，干脆躺在卧柳上高歌长啸，激越流连，而双卿终不可识。史震林在他的《西青散记》中是这样记载的：“将暮，双卿出浣，元绫裹鬟，弱不胜衣。暗叔攀柳朗吟其诗。浣毕，俯首安行，阖扉而入，未尝一回眸也……暗叔归，覆被蒙首而卧。旧有心痛疾，至是复作，嚼黄连、生地黄，稍稍止。”

第二天，张梦觇的婢女给赵暗叔送来了两朵蕙花。暗叔仔细一看，花瓣上是双卿隽永清秀的蝇头小楷，诗云：

柳絮多情已化萍，素魂红怨淡无声。
似闻燕子三更语，月过花梢又不明。

暗叔得此赠诗，如获至宝，直至花朵枯萎，也舍不得扔掉，把已经模糊了字迹的枯萎花朵，恭恭敬敬地佩戴在胸前。又手持双卿诗文，在双卿的茅舍四周绕行彷徨，久久不肯离去。

武进孟河（今江苏常州境内）的恽宁溪自负才高，对当朝诗坛颇不以为意。有一次，史震林携《西青散记》和《浣衣图》到孟河拜访文人，向他们宣传双卿的美丽、才德与不幸身世，众文士对双卿深表同情。是夜，当恽宁溪读到史震林手抄的贺双卿词时，竟不顾夜已过半，揭开史震林的蚊帐，把史震林叫醒，大呼道："世有此女郎耶？则天地化身耳！才与貌至双卿而绝；贫与病至双卿而绝……"《西青散记》载："乃供双卿以菊花，取箫向而吹之。辍箫痛哭，涕泪如雨。以菊花拭泪，笑曰：世间物，无可受吾泪者。"

恽宁溪没有亲眼见过贺双卿，总觉得史震林笔下的贺双卿不存在，书中的诗词未必是这位农妇所作，想着有机会一定要和贺双卿当场比试比试。这年冬至，他带着巢讷斋和王澹园一起来到了绡山。恽宁溪一口气作了七首七言古诗，并通过张梦觇的安排送给贺双卿求和。双卿随即步其韵也一口气和了七首古言诗。两人的诗作放在一起一比较，恽宁溪自恨不如双卿。再步前韵敌之，诗成之后他仍觉不逮，又自己撕了。恽宁溪好胜心切，想出了一个限题依韵的苛刻方法来考验双卿。恽宁溪一行三人分别以"西山雪霁""苿苢""天竹子"为题，叫双卿仍步其前韵作诗三首。才思敏捷的双卿夜间得题，次日天亮就交卷。她用三片芦叶分别题了三首古言诗，巧妙地在三个刁钻的题目中融入自己的生活经历与体验，以身边事、眼前景为咏，将寻常物注入了生命，注入了农村妇女的真实生活和内心世界：

**其一　西山雪霁**

零云欲正吹还侧，隙送残晖印孤臆。
卞和双泪落荆山，百花暗带消魂色。

**其二　天竹子**

湿薪易灭寒蔬老，败叶初干向篱扫。
灶下丝丝缕缕存，尽是绸缪手中草。

## 其三　苿莒

香魂是片今非片，刺绣佳人又添线。

苿莒难寻竹实稀，雪晴幸见西山面。

三人得到双卿的步韵诗后，大为惊叹，终于心悦诚服，视双卿为“天人”。

恽宁溪为了见上贺双卿一面，央求张梦觇周旋一下，双卿一直未允。无奈之下，恽宁溪只好自己去碰运气。这天正好下雨，恽宁溪不死心，一直傻傻地站在巷子口等待贺双卿出现。因他没见过双卿的面，不认识双卿。见一个姿色卓然的女子从巷口款款而去，他原以为是哪个大户人家的小姐，并未在意。这时，旁边有个汲水的人惊呼道：“那不是双卿吗！”恽宁溪恍若梦境，一直呆呆地看着双卿慢慢地消失在巷子那头……而此时，雨还在下，恽宁溪独自傻傻地站在那里，鞋子深陷泥中，他却浑然不知。

丹阳皇塘的荆六娘也是一位才女，聪慧能诗，自恨不得为才子，就嫁给了才子虞拊石，圆了她“宁为才子婢，不为俗人妻”的情结。皇塘和蒋墅相距不远，说起来贺双卿和荆六娘应该算是娘家姊妹，可是她俩并不认识。荆六娘还是因为跟随虞拊石到绡山的耦耕书院游学，结交了史震林等一帮文人后，才听说并认识了贺双卿。荆六娘和贺双卿可谓知己。只可惜荆六娘正月嫁，三月病，六月而死。临死之前，赋诗八首，自为序，与虞拊石永别。贺双卿既痛心六娘的英年早逝，又羡慕六娘能够嫁给自己心仪的才子，感慨万分之中，拭泪偷偷地在月季花瓣上写下了哀伤的诗句。当虞拊石读到双卿的诗词后，夜半望西而拜，喟然长叹道：“平生愿一见赵暗叔，今复得双卿，不见之虚此生矣。”

申志纶，北平人，自号醉书仙。因其父在金坛为官，志纶随父读书，认识了史震林。当他从史震林的《西青散记》中读到贺双卿其人其诗时，不禁抚书感叹道：“醉书仙乃无复醒时矣。”并且根据书中双卿的诗词，一共写了四十四首和双卿的诗词，为文六篇。他对朋友说：“我要亲眼见到贺双卿，不光是见到她，而且要好好地为她大哭一场。”朋友问他为何而哭？他答曰：“断剑依泉，残松卧壑，哭双卿命也；名花困雨，新月藏云，哭双卿貌也；珠不升渊，玉难离璞，哭双卿才也；梅情耐雪，菊意甘霜，哭双卿德也。”当申志纶和史震林、张梦觇等人赴京赶考时，他曾对贺双卿表示，一定要把她的诗词带到京师去广为宣传，一定要让她名满天下！

荆振翔也是丹阳人，自恃有才，心高气傲。初见双卿词，就为其词情所倾倒，用了整整一个通宵的时间，把史震林散记中收录的双卿诗词全部抄录了下来。他越看越觉得，如此惊艳的诗词，怎么会出自一位农妇之手呢？“疑双卿者，咸谓无有。田家女能识字，且通文，通文且悉工，醉玉函，惊暗叔，慑宁溪，饥渴啼笑，极眩乱而无以自持，何数数也！”后来，他慕名来到绡山，亲自以“秋荷”为题试双卿。双卿即以月季花之叶，一枝五叶，每叶一首，集《秋荷十咏》赠振翔。荆振翔得此月季花，细读之，方彻底倾服。自此之后，荆振翔夜咏双卿诗词，不眠。白天，他则独自徘徊于村前竹林，手持佩刀，将双卿的诗词一首一首地刻在竹竿上。叹曰：“此君琼姿粉节，情味如兰，宜赠以绝世人语也。”他对史震林诚恳地说：“吾年二十，意犹昏忽，见诗文不喜。后诵双卿词，若肺腑顿易，觉洪荒以来，所有感慨，俱填满胸臆，生无趣，死无味，明有魂，暗有影，迷懈奄冉，无所依止，遂学诗词，以劝寤寐。”

## （八）

贺双卿不但色艳、才慧、情幽，而且德贞。

贺双卿的婚姻是不幸的，丈夫周大旺粗俗不堪，性格暴戾，婆婆刁钻刻薄，蛮不讲理。柔弱的双卿整天生活在“风刀霜剑严相逼”的冰窟窿中，得不到一丝丝温暖和关怀。可是，双卿却能逆来顺受，怨而不怒。即使遭受天大的委屈，她依然拼命劳作，操持家务，怜恤夫姑，恪守妇道，从不越雷池一步。

贺双卿天生丽质，美貌出众，远近闻名，更兼才华斐然，诗词清新，才冠群雄，慕名痴迷者不计其数。有个叫陈希古的富商，自称是贺双卿的表兄，自负有才，特地从浙江赶来，附庸风雅地自拟古诗十余首，题赠双卿。他又买了一大堆巾帕钗环、绫罗绸缎送给双卿，向双卿求爱，说是要带双卿脱离苦海。双卿看不惯他恃财傲物的骄横，更无法容忍他对自己丈夫的傲慢无礼，坚决不收他的任何礼物，并义正词严地回绝了他。陈希古只得衔怨而去。

还有一个叫钱磬郎的，也是张家的佃户。在田间劳作时，他认识了贺双卿，并被她的美貌倾倒。他对着水池中自己的倒影端详了许久，觉得自己比周大旺英俊多了。于是，他买了新衣新帽新鞋，精心梳洗打扮一番，唱着动人的情歌，来到双卿家。他假装借东西，趁机一把抓住双卿的手，向她求爱。双卿急忙抽手转身，正色道：“请你放尊重点！滚出去！”钱磬郎自讨没趣，灰溜溜地走了。打那以后，钱磬郎每次见到贺双卿，都不敢拿正眼看她。

自从结识史震林、段玉函、赵暗叔等文人雅士后，贺双卿仿佛在沉沉黑暗中看到了一束阳光。才子们欣赏她，崇拜她，痴迷她。贺双卿是女人，需要表达情感，也需要爱与被爱；她又是才女，更需要知音和欣赏者。在与文士才子们的交往中，她不但得到了感情上的慰藉，心灵上的沟通，而且在人格上得到了平等的对待和尊重，甚至她是作为一位卓越的诗才被文士们膜拜的。这对于长期在家庭中备遭压抑摧残的双卿来说，无疑获得了一种人格尊重与价值肯定的满足。正因为如此，她才有机会平等地同文士们切磋交流，她的创作才能也才有机会得到提升。

尽管文士才子们也对贺双卿产生过爱慕情愫，但是，贺双卿坚定地将男女交往限定在“发乎情，止乎礼义”的范围内。她婉拒文士们的倾慕，其实是以超乎常人的定力，压抑了自己内心对现实幸福的向往，是以她的青春和幸福为代价的。

贺双卿体弱多病，在家里非但得不到体恤的照顾，还遭到粗暴的丈夫和凶悍的婆婆的非打即骂，可谓是精神和肉体上的双重摧残，身心俱疲。孤独无助之时，有位邻居大嫂劝慰她说：“看你如此受苦，真为你难过，活着真是受罪。”

双卿说：“没办法呀，这都是前世欠下的债，我这辈子是来还债的。人家说我命薄，是觉得我的才貌受了委屈。可那些无才无貌的人，也都想嫁个好丈夫的。也许正因为我双卿有才貌，所以老天爷才要惩罚我。”

邻妇又劝她说：“人家长得漂亮的媳妇，如果丈夫对她不好，就会偷情报复。既然你现在如此遭罪，外面又有那么多有才有钱的人喜欢你，你又何必坚守清白呢？”

双卿回答道：“人再穷，哪怕吃糠咽菜，也耻于偷人家的肉吃。如果我做了对不起丈夫的事情，就会给我们贺周两家带来耻辱。因一时的欢愉而招致百年蒙羞，这样的事情，我双卿再蠢也不会去做！”

邻妇又问她：“既然是这样，那你为何要把自己写的诗词给外面的男人看呢？”

双卿潸然泪下，回答说：“我写诗词的目的，是要天下的薄命佳人都以双卿为鉴，明诗习礼，自全名节，为父母夫婿及子孙争光。虽说如此，我现在也后悔把诗词外传了。”

在维护自身尊严和贞操方面，双卿表现出了神圣不可侵犯的庄严态度，或许这与她从小受到的教育有关，更多的原因也许是她被某种道德或信仰支配着。但是，在对待家庭压迫甚至暴力时，她却表现出另一番柔肠，从不反抗，一味宽容隐忍，甚至到了矫情的地步。当秋收大忙季节，她抱病劳作，好心的邻居劝她休息时，她一边流泪，一边诉说："我丈夫一大早就拿了镰刀下地割稻子，我怎么忍心坐在家里休息呢？我婆婆这么大的岁数了，还在场上干活。我是个薄命人，怎么可以像富贵人家的小姐怕风避尘呢？"在遭受挨打扯耳罚以绝食之时，她竟然还是忍气吞声，委屈求活。事后，她居然还在诗中表达了对丈夫的一片痴情：

今年膏雨断秋云，为补新租又典裙。

留得护郎轻絮暖，妾心如蜜取嫌君。

年成不好，为了补齐租金，她宁可把从娘家带来的嫁妆当了，也要留下棉衣给丈夫过冬。

细纫麻鞋线几重，采樵明日上西峰。

乍寒一夜风偏急，莫向郎吹尽向侬。

这年天旱，收成不好，佃主张梦觇兄弟俩体恤佃户，决定年老孤寡者收七成，孤儿寡母者收五成。张梦觇对佃户们说："我收的租子只要够纳税就行了，其余的就留给你们度荒年吧。"

这天傍晚，兄弟俩乘坐收租船返回绡山，经过双卿家门口时，正好碰到双卿在河边码头上涮锅。张梦觇知道双卿家今年的收成也不好，家里肯定缺粮，就想了一个办法帮双卿一把。于是，就停舟靠岸来到双卿家。贺双卿见佃主来了，急忙暖了一壶白酒招待。张梦觇说："我是从山里收租回来的，在船上我作了一首小诗，现在请你和一首。如果和得好，我把船上的谷子送给你。"双卿随即和了一首：

风吹细雨湿柴扉，十亩溪田事业微。

岁早木棉花未发，杼寒梭冷倚空机。

张梦觇连赞好诗，要把舟中谷子赠送给双卿。双卿说："吟诗唱和，是高雅的事情。如果拿诗来换谷子，就太俗气了，我不愿意这样做。"婉言谢绝了张梦觇的一番好意。

## （九）

乾隆元年（1736），贺双卿久病未愈，终成恶疾。她柔弱的身体经受不住无情病魔的摧残，不幸的婚姻又给她带来严重的心灵创伤，在精神和肉体的双重折磨下，年仅二十一岁的贺双卿命赴黄泉，撒手人寰。一代才女从此香消玉殒，着实令人唏嘘不已，扼腕叹息！

双卿写诗词，以叶为纸，以粉为墨，一是条件所限，怕被恶婆暴夫发现，二是因为叶易败，粉易脱，她根本就不打算将诗词留存于世。这些诗作大都是她在饱受磨难痛苦之后的凄凉哀鸣，都是她一个人的幽幽心灵独白。如果不是遇到史震林，如果不是史震林把她的境遇和诗词都记录在《西青散记》中，她的诗词，她的才华，她的美貌，她的苦难，她的贞德，都将湮没于茫茫人海和滚滚红尘之中。

雍正十三年（1735）七月，史震林赴金陵赶考，终于考中举人。此后，史震林便携《西青散记》北上，边交友游学，边准备参加京师会试。其间，结识了曹震亭、吴震生、陈三等好友。他们在阅读了史震林的《西青散记》后，无不被贺双卿的色艳、才慧、情幽、德贞吸引，有的还步双卿诗韵以唱和。史震林的《西青散记》书成之时，吴震生还为其作了前后两序。

两年后的乾隆二年（1737）五月，京师会试，史震林与同邑于敏中等四人同科高中进士。此后，史震林入仕为官，先任广东高要（今广东肇庆）知县。没过几年，史震林就以母亲年老需要侍奉为由，辞官回乡。乾隆十二年（1747），史震林改任淮安府学教授。乾隆二十年（1755），史震林辞官告老还乡，寓情田园山水，醉心翰墨丹青，不落前人窠臼，自成书画一派。乾隆四十三年（1778），这位极富才华的金坛文人无疾而终，享年八十六岁。

史震林的《西青散记》共收录了贺双卿的词十四首，诗三十九首，书信等五篇。

贺双卿的诗词，冠绝一时，流传甚广，尤以词作为佳。时人推为“本朝闺秀之冠”。后人称之为“清朝第一女词人”。清朝道光年间，浙江海盐有个叫黄韵珊的举人，在同治年间编纂刊行了《国朝词综续编》。在选入贺双卿的词时，他是这样评价双卿词的风格与成就的：“双卿词如小儿女，哝哝絮絮，诉说家常，见见闻闻，思思想想，曲曲写来，头头是道。作者不自以为词，阅者亦忘其为词。而情真语质，直接《三百篇》之旨。岂非天籁，岂非奇才。乃其所遇之穷，为古今才媛所未有。每诵一过，不知涕之何从也。”

与黄韵珊同时代的陈廷焯，在他的《白雨斋词话》中，也对贺双卿的词作出了很高的评价：“双卿负绝世才，秉绝代姿，为农家妇，姑恶夫暴，劳瘁以死。生平所为诗词……其旨幽深窈曲，怨而不怒，古今逸品也。”

清末学者缪荃孙评双卿词，谓：“其词清绝，幽绝，如橄榄，如槟榔，细味之而佳愈出，不特闺秀罕见其俦，即《散记》中所载诗词，亦不能不让其独树一帜。此其所以可传也。”

光绪二十二年（1896），南陵徐乃昌编纂《小檀栾室汇刻闺秀词》时，把贺双卿的词作收入了《雪压轩词》。

第一个将贺双卿的诗词汇为一集并付梓问世的人，是安徽寿县的张寿林。他把贺双卿的诗词合为一帙，并加以考证研究，于1927年由北京文化学社出版发行了《雪压轩集》。该书较为系统地向读者介绍了贺双卿及其作品。

近代以来，许多学者、诗人、作家都对贺双卿及其作品倍加推崇。徐志摩、舒芜等都对贺双卿及其作品进行过深入的研究，并且都发表过专门的评论研究文章。周作人对贺双卿的诗词推崇备至，曾有过写《贺双卿传》的打算。现代文学家郁达夫在其兄长郁曼陀的推荐下，读了《西青散记》，写下诗作：

逸老梧冈大有情，一枝斑管泪纵横。
西青散记闲来读，独替双卿抱不平。

20世纪80年代以来，国内外对贺双卿的研究渐趋升温。据不完全统计，国内外发表有关贺双卿的研究论文三十多篇，涉及贺双卿事迹的论著及选录其诗词的各类鉴赏词典十余种，出版研究专著三部（国外一部），纪实体小说两部，越剧剧本一部。20世纪90年代以来，国内研究贺双卿最勤、成果最丰富的，当推天津师范大学专门从事妇女学与中国妇女史研究的学者杜芳琴。出于对贺双卿研究的执着与虔诚，杜芳琴曾于1997年10月专程赴金坛的薛埠镇和丹阳的蒋墅镇进行野外实地考察，并采访了许多当地的文化人士，对贺双卿的生平有了更深入的了解。经过十多年的潜心研究，她写出了《贺双卿集》等专著，使贺双卿这位几乎被历史湮灭的“清代第一女词人”终于珠玉重光，向我们展示了一位18世纪江南农村女词人的动人形象。

## 铁石冰鑫

蒋墅的贺家祠堂也曾闻名遐迩，其大厅上的一块“铁石冰鑫”金字大匾，据说是明朝崇祯皇帝敕赠的。

贺鼎，字公调，原姓符，出生在导墅后庄村。年幼时为了能够到蒋墅贺家祠堂读书，母亲便把他承继给他的舅舅，改姓为贺。

贺鼎自幼不但聪明伶俐，而且力气过人，身手敏捷。舅舅就专门把他送到假山墩随武艺高强的师傅学武。

贺鼎一边学武艺，一边准备科举。明天启元年（1621），年仅十七岁的贺鼎考取了进士。在觐见皇帝时，他身穿朝服沿金銮殿的台阶拾级而上，因个子太小、朝服偏大，一不小心踩住朝服下摆，身子一个趔趄跌倒在地。金殿传胪大喊一声："怒目见君皇，无礼！"贺鼎吓得腿肚子直哆嗦，赶紧爬起来，手足无措之中又不小心把帽子碰歪了。金殿传胪又喊："衣冠不整。"贺鼎当场被逐出金殿，取消进士资格。

贺鼎虽遭此挫折，却没有灰心，依然焚膏继晷，闻鸡起舞。四年后，贺鼎再次金榜题名，中了进士。

考取进士一年后，贺鼎赴尉氏县（今河南尉氏）任知县，有佳绩，获朝廷嘉勉。后改任永城（今河南永城）知县。当时，永城匪患猖獗，朝廷无人愿赴任，贺鼎无畏无惧，慨然赴任。刚进城门，当地土匪就企图给他来个下马威：这伙土匪混在欢迎的人群中伺机而动，一个领头模样的土匪手托银盘嚣张地盯着新来的县老爷，银盘里滚动着一颗鲜血淋漓的人头，人头上还插着一把寒气逼人的尖刀。贺鼎跳下马背，目不斜视，手持宝剑，昂首挺胸，直入大堂。忽然，屏风两侧飞出十几把刀，迎面扎向贺鼎。贺鼎拔出宝剑，打落飞刀。这时，埋伏在屏风后面的十多个土匪蜂拥而出，一起围攻贺鼎。贺鼎面无惧色，挺身挥剑，以犁庭扫穴之势力战群匪，只见银剑飞舞，片刻间便刺翻数人，吓得其余土匪惊恐万分，抱头鼠窜而去。

经过调查，贺鼎得知，永城的匪患祸根叫胡温。此人依仗其父是山东观察使和舅舅是当朝礼部尚书，横行乡里，独霸一方。贺鼎不畏强权，誓死除恶，在民众的帮助下终于将胡温捉拿归案，斩首示众，并出动官兵和民团剿灭众匪，彻底铲除了永城匪患。老百姓感恩戴德，都称他是"贺青天"。

夏去秋来，眼看秋收在即，乡民们却来报告："神虫"泛滥，庄稼被毁，请县老爷设坛祭拜"神虫"，以求保全庄稼。贺鼎随众人深入田中仔细查看，原来所谓的"神虫"就是螃蟹，乡民不识，以为是"神虫"。贺鼎即率众下地捉蟹，并把捉回来的螃蟹煮熟，蘸酱就醋，大快朵颐，引导民众破除了不可吃"神虫"的迷信，又为百姓除了一害。

崇祯年间，清兵入关，朝廷急调贺鼎任兵部侍郎，率军坚守岔道城与清兵鏖战。激战月余，人困马乏，忽报军中断粮。无奈之下，贺鼎只得下令宰马充饥，继续与敌决战。第二天，军粮解到，贺鼎升帐，审问解粮官："军粮误期，该当何罪?"解粮官辩解道："今年灾情严重，盗匪猖獗，国库空虚，粮草实在难以筹措，所以耽搁了两天。"贺鼎一拍帅案，大声呵斥道："我前方将士浴血奋战，不可一日无粮。你身为解粮官，误我军粮，罪不可赦！来人，给我绑出去，斩了！"解粮官大惊失色，扑通一声跪下，哀求道："饶命啊爹爹！求爹爹让孩儿战死沙场吧！"帐中众位将领这时候才知道，这位解粮官竟然是贺大人的爱子，纷纷伏地求情。贺鼎一一扶起众将，道："我身为主帅，如果徇私枉法，怎能号令三军?军令如山，岂能儿戏?斩!"贺鼎战场上大义灭亲、挥泪斩爱子的态度很快传遍军营，将士们深受感动，同仇敌忾，鼓足勇气，拼死杀敌，终于大败清军，取得了岔道城保卫战的胜利。

贺鼎守边有功，被封为口北兵备道。随着贺鼎声誉和名望的不断提高，朝中的奸臣们坐不住了。此时，永城土匪胡温的总后台——其舅舅温体仁已经升为宰相，时人背地里都称他为"瘟宰相"。"瘟宰相"对杀了他外甥胡温的贺鼎早已耿耿于怀，只是苦于没有机会报复。现在，他已身居宰相之位，加之皇帝昏庸，报仇的机会来了。于是，他串通胡一龙等人，趁贺鼎卧病在床之机，捏造罪名，诬陷贺鼎，又假传圣旨斩杀贺鼎于口北道。贺鼎遇害时，年仅四十七岁。

剪除贺鼎之后，温体仁在朝中更是只手遮天，为所欲为，肆无忌惮地打击异己，结党营私，蒙蔽圣上。然而，终究纸包不住火，温体仁因恶行败露，被逐出京城。温体仁下台后，他手上的冤假错案开始得到平反和纠正。

崇祯皇帝朱由检了解贺鼎被杀的冤情后追悔莫及，认定贺鼎是个铮铮铁骨的大功臣，铁面无私尤为可贵。为了褒奖贺鼎，崇祯皇帝御赐"铁石冰鑫"金匾，赐蒋墅贺家祠堂。

# 第二章

# 不能忘却的革命先烈

# 南社里的姜氏兄弟

20世纪初叶，在西方列强军事、经济、文化入侵的冲击下，清王朝不堪一击，迅速土崩瓦解。中华民族处于危亡关头，一群有民主意识的爱国文人，抱着重振中华的理想，于1909年11月13日在苏州组建了民间文学社团——南社。主要发起人是柳亚子、高旭和陈去病。南社在政治上以孙中山的三民主义为号召，反对封建专制，倡言民主共和，和同盟会的军事斗争构成犄角之势。南社成员最早仅有17人，其中14人为同盟会会员。其后，南社成员不断增多，社会影响不断扩大，成为当时极重要的新文化运动的开拓者。

在这名噪一时的南社里，丹阳有一对姜氏同胞兄弟都是社员。

这兄弟俩一个是姜胎石，一个是姜可生。

姜胎石（1879—1944），名若，字证禅，号胎石。1879年出生在丹阳县城太平桥西的姜家大院。

姜胎石自幼聪慧，濡染家学，未及弱冠便名噪乡里。中赴秋闱，一战而捷。后入江南陆师学堂学习。其后，在报刊发表诗文及剧本，引起文坛瞩目。1911年，32岁的姜胎石经林立山介绍加入南社。辛亥革命爆发后，姜胎石出任丹阳县民政长，两年后任兴化县县长。当时，兴化盗贼横行，劫案叠见。姜胎石洞察秋毫，铁腕治盗，先后枪决数十悍匪，境赖以安。1914年，江水倒灌，多数粮田被淹，姜胎石发动民众治涝，在草堰闸设防，挡住了潮汛。当时的兴化，教育尚未开化，姜胎石把地方税收的十分之七划为教育经费，这为兴化的教育事业打下了基础。《兴化县志》载："若负政治才，有能吏称。"

1914年，姜胎石参加"中央政府举行县知事试验"，笔试两场，名列甲等。冬，调浙江候补。

1915年春，调任浙江省安吉县知事。两年后离任，回家闭门读礼。

1918年9月，任浙江省奉化（今宁波奉化）县知事。

1920年，又调任浙江省海盐县知事。

1921 年，再调浙江省鄞县（今浙江宁波）任知事。

1923 年，时任丹阳县知县的查文清（现代武侠小说作家金庸之祖父）在家乡海宁去世，姜胎石撰《前邑侯沧珊查公哀辞》及挽联悼之。

1924 年 6 月，再调浙江省绍兴县任知事，创办绍兴县平民学校。

1928 年，离任绍兴县知事，移居苏州。

1929 年，创办绍兴大明电气股份有限公司，并扩建了丹阳肇明电灯股份有限公司。

1931 年 12 月，蒋介石派专员访邀姜胎石。两年后，姜胎石任浙江省嘉兴县县长，直至 1935 年离任。

抗日战争全面爆发后，姜胎石隐居上海孤岛，从不与日伪为伍。

1944 年 11 月 7 日，姜胎石在上海去世，享年 65 岁。

姜胎石一生与多位名流交游。柳亚子是他的南社盟友，二人一辈子诗文唱酬不断。

柳亚子（1887—1958），苏州吴江黎里镇人。1906 年加入同盟会，复由蔡元培介绍加入光复会。1909 年和陈去病等创立革命文学团体——南社。曾与宋庆龄、何香凝等一同从事抗日民主活动，曾任孙中山总统府秘书、中国国民党中央监察委员、上海通志馆馆长、中国国民党革命委员会中央常委兼监察委员会主席、三民主义同志联合会中央常务理事、中国民主同盟中央委员。1926 年 6 月，柳亚子在广州出席国民党二中全会，结识了与会的毛泽东。会上，柳亚子旗帜鲜明地反对蒋介石提出的“整理党务案”，与何香凝等人一起去找蒋介石，当面责问他：“你到底是总理叛徒，还是总理信徒?”柳亚子在会场痛哭以示抗议，并中途退会，拂袖南渡，返回黎里。

抗战胜利后，毛泽东于 1945 年 8 月赴重庆与蒋介石谈判。其间，毛泽东在周恩来、王若飞的陪同下，特地到沙坪坝看望了柳亚子。在寓所，柳亚子赠毛泽东七律诗一首，并向毛泽东索诗。数日后，毛泽东将《沁园春·雪》题赠柳亚子。得到毛泽东的赠诗后，柳亚子很快作出了和词。后来，重庆《新民报》副刊主编吴祖光从柳亚子处得到了毛泽东这首词的抄件，当即公开发表在副刊上，顿时在山城重庆引起了巨大轰动。1949 年，柳亚子应毛主席电邀，由香港赴京，参加了中国人民政治协商会议第一届全体会议，并参加了开国大典。新中国成立后，柳亚子曾任中央人民政府委员、全国人大常委会委员。

1907 年，丹阳吕凤子只身到南京投考两江优级师范学堂图画手工科。

他文章出众，才气横溢，主考官却不肯录取他。姜胎石带着吕凤子直闯监督李瑞清衙门，竭力推荐吕凤子："老朋友，吕凤子是个外圆内方的好孩子，你可不能有眼不识凤雏啊!"李瑞清看了吕凤子的文章后，情不自禁地说："此生可造。"吕凤子遂被取列前茅。

同盟会和光复会的重要革命家、大将军赵声是姜胎石的表弟。1911 年 2 月，赵声任广州起义军总指挥，为解大将军的"内忧之顾"，姜胎石只身前往香港，把赵父和赵声的夫人平安地接回了镇江。同年 5 月 18 日，赵声逝世，姜胎石在报刊发表多篇悼念赵声的诗词和文章。

蒋介石为何派专员访邀姜胎石？原来这里面还有一段故事：姜胎石任浙江省奉化县知事时，曾接到省府公函，责令他缉拿"乱党"。姜胎石认为革命党人并非盗贼乱党，就私下里派了个亲信，让他携带 100 元路费提前赶至溪口，并嘱咐革命党人走避。然后才派侦缉队前往缉捕，扑空销案。当时，姜胎石并不认识蒋介石，这才有了蒋介石派专员访邀姜胎石的后话。

1937 年，姜胎石作为丹阳旅沪同乡会代表，赴宁晋谒同邑"九八老人"马相伯，并在国际联欢社为马相伯举行的祝寿大典上报告马相伯的生平。两年后，在马相伯的百岁华诞上，姜胎石致开幕词，并在《新闻报》等报刊上发表祝寿诗作和寿联。

姜胎石还和邵力子、戴季陶、陈布雷、于右任、叶楚伧等名流素有来往。

姜可生（1893—1959），又名仑，字君西，一字俊兮，号杏痴、杏泪，别署海棠、阿棠、慧禅、慧炬诸名。姜可生出生于丹阳县城太平桥西姜家大院，是著名的南社诗人、作家、报人。曾创办与经营镇丹金长途汽车股份有限公司和丹阳肇明电气公司，也曾担任丹阳县临时县长等职。

姜可生与著名的爱国民主人士柳亚子关系密切，两人交往长达 40 余年，书写了一段情真意切的文坛佳话。

姜可生与柳亚子的情谊，要从南社创立讲起。

1909 年 11 月 13 日，柳亚子、陈去病和高旭在苏州成立中国近代第一个以诗文提倡革命的文学团体南社，首批社员共 17 人，其中有丹阳的林立山。1911 年 2 月 6 日，林立山介绍丹阳同乡姜胎石和张素加入南社。1912 年 5 月 29 日，姜胎石和同邑张素、胡尹皆介绍姜胎石二弟姜可生加入南社。这年，姜可生只有 19 岁，是上海神州大学的在校学生。

姜可生思想活跃，1912 年 6 月即致信给时任上海《太平洋报》文艺编辑柳亚子，同时提供《赵伯先之鳞爪》《归途》等作品给《太平洋报》发表。从此，姜可生与比自己年长6岁的柳亚子相识相交。当年，柳亚子介绍姜可生到《民国新闻》任编辑，从此，姜可生作为二次革命的先锋，发表了大量反对袁世凯的时评，以致遭受到迫害，被迫流亡到泰州兴化、镇江焦山寺和浙江南呑。其间，他在给柳亚子先生的信中写道："中秋盛会，弟不能来，此甲寅一年中，会面无缘矣……"

1913年5月，姜可生与同邑好友吕凤子等发起创办《大同周报》，柳亚子作为"赞成人"予以支持。7月，柳亚子刊《春航集》，该书收录了不少姜可生的作品。11月9日，姜可生与柳亚子、朱少屏一起介绍平智础加入南社。

当时，姜可生得知南社社友胡石予画梅花画得好，苦于与胡石予不识，故在《与柳亚子书》中请柳亚子代索。不久，姜可生果然接到柳亚子转交的胡石予画。在其后的《与柳亚子书》中，姜可生表达了对柳亚子的谢意。

1915年，姜可生父亲60寿辰时，柳亚子作《祝丹阳姜石琴先生六旬双寿，为令子胎石、可生昆季赋》，以示祝贺。

1928年，时逢南社社友苏曼殊去世10周年，柳亚子为编撰《曼殊全集》，嘱姜可生回忆曼殊轶闻。时姜可生任江苏省政府建设厅秘书，并代行厅长职务。从政之余，姜可生办了丹阳地方报纸《平报》，从1931年9月29日起在副刊连载《纪曼殊上人》。柳亚子也比较重视姜可生的《纪曼殊上人》，将姜可生所寄《平报》上的《纪曼殊上人》一一剪贴成未刊稿《曼殊余集》之一（现藏国家图书馆善本部）。

1929年5月，柳亚子游镇江，受到姜可生与同邑社友王立佛宴请。柳亚子作诗《谢王立佛、姜可生招饮》："故人仍满眼，厚我最丹阳。王子十年别，姜郎千仞翔。功名何足道，块垒要能忘。莫漫愁离绪，重来一苇航。"

1934年3月4日，在南社创始人陈去病去世5个月时，柳亚子在上海发起了陈去病追悼会。追悼会当晚，与会者在四川北路新亚酒店举行了南社临时雅集。席间，柳亚子按水浒梁山108将点名，姜可生被其戏封为"天立星双枪将姜可生"。

1936年，姜可生与京沪汽车联谊会同人邀请柳亚子夫妇游览宜兴。姜可生作诗《庚桑洞》和《善卷洞》，柳亚子回书云："自曼殊大师圆寂以来，二十年无此乐矣……"抗日战争全面爆发后，柳亚子"忧时愤世”，决定在上海“活埋”，杜门谢客。姜可生为筹办“镇丹金溧扬五县旅沪同乡救济委员会主办书画振助会”而向柳亚子请求墨宝。柳亚子亢爽地赐了联轴，其中有一幅作品是陆游诗：“王师北定中原日，家祭毋忘告乃翁。”姜可生称赞其“足可代表四万万五千万大众呼声，真是气宇卓荦”。

1946 年 9 月，姜可生外甥韩景琦总编的《镇丹金溧扬联合月刊》第一期在上海出版，姜可生除将柳亚子的《丹徒赵君传》供刊刊登外，还写了 2000 多字的《附跋》。

1949 年，柳亚子参加中国人民政治协商会议，并光荣地参加了中华人民共和国的开国大典。姜可生也于 1949 年作为特邀代表出席了苏南各界人民代表大会。

1950 年 9 月，柳亚子定居北京，并搬进了政务院机关事务管理局为他安排的住宅。他想写一部《后明史》，这时的柳亚子已经 64 岁，急需助手协助，决定聘请姜可生先生当他的秘书。他的要求得到了政务院的首肯。

1950 年 10 月，柳亚子夫妇在上海江宁路凯旋归酒家宴请柳诒徵、姜可生和南社旧友杨千里等。

1951 年，姜可生终于筹足路费，到北京任柳亚子的私人秘书，帮助其整理文稿和南社文存。现藏国家博物馆的柳亚子文献中，就有相当部分为姜可生整理。后来，由于柳亚子健康原因，姜可生逐步结束了秘书工作，离京返沪。姜可生回到上海后，受到党和政府的亲切关怀。1953 年 3 月，江苏省人民政府聘请姜可生为江苏省文史研究馆馆员。1959 年，上海市人民政府又聘请他为上海市文史馆馆员。

1958 年 6 月 21 日，柳亚子在北京去世。姜可生得知这一噩耗后，悲痛不已，心情久久不能平静。姜可生于 1959 年 11 月 12 日去世，临终前跟妻子谈得最多的就是他与柳亚子先生的往事。

2009 年 11 月，南社成立 100 周年之际，姜可生的幼子姜六驭在编辑《姜胎石姜可生诗文选》时，收集到其父亲与柳亚子交往的大量史料，时间跨度逾 40 年。姜可生与柳亚子的友谊也延续至他们的后嗣，著名学者、柳亚子的外孙柳光辽先生欣然为《姜胎石姜可生诗文选》作了序。

# 早期共产党人张连生

张连生（1904—1927），又名张力、张君力、张寿麟，丹阳里庄埠头村人。

张连生出身于埠头的一个诗书门第，祖父张廷范是晚清时期的贡生，但终生未能被朝廷所用。张廷范曾自拟一联作为家训：“半耕半读成隐士，一斛一咏见豪情。”张连生的父亲张道乾是晚清秀才，张道乾遵从父训，不思仕途，半耕半读，隐居乡村，靠当私塾先生支撑家业。娶妻崔氏，生一女五子，张连生为长子。

张连生 8 岁入私塾念书，1915 年入改良小学，1922 年考入丹阳初级师范。在读师范期间，因参加学生运动被校方开除。1924 年，考入扬州第五师范，入学后继续从事革命活动。

1926 年年初，年仅 22 岁的张连生加入中国共产党。是年 4 月，被中共江浙区委推荐赴广州参加了由毛泽东、林伯渠主办的广州第六届农民运动讲习所。同年 10 月，张连生受命赴苏北任如皋地区特派员，以小学教员身份作掩护，在如皋县鄂家岱、六甲、芦湖等地从事革命活动。

不久，如皋县农民协会正式成立，张连生被选为农民协会会长。他和农民协会成员一道，结合斗争实际，把反帝反封建斗争同农民群众的切身利益紧密结合，提出了“打倒帝国主义”“实行减租减息”“禁止赌博吸毒”“剪辫子、放小脚、解放妇女”等一系列革命口号。

1927 年，中共如皋县委成立，张连生任县委委员，负责农民运动。同年春，张连生在石庄一带组织农民开展了反对军阀孙传芳“联军”的武装斗争，歼敌营长一名、士兵数人，有力地支援和配合了北伐军的顺利渡江。“四·一二”反革命政变后，国民党当局悬赏 5000 大洋通缉张连生，他将个人生死置之度外，继续从事革命活动。后经群众掩护，潜入江安九龙口活动，一个月后，党组织将张连生撤回上海。

1927 年 5 月，张连生回到丹阳。当时，丹阳的共产党组织已经遭到严重破坏，在险象环生的恶劣环境中，他积极投入革命斗争，与刚从外地回到丹阳的夏霖、管文蔚等人取得联系，积极筹备组建中共丹阳县临时委员会。中共丹阳县临时委员会成立时，夏霖任书记，张连生、姜寄生、何霖、颜辉、管文蔚为委员。此后，张连生被分配到他的家乡里庄桥一带开展活动，并兼管发展金坛县（今金坛区）的地下组织工作。不久，张连生的共产党身份暴露，遭到国民党右派的追捕，他只得又潜入上海继续秘密从事革命工作。

1927 年 6 月 25 日下午，由于叛徒出卖，张连生在中共江浙区委农民部机关所在地辣斐德路陆苏记成衣铺楼上被捕。不久，他被敌人残忍地杀害于上海枫林桥畔。

张连生是里庄地区最早的共产党员，也是丹阳现代革命斗争史上第一个牺牲的中共党员。当年，张连生被国民党当局逮捕时，上海《申报》刊登消息，把他的被捕和陈延年、黄竞西的被捕相提并论，足见其在当时的影响之大。

张连生加入共产党之后，只要回到家中，就会反复向家人们悄悄地宣讲革命的道理。在他的思想影响下，其全家有多人先后参加了革命。张连生的一家，是革命的一家。

张连生的父亲张道乾 30 岁时因患眼疾双目失明，但他明事理，懂是非，刚正不阿，嫉恶如仇，深得人心。张连生读书时参加学生进步组织被校方开除，他非但没有责怪，反而大加赞赏，竭力支持儿子投身革命运动。张连生回里庄发动农民暴动时，张道乾甘作后盾，让人搀扶着到里庄街上大造舆论。张连生被捕牺牲后，张道乾几次被国民党丹阳县政府关押，受尽折磨，但他仍坚贞不屈，绝不认错。家人卖掉 20 亩田产，才把他赎了回来。抗日战争爆发后，他又活跃于乡村民间，积极宣传抗日救国的道理，并鼓励子侄后辈积极参加抗日队伍。他的家也因此成了新四军、游击队的联络站。

张连生的二弟张连茹（1910—1979），1938 年参加抗日斗争，任农民抗日协会主任。1939 年加入共产党，先后任中共东褚乡党支部书记等职。新中国成立后，历任东褚乡指导员、里庄供销社主任、皇塘供销社经理等职。

张连生的三弟张连汇（1914—1988），1939 年加入农民抗日协会，任东褚乡青年抗日团团长。1940 年 10 月加入中国共产党，先后任埠头村党支部书记、里庄地区中心支部宣传委员等职，在抗日战争和解放战争时期为我党做了大量有益的工作。新中国成立后，历任里庄乡乡长、导墅区民政助理、折柳乡指导员等职，1985 年离休。

张连生的四弟张连箴（1916—1975），1943 年参加革命。1945 年 2 月受组织派遣赴江浙公学学习，7 月被分配到苏南宜溧县负责支前工作，12 月随新四军北撤。1946 年加入中国共产党，后任民运科工作组组长、华东俘虏军官团副政委指导员等职，并参加了淮海战役。1951 年转业到河南新乡市，历任建筑公司股长、科长、经理、工程处党委书记等职。

张连生的堂兄张达生（1902—1959），早年就读于丹阳师范学校，毕业后接触中共党组织，1926 年经张连生介绍加入中国共产党。张达生因和张连生一起参与组织农民暴动被反动派关押，后经家人交保获释。出狱后继续从事革命活动。抗日战争爆发后，参加了茅山根据地的武装斗争。"皖南事变"后，被国民党关押到上饶集中营。他想方设法逃出虎口，回到家乡后千方百计找到党组织，重新投入抗日武装斗争中。1944 年任金坛县抗日民主政府司法科科长，1945 年 10 月随新四军北撤，受组织安排参与苏北、鲁南等地的工业建设工作。1949 年随军渡江南下，上海解放后，代表军方接管华东纺织工业系统，后任国营二印、四印和永安印染厂的军代表与厂长等职。1959 年 5 月 17 日，张达生积劳成疾，医治无效，病逝于上海华东医院。上海市人民政府批准张达生为革命烈士，骨灰安放于上海龙华烈士公墓。

张连生的外甥王坚（1919—1995），金坛县白塔镇靳家巷人。王坚自小受舅舅张连生、张达生等人的影响，向往革命。抗日战争全面爆发后，在外公张道乾的鼓励下，王坚于 1938 年 7 月参加了新四军，一个月后即加入了中国共产党，先后担任新四军第一支队司令部机要组组长、新四军江南指挥部机要科科长。1941 年任新四军第六师政治部组织科科长。1946 年随军北撤，先后任华东野战军第六纵队团政治部主任、政委，以及中国人民解放军新二十四军第七十四师政治部主任等职，率部参加了莱芜、涟水、孟良崮等战役。在孟良崮战役中，王坚率所在团担任主攻任务，和兄弟部队一起，一举歼灭国民党王牌部队七十四师，击毙敌师长张灵甫。著名作家吴强创作的长篇小说《红日》中的陈坚的团政委原型人物就是王坚。1949 年，王坚随军渡江南下，并参加了解放上海、杭州等重大战役。1952 年，王坚随二十四军参加抗美援朝战争，任志愿军第二十四军七十二师政治部主任、第七十四师副政委。在抗美援朝战争中，他参加了朝鲜东海岸反登陆防御和元山防御作战金城战役。后服从组织安排，于 1953 年随陈赓一起回国组建哈尔滨解放军军事工程学院，并先后任该学院的政治部青年部部长、组织部部长、五系政委等职。1973 年，调任长沙工学院（现国防科技大学）副校长。1974 年，调任国家第七机械工业部政工组组长、党组书记。1979 年，任国防科技大学政治部主任。在多年的革命生涯中，王坚屡建奇功，先后获中华人民共和国二级解放勋章、二级独立自由勋章、朝鲜民主主义人民共和国二级自由独立勋章、献身国防科技荣誉证书等荣誉。

1995 年，王坚病逝，安葬在北京市八宝山革命公墓。

## 革命志士荆洪生

荆洪生（1901—1929），丹阳皇塘乡丁桥村人。1926 年 8 月，进入常州江南中学学习。当时，这所中学是一所进步学校，其中有不少教师受早期常州革命党人恽代英和瞿秋白的影响，加入了共产党组织。荆洪生在学校受到革命教育，学习 5 个月就提前回到了家乡，在小学任教，开始从事革命活动。在上级党组织的领导下，荆洪生发动农民群众开展武装斗争，打击土豪劣绅，使丁桥地区的革命斗争形势出现了新的局面。1928 年 10 月，荆洪生秘密加入了中国共产党。

1929 年年初，白色恐怖遍布各地，革命活动愈加艰难，荆洪生仍以教书作掩护，白天到学校上课，晚上秘密开展革命活动。在他患病在家，身体极为虚弱时，他仍不忘革命事业，坚持开展宣传联络和组织发展工作。由于经常有人夜里来找他联系工作，这引起了丁桥街上大地主荆济生的怀疑，遂向国民党当局告密。1929 年 6 月 20 日，武（进）丹（阳）临时联防委员会调遣各路地方武装包围了荆洪生的家。荆洪生因正患病休养，身体虚弱，不能行走，急令其弟荆洪庚冲出重围，赶赴学校通知另一名以代课老师身份为掩护的中共党员张勤初立即撤离，他自己却不幸被捕。当时，上海《申报》和常州《武进商报》都登载了荆洪生被捕的消息。

荆洪生被捕后，被关押在奔牛公安第十分局。1929 年 6 月 27 日，被押解至丹阳县城。在押期间，敌人软硬兼施，妄图从他口中获取有价值的情报线索，一举破获丹武地区的中共地下组织。荆洪生面对敌人的花言巧语和严刑拷打，大义凛然，宁死不屈，没有向敌人吐露一个字。党组织为了搭救被捕的荆洪生，通过各种关系筹措资金。荆洪生得知这一情报后，通过同狱的陈日新传出话来：“请家里人不要再为我花钱了，敌人是不会放过我的。我已做好牺牲的准备，希望家里人带好孩子。革命者是杀不完的!”

1929 年 12 月 16 日，荆洪生在丹阳英勇就义，年仅 28 岁。

## 敌后游击英雄薛斌

薛斌（1911—1948），原名薛炳孝，里庄乡荆巷村（今属金坛）人。

薛斌的父亲叫薛绍逢，薛绍逢于 1927 年加入中国共产党，平时挑一副货郎担掩护身份，走村串户秘密宣传革命。“四·一二”反革命政变后，薛绍逢遭到反动派通缉，被党组织安排潜入上海从事地下工作，从此与家人失去联系。

薛斌自小受父亲影响，16 岁就参加革命活动，17 岁在丹阳师范学校读书时加入了中国共产党。1931 年，他从丹阳师范学校毕业后被分配到王巷小学任教，以教师身份作掩护，秘密开展革命活动。翌年冬，因叛徒告密，薛斌在宜庄小学被捕。直至 1936 年“西安事变”发生后，才被组织营救出狱。

“七七事变”后，日寇全面侵华，大好河山沦落敌人的铁蹄之下。薛斌团结当地进步青年，组织了抗日自卫队，自任队长，在丹（阳）金（坛）武（进）地区开展了各种形式的抗日活动。

1938 年 6 月，陈毅、张鼎丞等率新四军第一、二支队东进，开辟了茅山抗日根据地。薛斌闻讯后欣喜万分，步行 100 多里找到陈毅，向陈毅汇报了自卫队的抗日斗争工作。陈毅对他的抗日热情大加赞赏，并安排他参加了抗日青年训练班的学习。

训练班的学习结束后，薛斌回到丹金武地区，把自卫队交给了新四军。自卫队被改编为新四军独立一团六连，归镇（江）句（容）丹（阳）金（坛）四县抗敌委员会领导，薛斌任连长兼指导员。部队壮大后，六连扩编为独立营，薛斌任营长。随着抗日斗争形势的不断发展，组织上又先后任命薛斌担任金坛县军事科科长、副县长等职。

在抗战中，薛斌率领当地军民跟日本侵略者进行了不屈不挠的斗争，伏击小茅山敌人，火烧竹篱笆，截击敌汽艇，三战忠救军、锄奸敌据点，秋收保卫战，夜袭自卫团，摧毁交通线，攻克金坛城……一场场战斗惊心动魄，一次次胜利鼓舞人心！通过14年浴血奋战，中国人民终于迎来了抗战的胜利！

1945年10月，新四军北撤，薛斌奉命留守茅山地区，任中共茅山工委委员、新四军茅山留守处主任。在一年多的留守斗争中，他积极利用各种形式，在极其困难的条件下进行了艰苦卓绝的斗争，遭遇大小战斗30多次，并一次次成功地粉碎了国民党当局的阴谋。1946年11月，国民党当局悬赏500万元缉捕薛斌，并纠集上万兵力合围剿灭薛斌的敌后武工队。为了保存力量，薛斌把武工队化整为零，坚持敌后斗争，他自己则带着几个战士，依靠当地群众的掩护，在丹阳、金坛两县交界处一带和敌人打起了游击战。

1946年12月，薛斌一行在丹阳、句容交界处的上庄和敌警备队打了一次遭遇战，由于实力悬殊，加之仓促应战，薛斌身边的战士全部战死。薛斌头部负伤后只身突围，侥幸逃脱，隐蔽于里庄地区。为了不连累当地群众，薛斌经常藏身于无人的寺庙、芦苇滩、野外地洞、河坡、桥洞、菜地，甚至是水塘中的树须下面，饿了就从雪地里扒颗青菜，和着雪团囫囵吞下。在严酷的形势下，他坚持对敌斗争。

1947年1月，经组织安排，薛斌在地下交通员的陪同下，巧妙化装成驼背的聋哑老人，从吕城火车站上车，悄悄地转移到上海治伤。其间，经组织安排，他见到了失散多年的父亲薛绍逢。4月14日，因叛徒出卖，薛斌在上海被国民党反动派逮捕。

薛斌被捕后，立即被押送至南京国民党首都卫戍司令部候审，国民党《中央日报》在头版头条报道了这一重大消息。在此后的关押审讯中，国民党软硬兼施，企图从薛斌嘴里得到更多的情报，并诱使他变节自首，但都被薛斌严词拒绝了。国民党反动派无计可施，又先后把他关押到金坛和常州。为了蒙骗人民群众，敌人又把戴着手铐脚镣的薛斌游村示众，并假意薛斌指认，在多处佯装挖出埋藏的枪支，企图栽赃陷害薛斌。薛斌识破敌人的诡计，对围观的群众高喊道："假的，都是假的！这是敌人的阴谋。共产党人是不会屈服的！"1948年12月28日深夜，6名戴着口罩的刽子手悄悄地进入了常州看守所的单人囚室，用一只黑布袋套在已经奄奄一息的薛斌头上，然后用绳索勒住他的脖子，残忍地杀害了他。薛斌牺牲时，年仅37岁。

2011年，为纪念薛斌100周年诞辰，丹阳市醋业协会会长孙夕庚同志在丹阳市史志办、薛斌烈士之子薛志才，以及熟悉和了解薛斌英勇事迹的部分老同志的支持下，执笔主编并出版了《烽火丹金武——薛斌烈士传记》一书，为后人留下了宝贵的历史资料。

## 双剑合璧写传奇

蒋墅滕村名人辈出，姜氏一门尤为显赫。古有姜氏父子进士青史留名，今有姜氏兄弟齐心共举大义，给后人留下了千古佳话。除了姜胎石、姜可生兄弟名噪一时，还有一对姜氏同胞兄弟也是人中龙凤，他们就是姜泰南、姜沛南兄弟俩。

姜泰南（1916—2001），曾用名姜铎，化名蒋立，早期外出求学，接受进步思想教育。“九一八”事变后，姜泰南在学校和家乡积极参加抗日救亡活动。1937年加入中国共产党后，历任县委组织部部长、地委宣传部部长等职。1937年卢沟桥事变后，党中央为了加强对新四军的领导，从各地抽调了一批优秀的地方干部充实到军队。姜泰南奉命奔赴大别山，先后在李先念的新四军第五师任团政治部主任，旅、军分区政治部主任，师政治部宣传部部长等职。

抗日战争胜利后，蒋介石挑起内战，国共双方烽烟再起。1946年2月，姜泰南受中共华中分局城工部派遣，化名蒋立，从解放区回到国统区苏南老家，任沪宁铁路线上的镇（江）丹（阳）武（进）三城特派员。他遵照华中分局代理书记谭震林同志的当面指示，利用家乡条件，在国民党心脏地区开展党的工作，为共产党夺取全国的胜利创造条件。

1946年4月，姜泰南遵照组织指示，设法找到在上海某中学做老师的中共党员——他的同胞弟弟姜沛南，并以组织的名义把他召回丹阳，配合自己开展地下工作。从此，这对同胞兄弟双剑合璧，联手斗敌，犹如两把利剑，直插敌人的心脏。

姜沛南（1919—2012），又名蒋萍，青年时期便思想激进，就读于西北大学时参加革命，曾三次被国民党当局逮捕入狱。“西安事变”后，被保释出狱。1938 年抗日战争时期，他在湖北的国军某要塞司令部工作，由其兄姜泰南和另一同志介绍，秘密加入了中国共产党，后转入兰州西北日报社等单位工作。他利用新闻工作者之便，经常往返于大西北和大西南，从事抗日救亡宣传工作。他的堂妹姜祥珍（江真）就是那时候被他从常州带至汉口，与其兄姜泰南及江真的亲哥哥姜浩南（王表）相见，并介绍给八路军办事处，走上革命道路的。抗日战争结束后，他奉组织指示潜回上海，以教师身份为掩护，继续秘密从事地下工作。

姜沛南回到丹阳后，根据姜泰南的安排，利用自己曾经从事新闻工作的资历，并通过其父姜季垣的旧友、国民党丹阳县党部委员、县农民协会会长袁守仁的关系，当上了《中山日报》编辑主任，并自筹资金创办印刷所，自任经理。后因该报大量报道进步消息和时评，引起新任国民党丹阳县党部书记长朱沛莲的不满，姜沛南被迫辞职。

姜泰南和姜沛南的父亲姜季垣生于1888 年，因在家中排行第四，乡人称之“四先生”，是滕村乃至丹阳东乡的头面人物，1930 年代曾自创“季社”，广收门徒数百人。他还联合其他地方士绅，捐资创办了蒋墅地区最早的学校竞存小学，聘请姜泰南创办的自卫团骨干林筱梅任校长，声望日隆。加之出身豪门，富甲一方，其影响力名动四方。1936 年的一天，一名日本浪人乘小船经吕渎河进入蒋墅一带，以张贴“仁丹”广告的名义刺探情报。姜泰南发现后，立即带人将其截住，并从其身上搜出地形图及照相机等物。国民党丹阳县政府以破坏邦交的罪名要治姜泰南的罪。姜季垣出面讲话，说阻止日本人刺探情报是爱国行为，不必大惊小怪，三言两语就使县府官员偃旗息鼓。此后不久，姜沛南在常州参加抗日救亡活动，又被当局拘捕。姜季垣亲往营救，以乡绅的身份和社会名望为子保释。姜沛南被他从看守所接出来时，他只说了一句话：“以后小心点!”当时的国民党江苏省党部书记长王振先是武进奔牛人，也是姜季垣年轻时候的拜把子兄弟。

根据上级党组织指示，特派员姜泰南要求姜沛南另想办法，一定要坚守阵地，立足丹阳县城坚持斗争。1946 年 11 月，姜沛南在丹阳创办了《正报》，自任社长兼发行人。为取得国民党政府的出版登记证，姜沛南请其父旧友王振先题写了报头，并聘请县参议长吴振等地方政要为顾问。这为《正报》撑足了门面，也使其站稳脚跟。为了更好地利用合法身份开展革命工作，姜沛南经姜泰南同意，利用关系和社长地位，当上了丹阳县参议员。他还借去南京担任上海三青团机关报《正言报》驻派记者之机，设法搞到了一张国民党特别党员证。至此，中共党员姜沛南同时拥有国民党党员、县参议员和报社社长三重公开身份，为我党开展地下工作创造了有利的条件，正报社也从此成为共产党在丹阳县城开展地下工作的重要据点。

1948 年至 1949 年春，人民解放战争节节胜利，国民党败局已定。姜泰南按照上级要求，指示姜沛南在摸清丹阳县城敌情的同时，积极发展新党员，并广泛发动群众迎接解放。姜沛南立即执行指示，迅速行动起来，在报社内部陆续发展了任凯原、姚念寅、沈涯夫、张陶普、安裕慧及丹阳县中校长潘敬所共 6 名党员，并团结了一批青年学生和各界进步人士，壮大了组织力量。

当时，共产党的地方组织也在丹阳县开展了工作，但姜泰南同志领导的党组织隶属于上海城工部。按地下工作的原则，非经上级批准不得与当地党组织发生横向联系。为了迎接解放，姜沛南请示姜泰南后，指派任凯原与进步青年眭新亚、吴达明等人成立了党的秘密外围组织——解放社。解放社成员扩大后，姜沛南与中共茅山工委书记康迪建立了联系，形成了既各负其责又遥相呼应的战斗群体。为了全面搜集敌特情报，经康迪批准，姜沛南指派沈涯夫打入国民党丹阳县政府军事科特务组织，刺探敌情，这为解放后的丹阳迅速肃清敌特创造了先机。

1949 年 3 月，国民党丹阳县县长王公常以“破坏政府征丁”为由拘押姜沛南，欲查封正报社。姜泰南当即动用社会关系将姜沛南保释后安排去沪隐蔽，指定任凯原负责《正报》的正常出版，直到 4 月 22 日丹阳解放前夕，正报社被国民党查封。

1949 年 4 月 9 日，姜泰南突遭国民党军警逮捕，审讯逼供一无所获。国民党当局宣判姜泰南死刑，执行枪决。4 月 23 日，在押赴刑场的途中，解放军渡江部队的炮弹呼啸而至，执行枪决的刽子手吓得魂飞魄散，丢下五花大绑的姜泰南，抱头鼠窜而去。命悬一线、死里逃生的姜泰南被渡江部队所救，重新回到了自己的队伍中。

上海解放前，姜泰南和姜沛南兄弟都在丹阳参加了接管大上海的整训工作。上海解放后，兄弟俩和正报社的同志均由组织安排调沪工作。姜泰南随中国人民解放军第三野战军和华东局领导机关第一批进入上海参加军事接管，担任上海市劳动局第三处处长。后调入上海社会科学院经济研究所工作，离休后还担任上海市经济学会和上海市新四军暨华中抗日根据地历史研究会顾问。姜沛南奉调到沪参与创办上海市总工会机关报《劳动报》，并任该报副总编。1952 年夏，姜沛南被调到上海工人运动史料委员会工作，1961 年又调入上海社会科学院历史研究所工作。这段经历使他成了工运史研究的专家。

姜泰南、姜沛南兄弟俩在战争年代，或跃马疆场酣畅杀敌，或只身入虎穴智斗敌寇，有勇有谋，忠肝义胆，不失为英雄豪杰；新中国成立之后，或振臂奋勇率先士卒，或栖身斗室钻研学问，能文能武，技高一筹，可谓是旷世奇才。“文能提笔安天下，武能上马定乾坤。”这也许是天下所有读书人的心愿和向往。

姜泰南、姜沛南这对兄弟，用他们轰轰烈烈而又跌宕起伏的人生经历，书写了一段可歌可泣的不朽传奇。

## 舍生跳崖的女英雄江真

河北省行唐县的县志，记载了抗日战争时期一位女英雄舍身跳崖的英勇事迹。这位女英雄就是蒋墅滕村的江真。

姜祥珍（1923—1943），参加革命后改名姜祥征，化名江真，蒋墅滕村人。其父姜光表，太学生，先娶姚氏为妻，生泽南、澍南，后娶李氏，生浩南、浦南、祥珍三兄妹。

姜祥珍 5 岁时父亲去世，从此家道中落。9 岁那年生母也去世了，姜祥珍失去了生活依靠，就投靠常州的姨母生活。姨母见她聪明伶俐，便把她送到常州的织机坊小学读书。

1937 年抗日战争全面爆发后，年仅 14 岁的祥珍随堂兄姜沛南赴湖北黄石，与参加革命的哥哥姜浩南、堂兄姜泰南会合，并以在石灰窑打工为掩护，开始接触革命工作。1938 年春，姜沛南亲自将姜祥珍送到汉口，把她交给了八路军驻汉口办事处。经八路军汉口办事处安排，姜祥珍于 1938 年转赴延安陕北公学学习。

进入陕北公学后，姜祥珍觉得名字中的“珍”字太软，没有革命性，就把“珍”字改为“征”字。

陕北公学是中国共产党创办的一所培养干部的革命大学。校址位于延安的清凉山上，用于教学和生活的窑洞，全部都是学员们自己动手挖出来的。校长是红一方面军中唯一拥有教授头衔的成仿吾，副校长是李维汉，王若飞、陈昌浩、徐冰、吴亮平、艾思奇等人为教员。毛泽东、周恩来、朱德、张闻天、任弼时、陈云、李富春等中央领导同志则轮流来学校作报告。毛主席还曾题赠陕北公学：“中国不会亡，因为有陕公。”

学校实行军事化管理，学生不但要学政治、学文化，还要学习军事技能。学习条件之艰苦，任务之紧张，内容之丰富，热情之高涨，非国统区正规院校可比。姜祥征在各个方面都取得了优异的成绩，多次受到学校表彰，并光荣加入了中国共产党。

1939 年 6 月，根据抗日形势需要，中共中央决定将陕北公学、鲁迅艺术学院、延安工人学校、安吴堡战时青年训练班这四所干部学校合并，组成华北联合大学；同时，开赴敌后抗日前线，坚持华北抗战。华北联合大学实行军事化管理，姜祥征被编入一团二连一排，与后来的中国人民大学历史系教授胡华成为同班战友，并在同一个党小组参加组织活动。

华北联合大学校址选为河北省阜平县，距延安千里之遥，横跨陕、晋、冀三省。师生们既要强渡波涛汹涌的黄河，还要翻越绵亘莽莽的太行山、吕梁山。年轻的姜祥征不畏艰难险阻，一路跋涉，艰难前行，终于和一千多名学员按时到达了目的地。

姜祥征学习成绩优异、政治表现突出，在华北联合大学学习没多久，组织上又把她送到中共北方局党校学习。

1940 年 8 月，八路军发起百团大战，沉重打击了日寇的嚣张气焰。日寇不甘心在华北战场上的失败，纠集重兵对八路军根据地实施全面“扫荡”，妄图用“囚笼政策”剿灭八路军和抗日武装。

就在这严峻的时刻，17 岁的姜祥征于 1940 年冬被分配到晋察冀边区中共行唐县委宣传部任干事，走上了抗日杀敌的第一线。

为了追求真理，立志杀敌，经组织同意，她改名为江真。

在行唐县委宣传部工作期间，江真充分利用学到的知识和政策，广泛地宣传抗敌思想和发动群众，团结一切可以团结的力量，共同抗击日本侵略者。她在报纸上发表了大量新闻报道，揭露日寇的暴行，赞扬八路军奋勇抗战的英勇事迹，极大地鼓舞了军民的抗日勇气。她文字功底深厚，思维敏捷细腻，理论知识丰富。行唐县委书记俞恒同志只需口授要点，江真稍加整理，就能形成主题鲜明、重点突出、条理清晰的文件或文章。她的工作能力和活泼开朗的性格，深得领导和同志们的好评和喜爱。

她做群众工作热情大方、平易近人，帮助群众生产自救，组织群众坚壁清野，发动群众掘路破袭，样样拿得起、放得下。她的身影和足迹布满了行唐的山山水水。

1943 年，抗日战争进入了艰难的相持阶段，日本侵略者为了挽回在华北战场上连连失利的被动局面，疯狂实施了抢光、杀光、烧光的“三光”政策，抗日根据地遭到了严重的破坏。

1943 年 11 月 7 日，日寇纠集一万多人兵分两路直扑晋察冀根据地的北岳地区，妄图一举歼灭行唐县委机关和晋察冀军区教导团。

为了粉碎敌人的扫荡，行唐县委、县政府部署机关干部分散到各区各乡，与区乡武装和干部群众一起进行反“扫荡”斗争。江真奉命到山区的上连庄一带组织群众抢收粮食，并协同郑维山领导的军区教导团开展抗日工作。

11 月 9 日凌晨，一股日军突然奔袭上连庄地区的西彩庄村。当时，江真正好住在西彩庄区妇救会副主任赵清秀的家里。面临敌人的突袭，江真临危不惧，奋力组织群众向山上转移隐蔽。敌人将来不及转移的群众堵截包围在了山沟里，严密搜查八路军战士。为了解救群众，江真悄悄销毁了随身携带的重要资料，随后故意冲出包围圈，一边朝日寇伪军开枪射击，一边奋力向山上跑去，把敌人的注意力吸引了过去。

敌寇穷追不舍，一路叫嚣着要抓活的。跑到半山腰时，江真的头部负了伤，血流不止，但她全然不顾，继续向黄石涅山顶上跑，一心想把敌人引得越远越好。

江真一口气把敌人引到了黄石涅顶峰。子弹打光了，江真把手枪扔下了悬崖。日寇和伪军见她没有了武器，就更加大胆地朝山顶紧逼过去。眼看敌人步步紧逼，江真面无惧色，在三面被围、敌人将要抓捕她时，她毅然纵身一跃，跳下了悬崖，英勇捐躯，壮烈牺牲。

江真故意吸引敌人跑到山顶，又毫无畏惧舍身跳崖的壮举，被藏身躲在山坳里的游击队员赵元合父子俩看得真真切切。“江真同志跳崖牺牲了”这个不幸的消息不胫而走，人们痛心疾首，不约而同地来到悬崖下，围着江真面目全非的遗体失声痛哭。赵元合拨开抚尸痛哭的民众，泪流满面，弯腰抱起血肉模糊的江真遗体，向山下庙沟的家中走去。回到家中，赵元合的老父亲把自己备用的棺木献了出来，为江真入殓安葬。行唐县委书记俞恒同志亲自主持了江真烈士的追悼大会。

江真牺牲时，年仅 20 岁。

几十年来，江真烈士的英名在河北行唐县一直口口相传，当地政府把她的英勇事迹明确写进了县志中。人们把她舍身跳崖的壮举，跟“狼牙山五壮士”和东北抗联的“八女投江”相提并论。但是，这位奇女子到底是哪里人？这个疑问一直困惑了行唐人民几十年。县志办的同志找到了江真当年在华北联合大学的同学胡华同志。当年的陕北公学和后来的华北联合大学在新中国成立后发展为中国人民大学和西北政法大学，而胡华成了中共党史研究专家，是中国人民大学的历史系教授，并兼任中共党史学会常务副会长等。

胡华和江真是当年的老同学、老战友，胡华当年听江真说过她是被堂哥从江苏省常州带出来参加革命的。于是，胡华联系上了常州市委。在常州市委的协助下，这才终于查清了江真的身世。

常州市政协原副主席、诗人钱小山在了解江真烈士的事迹后，赋诗一首，表达了对江真烈士的深切怀念和崇敬之情。诗云：

英绝临危不顾身，
太行长护气嶙峋。
当年女伴还相忆，
说着江真泪满巾。

## 朱福坤义无反顾投身革命

朱福坤（1919—1948），乳名羊林，导墅镇白马冯家村人。

朱福坤出生在一个富裕的地主家庭，1934 年考入丹阳县立初级中学，开始接触进步思想，积极参加了学生进步组织“读书会”“文艺社”。

1937 年，抗日战争全面爆发，朱福坤回乡任教，并秘密从事地下抗日活动。

1941 年 11 月，正式加入新四军，被任命为丹金武办事处东南区大队长。

1942 年 3 月，任金坛县抗日民主政府军事科科长，负责丹金地区的对敌斗争工作。有一次，游击队的侦察员向朱福坤报告，朱福坤的地主父亲朱庆寿把佃户抓到了皇塘的日伪据点里，逼迫佃户退还减租的粮食，破坏了新四军抗日民主政府的减租减息政策，造成了极恶劣的影响。朱福坤得到报告后，坚定地说：“王子犯法，与民同罪。只要是和我们抗日民主政府作对，我们决不姑息！”随后，他派游击队员把自己的父亲抓到驻地，向他宣传了减租减息政策，并警告他：“如果与抗日政府为敌，将严惩不贷！”在朱福坤的教育下，其父认清了形势，执行了政策，退还了粮食，这使新四军打开了该地区减租减息的局面。

1943 年 3 月，日寇对江南游击区进行了疯狂的“扫荡”，斗争的形势更为严峻。朱福坤率领短枪队深入敌后，神出鬼没地打击敌人。他们化装混入敌据点，活捉并处决了罪大恶极的汉奸窦德胜；他们深入常州罗墅湾机场，成功策反了飞机场一个营的伪军抗日；他们机智设伏，巧妙地伏击了下乡骚扰的小股日军，一举歼灭日军八人……在敌后的战场上，他们上演了一幕幕富有传奇色彩的精彩话剧。

1944 年秋，朱福坤加入中国共产党。

1945 年 8 月，朱福坤任金坛县独立营营长、新四军五十四团一营营长。

日本无条件投降后，父亲给朱福坤写信，说国民政府即将还都南京，他已托人帮朱福坤在政府里面谋了一个不错的差使，希望朱福坤能脱离共产党，归顺国民政府。朱福坤断然拒绝，义无反顾地跟着共产党，为劳苦大众打天下。

1945 年 10 月，新四军奉命北撤，朱福坤随部队开赴苏北。

1947 年年初，朱福坤调高邮同仁堂公司任经理。

1948 年春，任二十四军军部留守处主任。后任二十四军先遣支队参谋长。同年 7 月，随同大部队进入河南作战。7 月 11 日，朱福坤在睢杞战役中光荣牺牲。

## 姜浩南饮恨开封

姜浩南（1917—1946），化名王表，蒋墅滕村人。

姜浩南自幼丧父，家道中落，青少年时期就读于村中姜氏祠堂设立的私塾。1933年，年仅16岁的姜浩南经人介绍到常州民生布厂当学徒。1935年冬，在堂兄姜泰南的动员下，姜浩南回到家乡蒋墅，开展抗日活动，并组织建立农友会，团结广大青年参加抗日救国活动。为使农友会有立足点，他在乡绅姜季垣等人的支持下创办了竞存小学和农场，并自行创办了《农友报》，开办了农民夜校。一时间，蒋墅一带的抗日救亡运动和农运工作在姜浩南的领导下开展得有声有色，轰轰烈烈。

1937年夏，经姜泰南联系介绍，姜浩南到湖北利华煤矿电厂当学徒，并改名王表，继续从事革命工作。他把煤矿电厂作为自己的革命基地，在矿区广泛开展抗日救国的宣传工作。1938年，经姜泰南介绍，王表加入了中国共产党。中共石灰窑工矿区特别区委建立后，姜泰南任书记，王表任委员。是年6月，姜泰南奉命调职，王表继续留任特别区委。武汉沦陷后，中共湖北省委调王表到鄂东地区工作，任鄂东特委，兼任中共浠水县委委员。不久，任县委书记兼地方武装司令员。1942年8月，调任中共鄂大工委书记。为了便于开展工作，组织上批准他与在工委做宣传工作的开封籍女子纪华庭结为夫妻。

1946年年初，中原停战协定签订后，王表在宣化店地区坚持斗争。同年5月，中原部队在李先念的领导下准备实施中原突围。突围前夕，经组织安排，王表带着妻子纪华庭及中共阳（新）瑞（昌）工委书记桂平夫妇共四人化装成做生意的商人，一起同去华北解放区。途经开封时，纪华庭提出要带王表回家看望没见过面的岳父岳母，同时邀请桂平夫妇也一起去她家做客。王表一行没加多想，就跟随纪华庭回到了她在开封的家。

不料想，纪华庭一家人的思想极为反动。当纪华庭向家人透露了王表一行的真实身份后，纪母立即让儿子通知国民党当局，派出大批军警特务包围了纪家，王表和桂平夫妇不幸被捕。

王表和桂平夫妇被捕后，受尽严刑拷打，始终咬紧牙关，没有向敌人低头，表现了共产党人宁死不屈的凛然正气。敌人黔驴技穷，最后竟残忍地把他们三人全部活埋在了开封市郊的乱坟岗。

新中国成立后，纪华庭也没能逃脱人民政府的惩罚，被公审枪毙了。

# 革命烈士荆腊福

荆腊福（1925—1950），丹阳皇塘镇珥塘村四房庄人，出身于农民家庭，从小忍冻挨饿，吃尽了穷人的苦。由于家境贫寒、生活困难，荆腊福勉强读了三年书便辍学回家种地了。

1943年春，日寇为了扑灭江南的抗日火种，不断加剧对江南各抗日根据地的清乡与扫荡。各抗日武装开展了与敌人针锋相对的军事斗争，广泛动员有志青年参加抗日救国运动。荆腊福就是在这个时期加入折里区抗日游击小组的，不分昼夜地参加反清乡的斗争。加入游击小组后，他奋不顾身地和战友们一起，剪敌人的电线，炸敌人的汽车，掘敌人的公路，烧敌人的篱笆……荆腊福还配合新四军主力部队和县区大队，向敌人的据点发动攻击，使得各据点的鬼子和伪军只敢龟缩在据点内向外开枪扫射，再也不轻易下乡扫荡。

1945年5月，荆腊福加入了茅山地区的新四军主力部队。部队首长看他机智勇敢、身强力壮，又有一定的文化基础，思想觉悟高，政治上可靠，就把他调入机关当文书，负责机要文件的收发保管和运输。同年8月，新四军北撤，荆腊福挑着文件，随部队从溧水到苏北，再到山东。连续行军5个月，荆福腊平均每天挑着担子步行60余里，脚上的血泡破了又长，肩上的肿块消了又肿，但他从不叫苦，也不喊累，把文件一页不少地转移到了山东解放区。

1946年，荆腊福被推荐到山东党校学习，后任军教股特务员。淮海战役打响后，他多次冒着生命危险抢救队友，保护首长，连续战斗11个昼夜不下火线。淮海战役结束后，荆腊福被编入江苏干部大队任排长。

1949年4月，荆腊福参加渡江战役，随大军南下。经过丹阳时，上级组织考虑到荆腊福在皇塘一带打过游击，熟悉当地情况，就安排他留下来工作，任命他为张堰区东港乡指导员。

荆腊福回到地方工作后，积极开展农村土地改革工作，带领贫苦农民打倒恶霸地主和土豪劣绅，把他们的土地和浮财分给了劳苦大众，使从无立足之地的贫雇农民有了自己的土地。

那时候新中国刚刚成立，各种敌对势力尚未完全肃清，荆腊福的土地改革工作引起了地主和暗藏的特务们的巨大仇恨。1950 年农历正月十一日，荆腊福在东港开完会已经天黑了，他一个人摸黑往回赶，半道上被国民党潜伏下来的特务管大保暗刺身亡，牺牲时年仅 25 岁。

第三章

# 江山代有才人出

# 上将周坤仁

## （一）

2000年6月21日，上午10时30分，北京。

在八一大楼，时任中共中央总书记、国家主席、中央军委主席江泽民，向晋升海军上将军衔的中国人民解放军总后勤部政委周坤仁颁发命令状。

次日，周坤仁将军的家乡——江苏省丹阳市皇塘镇人民政府向周将军发去贺电：

中国人民解放军总后勤部

周坤仁将军钧鉴：

欣闻周将军荣擢上将军衔，桑梓父老莫不欢欣鼓舞，奔走相告。周将军之荣，即父老之幸，亦桑梓之光。

于兹，谨表万分之祝贺！祈我中华，长城永固，国泰民安！

顺颂

周将军：伟躯康健！戎马平安！

江苏省丹阳市皇塘镇人民政府

2000年6月22日

周坤仁将军收到贺电后，非常高兴，当即委托秘书给皇塘镇人民政府打了电话，对家乡人民的祝贺表示衷心的感谢，并祝愿家乡人民生活美满，平安幸福！

## （二）

周坤仁，1937年9月出生，丹阳市皇塘镇丁桥村张巷里村人。

1956年1月，尚在读高中的周坤仁积极报名参军，直接从皇塘镇的吴塘中学入伍，来到海军东海舰队当兵。

入伍后，部队首长发现他是个文化兵，就挑选他到后勤部卫生部卫训队参加学习。在卫训队学习期间，他努力学习，刻苦钻研，仅用一年时间就熟练掌握了战时救护和部队的常规医疗卫生知识。1957 年 1 月，他被分配到护卫舰支队直属卫生队担任卫生员。

1959 年，因表现突出，周坤仁被破格提拔为海军护卫舰支队开封舰助理军医、军医。

周坤仁在担任军医时，不仅精心做好战士们的医疗救治工作，还热心做好战士们的心理辅导和政治思想工作，被战士们亲切地称为“编外指导员”，得到了战士们的一致认可。

1967 年 3 月，他被海军护卫舰支队破格提拔为开封舰的副政委。

1969 年 4 月，他被调至洛阳舰，担任副政委、政委。

1976 年 6 月，他又被提拔为海军护卫舰大队副政委、政委。

1978 年 8 月至 1981 年 6 月，周坤仁任海军东海舰队政治部干部部副部长。其间，1980 年 1 月至 1981 年 8 月在解放军政治学院基本系学习。

1981 年 6 月至 1983 年 3 月，任海军登陆舰支队副政治委员。

1983 年 3 月至 1984 年 8 月，任海军潜舰支队政委。

1984 年 8 月至 1985 年 8 月，任海军东海舰队政治部副主任。

1985 年 8 月至 1987 年 1 月，任海军东海舰队政治部主任。其间，1985 年 9 月至 1986 年 3 月在中央党校省部级干部进修班学习。

1987 年 1 月至 1990 年 6 月，任海军政治部副主任。其间，1988 年 9 月被授予海军少将军衔。1990 年入中国人民解放军国防大学学习。

1990 年 6 月至 1992 年 11 月，任海军南海舰队政委。

1992 年 11 月至 1993 年 1 月，任海军副政委兼南海舰队政委。

1993 年 1 月至 11 月，任海军副政委。同年 7 月，晋升为海军中将军衔。

1993 年 11 月至 1995 年 7 月，任海军政委、海军党委副书记。

1995 年 7 月至 2002 年 10 月，任总后勤部政委。2000 年 6 月，晋升为海军上将军衔。

2003 年 3 月，当选第十届全国人大常委会委员、全国人大法律委员会副主任委员。

周坤仁是中共第十五届中央委员，第六届、七届、九届、十届全国人大代表。

（三）

周坤仁一生投身海军事业，为我国的海军发展壮大和海防事业作出了重要贡献。

周坤仁读中学时就对我国的海军历史有了初步的了解。清朝时期，洋务派代表人物李鸿章等人深谙中国海防力量薄弱之弊端，不惜花费巨资建起了当时号称“亚洲第一”的北洋水师。不料，甲午一战北洋水师竟全军覆没于刘公岛外的大东沟。北洋水师虽有邓世昌、丁汝昌、刘步蟾、林永升等忠勇之士，但清廷腐败、国力孱弱，北洋水师难逃厄运，中国海军从此跌入万劫不复之境地。直到 1949 年 4 月 23 日，中国人民解放军在江苏泰州白马庙，以起义的国民党“重庆”号巡洋舰为家底，组建了中国人民解放军海军。从此，中国人民海军建设事业掀开了新的篇章。

周坤仁入伍时，东海舰队刚组建不久。当时，海军部队正在贯彻落实毛泽东主席视察海军部队时发出的指示：“为了反对帝国主义的侵略，我们一定要建立强大的海军！”中国政府在中央财政异常困难的情况下，依然拨出巨款，采购了四艘苏联的驱逐舰，使新生的中国海军有了一定的舰艇力量。

周坤仁在开封舰上当军医时，我国才研制出第一艘猎潜艇。

他在洛阳舰当政委时，我国的第一艘核潜艇也下水了。

从 1978 年开始，人民海军进入社会主义现代化建设新时期。以邓小平同志为核心的党的第二代中央领导集体科学地分析了国际、国内形势及其发展趋势，领导我国海军建设完成了战略性转变。邓小平同志指出要“建立一支强大的具有现代战斗能力的海军”，进一步明确了人民海军建设的根本要求。以江泽民同志为核心的党的第三代中央领导集体对新形势下的海军建设与发展更是给予了高度重视，提出了要“建设祖国的海上长城”的战略目标，进一步为新时期的海军建设指明了方向，使我国海军的现代化建设进入了新的发展时期。

1995 年，海军建设进入关键时期，已晋升中将军衔的周坤仁从海军政委任上被中央军委调至总后勤部担任政委。

## （四）

当时的中国人民解放军总后勤部是军委三总部之一，不仅掌管着全军的吃喝拉撒，还负责各军兵种的武器装备和后勤，以及战时的联勤保障，是重中之重的部门。而作为总后勤部的政委，周坤仁分管组织人事和思想政治工作，责任更是重大。他深知肩上的担子更重了，党中央和中央军委把这副重担交给他，既是对他的信任，也是对他的期盼。

周坤仁出身海军，对海军部队的实际情况了如指掌。但是，对于跨军种的陆军和空军，他还缺乏足够的了解。为了尽快熟悉部队、掌握情况，上任伊始，他深入各部队特别是陆军和空军部队调查研究，切实了解和掌握了部队的实际需求。他在基层连队、边防哨所、兵站油库、军校医院乃至膳食伙房做了大量的调查研究工作，掌握了新时期部队后勤保障工作的新特点、新任务，为新时期我军后勤保障中的政治思想和组织保障工作，摸索出了新的工作方法和路子。

周坤仁刚调至总后勤部时，部长是原兰州军区司令员傅全有上将。两个月后，原沈阳军区司令员王克调任总后勤部部长。身为政委，周坤仁肩负起了承上启下的重任。

周坤仁对北洋水师败于日本海军的惨痛历史颇有研究。他认为，除了清廷腐败的大背景因素，当时实战中吃亏的客观原因就是我北洋水师舰队的航速不如日舰，而影响航速的是作为动力燃料的煤。当时，清廷为了给慈禧太后祝寿，大量挪用克扣军饷，致使北洋水师只能购买劣质煤作为动力燃料。可见，后勤保障对于战争具有决定性的作用。他还对抗美援朝战争时期我军著名后勤将领黄克诚、洪学智卓越的后勤保障工作经验和战例作了专题研究，对我军后勤保障工作的优良传统有了更为深刻的了解。

因此，周坤仁走马上任总后勤部政委不久，就主动协助新上任的总后勤部王克部长，对现代战争条件下的海陆空三军后勤保障工作提出了新的规划和要求，根据中共中央、国务院、中央军委关于国防建设和作战的方针、原则，依靠国家提供的人力、物力和财力，组织计划管理全军后勤保障工作和后勤建设，以适应现代化、正规化革命军队建设和现代战争的需要。在充分调查研究的基础上，周坤仁携手王克部长，对我国三军的后勤保障工作进行了大刀阔斧的改革：从单兵装备到作战单位的联勤保障；从士兵伙食到兵力投送的机械化快速反应；从士兵吃住行条件的改善，到军官待遇的提高；从常规武器的保障到高科技装备的列装，总后勤部都作出了卓有成效的努力。

2003 年，周坤仁卸任总后勤部政委，调入全国人大常务委员会，担任全国人大法律委员会副主任委员。

## （五）

周坤仁到全国人大常务委员会工作时，虽然已经 66 岁，但他没有就此赋闲在家养老。他依然心系军队现代化建设，认真履行全国人大代表的职责，积极为我军现代化建设建言献策。

在全国人大常务委员会工作期间，周坤仁还经常抽时间到各部队视察和调研，时刻关注我军现代化建设的进程，特别是对海军的发展壮大尤为牵挂。他时常对身边的同志说，我国拥有约300万平方公里的主张管辖海域，没有强大的海军，就不能有效地巩固我们的海防，就不能真正地走向世界。因此，我们的海军一定要从“黄水”走向“蓝水”。而要走向大洋深处，就必须拥有自己的航空母舰。

他到全国人大常委会工作以后，特别关注我国航母的建设。数年之后，当我国第一艘航空母舰“辽宁舰”首航时，周坤仁高兴得像个孩子，特意邀请了几位海军老战友，在家里好好地庆祝了一番。

## （六）

周坤仁出生在一个贫苦的农民家庭，祖辈以帮人家看坟为生。新中国成立以后，共产党的土地改革政策才使他们一家分到了土地和房屋。他从小就懂得了一条真理：只有中国共产党才能够救中国。

周坤仁参军入伍后，从一名海军卫生员做起，一步一步地成长，一点一点地进步。他逐步晋升为上将，靠的就是对共产党的无比热爱和坚定信念，靠的就是自身的不断努力。他努力学习，努力工作，不畏艰难，勇于奋进，无私无畏，终成大器。他身居高位，手握重权，仍始终保持着一个共产党人的优良本色。

1992年，改革开放的大潮席卷全国，以至于形成了“十亿人民九亿倒”的全民经商的怪象。其时，周坤仁已调至南海舰队任政委。一天，家乡有位老同学手持一张“三级证明”找到周坤仁，并表示希望通过他帮忙倒腾点紧俏的化肥。周坤仁热情地招待了老同学，详细询问了家乡农民的生产生活情况。当他得知乡亲们的春耕生产确实存在严重缺少化肥的情况后，心情十分沉重。他通过转业到地方的老战友帮忙购买了足够全乡农民春耕生产所需的化肥。老同学看到他打个电话就搞到了紧俏物资，觉得这似乎不费吹灰之力，便提出想多搞一点化肥倒腾倒腾顺便赚点差价的想法。周坤仁说：“帮助乡亲们解决实际困难可以，帮你个人谋取私利不行。”

周坤仁的父母长期生活在农村老家，即使他调到总后勤部当了政委，晋升为上将，也没有利用手中的权力为父母建造宅院。村上有人对老人说：“你儿子当了这么大的官，你们也该住得宽敞点，享享清福了。”老人家说:“他当的官再大,也是为公家做事的。我们怎么可以沾公家的光呢!”

周坤仁有个弟弟一直在老家务农,乡镇企业发达后报名进了乡镇企业做职工。企业领导得知他的哥哥当了总后勤部政委、是个上将后,就鼓动他去北京,希望通过这层关系帮企业搞点军需项目或资金。周坤仁得知这一情况后,语重心长地对弟弟说:“部队有部队的规矩和纪律,我如果违反规定乱开口子,部队还怎么带?”

周坤仁身居高位后,经常下基层视察工作。无论到哪里,他都不接受下属单位送的任何礼品。即使是出访期间按规定接受的礼节性的礼物,回国之后他都一律上交。

周坤仁始终严于律己,克己奉公。他对自己、对家人、对身边人近乎苛刻的做法,赢得了大家的一致赞誉。当然,也有人觉得他这样做很不近人情。他坦然地认为,作为一名高级将领,党和人民给予自己的荣誉和地位已经足够了,如果再用公权谋私利,就是对人民犯罪。

退休后,周坤仁主动搬出了总后勤部的将军楼,到上海和儿女一起生活,以实际行动积极响应我国的军改方针,彰显了他高度的政治觉悟和对党忠诚的可贵品德。

## 孔学泰斗匡亚明

匡亚明(1906—1996),原名匡洁玉,又名匡世,曾用名匡梦苏、匡润之,曾用笔名何畏、何晨、梦苏等,丹阳导墅镇匡村人。

匡亚明6岁丧父,7岁启蒙,9岁立志读书。由于父亲去世,家境日趋困顿,他只能一边放牛,一边读书,农忙时还得下地帮大人干农活。1923年,他以优异的成绩考入苏州第一师范学校。在师范学校求学期间,他开始阅读进步书籍,结交思想进步人士,并参加了革命活动。1924年,他因从事革命活动被校方开除。1926年,经恽代英推荐,匡亚明考入上海大学中文系,插班读二年级。

19岁那年,匡亚明在上海的报纸上发表了第一篇文章,并引起了国民党元老叶楚伧的注意。不久，叶楚伧介绍他加入了国民党。

1926年，匡亚明开始接受并追求共产主义真理，于1926年8月加入中国共产主义青年团。一个月后，年仅20岁的匡亚明毅然加入了中国共产党。

1926年10月，匡亚明出任上海大学共青团支部书记，后被党组织调到上海沪东、沪西、闸北等地任团委书记。1927年2月，被英巡捕房逮捕入狱。经组织营救出狱后，被派往无锡担任团委书记。同年11月，他以江苏团省委特派员的身份领导了宜兴秋收起义。这次起义被陈云同志称为“江南第一枪”。

在阴云密布的白色恐怖时期，匡亚明身处险象环生、错综复杂的斗争环境中，步步惊心，多次遇险。1929年，他被中共特科红队误认为是叛徒而遭到枪击，子弹从其口中射入，穿颈脖而出，幸而未死。

1931年，匡亚明先后在上海反帝大同盟和上海总工会工作，与邓中夏一起编辑出版《前锋报》。其间，出版社会科学论著《社会之解剖》和长篇小说《血祭》。1932年，任中共中央和江苏省委合办的《日日新报》总编；同年秋，任中共江苏省徐海蚌特委宣传部部长。1933年，27岁的匡亚明在刘少奇的领导下，担任了上海总工会秘书长兼宣传部部长。在此期间，匡亚明曾先后四次被捕，在国民党的监狱里共度过了四年多的煎熬时光。

1937年8月，经中共南京八路军办事处保释出狱后，组织上安排他转赴延安，后任中共中央情报部政治研究室副主任。

1939年，匡亚明赴山东根据地创办《大众日报》，并兼任社长和总编。之后，又调至中央社会部工作，参加了延安整风运动。1944年，出任华东局宣传部副部长兼《大众日报》党委书记。1945年，升任中共中央山东分局宣传部部长兼政策研究室主任。

新中国成立后，匡亚明历任华东人民革命大学（在丹阳筹建，后迁往苏州）副校长、华东局宣传部常务副部长。1955年5月，调任东北人民大学（今吉林大学）党委书记兼校长。1963年，调至南京大学任党委书记兼校长。1964年，当选为第三届全国人大代表。

1978年，匡亚明再度担任南京大学党委书记兼校长。1982年起为南京大学名誉校长。

1979年和1983年，连续两届当选为江苏省人大常委会副主任。

从领导岗位退下来之后，他还担任了中国孔子基金会会长，南京大学、吉林大学名誉校长，山东大学、曲阜师范大学兼职教授，国务院古籍整理出版规划小组组长等职。

匡亚明不仅是我党优秀的革命领导者，而且是我国传统文化领域杰出的学者。他对我国古代伟大的思想家、政治家、教育家孔子的研究，硕果累累，独树一帜，在海内外享有盛誉，被学术界誉为“孔学泰斗”。他的孔学研究论文高屋建瓴，见解独到，具有很高的学术价值。1985 年，他以年近 80 的高龄写出了洋洋 30 余万言的《孔子评传》，为孔学研究树立了一座巍巍丰碑。该书出版后，在海内外产生了巨大影响，并被翻译成多种文字在多个国家出版发行。《孔子评传》一书当年获国家图书一等奖。

1988 年，82 岁高龄的匡老应邀在德国波恩“孔子儒学国际学术讨论会”上作了精彩的演讲，引起了国际孔学界的巨大轰动。85 岁时，他仍然向在新加坡召开的汉学研究国际会议提交了高质量的孔子思想研究论文。

他晚年主持编撰的《中国思想家评传丛书》，对中国传统思想文化进行了全面系统的总结，被称为“二十世纪中国规模最大的思想文化工程”。

1996 年 12 月 16 日，匡老因积劳成疾去世，享年 91 岁。

2006 年 3 月，在匡亚明 100 周年诞辰之际，南京大学决定将基础学科教育学院命名为“匡亚明学院”。

2013 年，匡老故乡的导墅中心小学更名为“丹阳市匡亚明小学”。

## 航空发动机泰斗姜夑生

姜夑生（1928—2015），丹阳市皇塘镇滕村人。

1949 年，姜夑生考取了清华大学，就读于航空工程系发动机设计专业。

1953 年 7 月大学毕业后，他先后任沈阳航空发动机修理厂技术员、工艺室副主任、主任，沈阳航空发动机制造厂工艺室主任、车间主任、厂副总工程师、厂技术改革办公室主任，调任成都航空发动机厂总工艺师、厂经理部副部长兼生产技术处处长、厂革委会副主任、厂党委副书记、厂长兼党委副书记。

1980年8月，调任第三机械工业部副部长兼成都航空发动机厂厂长。不久，又先后调任航空工业部党组成员、科技委主任、副部长、党组副书记，航空航天工业部副部长、党组副书记、科技委主任，航空工业总公司科技委主任，中国航空工业第二集团公司科技委主任等职。

姜燮生还担任过多项社会职务和学术职务。他曾担任全国工业经济协会副会长、顾问，航空工业企业管理协会理事长，全国模具协会副理事长，全国尖端技术协会副会长，北京航空航天大学经济管理学院院长等职。

姜燮生长期从事航空发动机制造技术的研究攻关工作及组织领导工作，在航空发动机的修理、生产和改型研制方面具有扎实的理论基础和丰富的实践经验，是我国航空发动机领域的领军人物，为我国的航空工业作出了巨大贡献。曾获航空工业突出贡献荣誉奖，航空工业四十年特别荣誉奖。1989年，被授予“国家级有突出贡献的专家”光荣称号。

姜燮生是中共第十二届、十三届中央候补委员，政协第八届、九届全国委员会常务委员。

2015年5月7日，姜燮生因病在北京逝世，享年86岁。

## “中国超级稻之父”杨守仁

杨守仁（1912—2005），丹阳市皇塘镇丁桥行政村陆家村人，我国著名的水稻专家，沈阳农业大学一级终身教授。

杨守仁童年时代曾到皇塘外公家的私塾读书，其间断断续续地放过牛。他从小跟着大人下地干农活，深知农民种地的艰辛。后来又就读于丹阳县立第一小学，毕业时蒙恩师周晓春的资助，考入南京的江苏省立第一中学初中部。中学刚读完一学期便因北伐战争辍学，又回家放牛。战事平息后回校，后来从江苏省立第一中学初中部毕业，因成绩优异免试升入免膳宿费的高中师范科。在此期间，他曾在南京市民众夜校兼课，教过不少失学的小商贩和尼姑，这使他对旧社会的阴暗面有了更多的了解。由于学习成绩优异，他被留任附属小学的教师。一年之后，他积攒了足够读一年大学的费用，便毅然报考了浙江大学农学院。

在大学期间，杨守仁在艰苦的条件下依然刻苦学习。为了节省费用和多花时间学习，大学四年期间，他寒暑假一次都没有回家休息过，整天泡在图书馆或实验室里。三年级时，获校方的品学兼优甲种奖学金。毕业时，他成绩名列前茅，并获学士学位。当时，浙大校长是著名的气象学家竺可桢，农学院院长是卢守耕博士。他们对品学兼优的杨守仁非常器重，经常鼓励和教诲杨守仁，杨守仁也不负二人所望，成为那一届农学院唯一的甲等毕业生。而那一届农学院的学生从开学时的 57 人到毕业时仅剩 19 人了。

1937 年，杨守仁大学毕业后，随即被当时位于南京孝陵卫的中央农业实验所（以下简称中农所）派来的周拾禄先生选中，调到该所稻作系任赵连芳主任的助理员，从此开始了水稻研究生涯。当时，赵连芳是我国水稻遗传育种研究的先驱，是中国水稻界的顶尖人物。

“七七事变”后，战火蔓延至淞沪一带，杨守仁此时正在湖南参加湘米改进委员会工作。不久，中农所西迁长沙，后又转迁四川。他因兼任湖南省衡阳稻场主任而留在了湖南。日寇逼近长沙时，他为了使大量稻种不资敌，决定提前发给农民。不料省农业改进所人员已被全部遣散，杨守仁只好自己借款赔付了结所有费用。之后，他星夜赶回衡阳，料理稻场疏散事宜。尔后，取道广西、贵州抵达成都，即在中农所四川工作站工作。

抗战时期，四川等地是中国农业科学工作者的主战场。那时候的杨守仁正值英年，又无家属，因而经常在外出差，从事调查研究和技术推广工作，足迹遍西南五省，为西南地区的水稻改良做了大量的基础性工作。他是我国第一个在湖南衡阳大面积推广“南特号”水稻良种的专家，也是四川南部双季稻制度的创始人之一。

1944 年，杨守仁离开中农所，参加了中央训练团台湾班。

1945 年，抗日战争刚结束，他便由重庆乘船东下，转赴台湾参加接收工作。他先是陪同卢守耕先生接管台湾糖业试验所，后又去嘉义支所，并被任命为该支所的所长。1946 年，他就在该所发现了高抗稻瘟病的粳稻品种“光复一号”。这在粳稻品种中还是第一例。

1947 年，杨守仁考取了公费留美，于年底到达美国的威斯康星大学深造。一年后，他因成绩全 A 而免试获得硕士学位。又因提出“田间试验缺区估计新方法”被托里教授留为助教，同时攻读博士学位。三年内，他读完了以农艺为主系，植物生理和植物病理为辅系的高级课程，并完成了题为《某些气象因素对大麦产量和品质的影响》的博士论文。当他于 1951 年 1

月获得博士学位后，托里教授曾挽留他继续在美国工作。但他认为“梁园虽好，不是久恋之家”，终于在 1951 年春，取道香港，义无反顾地回到了新生祖国的怀抱。

回国后，杨守仁先在位于青岛的山东大学农学院任教，1952 年院系调整后转至济南的山东农学院。1953 年春，他奉命支援边疆，被调到今天的沈阳农业大学任教。此后，杨守仁在继续从事水稻研究的同时，孜孜不倦地从事着教书育人的工作，一干就是四十年，直至成为一级终身教授。他还是国家批准的首批可招收作物栽培专业博士生的导师。

杨守仁是我国迄今唯一一个既比较全面科学地阐明我国悠久的水稻栽培传统经验，而又有所创新的著名水稻科学家。他曾用第一代 IBM 进行博士论文的研究，还发明了田间试验区估算的新方法，人称“杨氏公式”，至今美国仍在应用。他是东北三省水稻生产的积极宣传倡导者，是我国水稻高产栽培理论体系的始创者。他在水稻籼粳杂交育种、水稻理想株形研究、水稻超高产育种等方面都取得了重大成果，在农业界有“中国超级稻之父”之称。

作为新中国的作物科学家，杨守仁始终秉承实事求是、坚持真理的原则，不唯上，不唯书，只唯实。1978 年 2 月，在武昌参加植物远缘杂交会议后，他根据自己的研究心得，撰写了《我所知道的“玉米稻”》一文，并于 1985 年发表在《作物杂志》上。文章明确指出当时所谓的“玉米稻”是靠不住的。1984 年，许多地方连年丰收，有些地方领导放松了农业工作，他预感到轻视农业必将遭到惩罚。为此，他连续写了三篇《粮食危言》，力陈粮食生产的极端重要性。他的那种异乎寻常的爱国爱民之心，昭昭可表。1954 年，江淮地区闹水灾，延至 8 月洪水方退。当时，江淮地区各级领导干部为了弥补洪灾造成的损失，纷纷提出要补种一茬晚稻。杨守仁得知这一情况后，连夜拟成一封长电发给农业部，再通过农业部将长电发往沿江各地。他在长电中指出时节已过 8 月，再补种晚稻已无实际意义，最终避免了一场不必要的人力物力的损耗。

1987 年 9 月，杨守仁和他的研究团队在杭州召开的国际水稻研究会议上，散发了用中、英、日三种文字撰写的《三十六年来籼粳稻杂交育种的研究及发展》一文。文章扼要而系统地论述了他与他的研究团队在籼粳杂交育种、水稻理想株形育种和水稻超高产育种三个基础研究领域内所取得的开拓性成果，赢得了与会的 200 多位国内外科学家的高度赞扬。

在我国水稻界，东南西北中各有一位领军人物，他们分别是：中国科学院院士、“汕优 63”的培育者、中国杂交水稻之母、福建省农业科学院谢华安，中国工程院院士、西南杂交水稻之父、四川农业大学周开达，中国工程院院士、中国半矮秆水稻之父、广东农业科学院黄耀祥，中国超级稻之父、沈阳农业大学杨守仁，中国工程院院士、国家杂交水稻工程技术研究中心、中国杂交水稻之父袁隆平。

杨守仁在总结我国传统种稻经验和开拓水稻新的育种领域作出了创造性的贡献，他的籼粳杂交育种和理想株型育种填补了科研空白，获得了国家教委科技进步二等奖和三委一部“六五”重点科技攻关奖等几十项大奖。1998 年，杨守仁荣获何梁何利科学与技术进步奖。

从 20 世纪 50 年代起，杨守仁先后主编了我国高等农业院校第一部通用教材《作物栽培学》，以及《东北水稻栽培》《中国水稻栽培学》。他是《中国大百科全书》稻条目主编之一，《中国农百科全书·农作物卷》的副主编，担任过世界名著《稻的生物学》的总校译，出版了个人学术专著《水稻高产栽培及高产育种论丛》和《水稻专题讨论文集》。他在 80 多岁高龄时仍然孜孜不倦，辛勤耕耘，自辑出版了《杨守仁水稻文选》，该书也被列入辽宁省文化名人丛书。

除了撰写书籍、论文，杨守仁还兼任过 20 多个学术团体的职务，曾连任多年沈阳市水稻科技人员培训班的主任和多个农垦局、农科院的顾问。

1984 年，杨守仁光荣地加入了中国共产党。

杨守仁曾历任国务院学位委员会第一届学科评议组成员，农业部科学技术委员会第一届委员，中国农学会、中国作物学会、遗传学会理事、常务理事，沈阳市作物学会理事长，并先后当选为沈阳市人大代表、辽宁省人大代表，辽宁省第五届、六届人大常委会委员。

2005 年 2 月 28 日，杨守仁因病逝世，享年 93 岁。临终前，他用颤抖的双手庄重地写下了“为国争光”四个大字。

2006 年 8 月，沈阳农业大学专门在水稻研究所铸造了一尊杨守仁铜像，以纪念和缅怀这位卓越的水稻专家。

# 体育教育家夏翔

夏翔（1903—1991），字振鹏，原名德龙，丹阳市里庄谭庄村人。

夏翔少年时期就读于石城小学，后入丹阳第一高等小学读书。小学毕业后，他和丹阳同乡吕叔湘一起考入常州的江苏省立第五中学。吕叔湘爱好语文，夏翔擅长体育，两个丹阳学生一文一武，名动全校，一时传为佳话。

在学生时代，夏翔不仅品学兼优，而且体育成绩尤为突出。1921 年，在江苏省分区运动会上，他独得三项冠军，个人总分第一。1922 年中学毕业后，他考取国立东南大学（今东南大学）体育科，体育运动技术和成绩更上一层楼。1924 年参加第三届全国运动会，获撑竿跳高冠军。此后，他连续三年代表国家参加第六届、七届、八届远东运动会，并在第八届远东运动会上创造了中国撑竿跳高纪录。

1926 年从东南大学毕业后，夏翔回到常州母校担任体育教员。在体育教学上，夏翔自创一套因人而异的针对性训练法。该训练法既锻炼了学生的体质，又培养了体育人才，使常州中学的体育教学成绩突飞猛进，在全省中等学校中引起高度关注。当时的学校教导主任顾蓉藻更是对初出茅庐的夏翔另眼相看，他见夏翔做事认真，充满朝气，且又诚实可靠，就把自己的女儿介绍给了年轻有为的夏翔。

1929 年 5 月，夏翔率常州中学体育团赴南京参加第二届全省中等学校联合运动会，获赛跑和跳高两个第一名。1931 年 5 月，在第四届全省中等学校联合运动会上，他带队的常州中学更是取得了打破标枪、铅球、200 米跨栏三项纪录的骄人成绩。

夏翔在体育教育界名声大噪，1933 年被清华大学聘为体育教师。

1936 年，夏翔作为中国体育考察团成员，赴德国参观柏林第 11 届奥运会。随后，又考察了丹麦、瑞典、捷克斯洛伐克、奥地利、匈牙利、意大利等国的体育运动。1941 年，他被选派到美国进修深造，1943 年获春田大学体育教育硕士学位。太平洋战争爆发后，他滞留美国继续深造，先后转入爱荷华大学研究部主修心理学、哲学，哥伦比亚大学教育学院专攻体育卫生学等课程。1946 年，他学成归国后，任清华大学体育教授兼任课外运动委员会主任。

新中国成立后，夏翔先后担任或兼任清华大学体育教研组（室）主任、中华全国体育总会副主席、中国奥林匹克委员会副主席、中国体育科学学会名誉理事、北京市政协副主席等职。他是我国田径、游泳、速滑运动的国家级裁判，多次担任全国运动会和全国田径运动会的总裁判长。

夏翔曾多次以领队的身份率中国体育代表团赴国外比赛、参观、考察、交流。他分别于 1987 年和 1991 年两次代表中国出席第三十七届、三十八届国际田联代表大会。国际田径联合会曾授予他“田径元老功勋奖章”。

夏翔还曾连续当选为全国人民代表大会的第二届、三届、四届、五届人大代表。在全国人民代表大会上，关于青少年的健康成长和国民体质的全面提高，他向国家提出了三项建议：在小学生中提倡跳牛皮筋；在青少年中提倡练健美操；在城乡中小学全面推行《国家体育锻炼标准》。他倡导的“育人至上，体魄与人格并重”的体育教育理念深入人心。清华园的莘莘学子永远都铭记夏翔教授的谆谆教诲：“同学们，只要坚持参加体育锻炼，就能保持强健的体魄，就能为祖国健康地工作五十年!”

夏翔还十分关心家乡的体育事业，曾在里庄倡导开展单杠、吊环、跳高、篮球等运动。他在家乡组建的“华夏”篮球队曾风靡一时，闻名遐迩。

夏翔一辈子从事体育事业，为提高全民体育素质作出了巨大贡献，并为我国培养了大批体育人才。他曾多次主持由我国举办的国际田径赛事，著有《田径运动裁判法》《长跑小丛书》《人体机动学》等。

1983 年 12 月 13 日，国家体委和清华大学联合为夏翔举办了从事体育教育 57 年暨执教 50 周年庆祝会。中央党校副校长蒋南翔、教育部部长何东昌、国家体委主任李梦华、中国奥林匹克委员会主席及著名运动员等共 200 多人到场祝贺。国家体委特授予夏翔“体育运动荣誉奖章”，以表彰他对我国体育事业作出的杰出贡献。

1991 年 11 月 25 日凌晨，夏翔在北京去世，享年 88 岁。

1991 年 12 月 7 日，《人民日报》刊文对夏翔的一生给予了高度评价：“夏翔同志从事体育教育 65 年，为提高我国全民族的体育素质和运动水平，为推动我国体育教育和体育科学事业的发展，为我国体育运动的国际交流与合作作出了卓越的贡献。”

夏翔去世后，其女儿夏元庆继承父亲的遗志，和丈夫沈书府一起捐出了夏翔的全部积蓄及他们自己积攒的部分退休金，共计20万元人民币，在清华大学设立“夏翔纪念奖学金”，用于鼓励和表彰清华大学田径成绩突出的非专业在校学生，使夏翔的体育精神长存。

## 马克思主义哲学家吴秉元

吴秉元（1930—2018），丹阳市皇塘镇宏图行政村塘门村人。

1951年，吴秉元毕业于中央人民公安学院（今中国人民公安大学），因成绩优异，表现突出，留校任教，开始从事哲学教学工作。

1954年3月，被调入中央马克思列宁主义学院（今中央党校）哲学教研室工作，先后任助教、秘书、副教授、副主任等职。

1956年3月，加入中国共产党。同年，参加全国历史唯物主义研究会，任常务干事。

1982年至1983年4月，在中国社会科学院哲学所任副研究员。

1985年，在中共铁道部党校任哲学教研室主任，校学术委员会副主任。

1986年，加入全国铁路党校系统哲学学会，任会长。在此期间，吴秉元还同时兼任了中国管理科学研究院教授、领导科学所副所长，中国历史唯物主义学会常务理事，中国企业文化研究会理事，中国铁路系统哲学学会会长、名誉会长等职。

吴秉元在干部哲学教学和研究中积累了丰富的经验，在帮助中高级干部树立科学的世界观、提高思想政治理论水平和工作能力方面作出了重要贡献。

自1955年以后，他在全国重要报刊上发表论文120多篇，重要文献有《什么是唯物主义?》《必须坚持马克思主义的哲学教学道路》《比学赶帮与认识论》《关于“一分为二”和“合二为一”的分歧》《解放思想与端正思想路线》《正确地对待破与立》《论领导干部的道德修养》等。

他出版的著作有《思想方法与工作方法》《社会主义精神文明建设教

程》《党的建设简明教程》《铁路职业道德简明教程》（内部出版）等。其中，他主编的干部培训教材《哲学与社会主义现代化建设》被铁道部评为一等奖。

吴秉元曾被中央党校、铁道部等单位多次评为优秀教师、先进工作者。

2018 年 8 月，吴秉元病逝于北京。

## 国医大师颜正华

颜正华，1920 年 2 月出生在导墅镇大华村。

1934 年，年仅 14 岁的颜正华拜丹阳名医戴雨三为师，学习中医。三年学徒生涯，他熟读中医四大经典，打下了坚实的中医学理论基础。

1937 年，他又师从江苏名医杨博良。杨氏为清末“孟河医派”马培之的再传弟子，名震江浙皖数省。颜正华师从杨博良三年，以其颖悟和勤奋，深受杨氏赏识，从而得到“孟河医派”真传，成为“孟河医派”第四代传人。

1940 年，颜正华师满归里，年仅 20 岁就悬壶应诊，誉满丹阳。1947 年，参加丹阳县中医统考，名列榜首。

1955 年 3 月，他以优异的成绩考入了刚刚成立的江苏省中医进修学校（今南京中医药大学）。毕业后留校任教，并担任中药教研组组长，主编了《中药学讲义》。

1957 年，北京中医学院（今北京中医药大学）成立，颜正华奉卫生部之命调入该院任教，并负责组建中药学教研组。1958 年，负责组建中药系。1959 年，中药系发展成为北京中医药大学中药学院，颜正华任中药教研室主任。1985 年，中药研究所成立，颜正华任名誉所长。

颜正华于 1962 年晋升副教授（同年加入中国共产党），1978 年晋升教授，1979 年被聘为硕士生导师，1986 年被聘为博士生导师，编写教材数十种，出版著作几十部，累计 600 万字以上。先后为国家培养了几千名中医药专业人才，为我们国家的国医传承作出了杰出贡献。

1990 年，颜正华被人事部、中医药管理局确定为“继承名老中医学术经验的指导老师”。

1991 年，获国务院特殊政府津贴。

2003 年，被授予中华中医药学会终身理事。

2006 年，获中华中医药学会首届中医药传承“特别贡献奖”。

2008 年，被评为国家级非物质文化遗产项目代表性传承人。同年，颜正华临床经验及学术思想被国家列为“十一五”科技支撑计划项目。

2009 年，北京市立项成立“颜正华名医工作室”；颜正华获北京市“首都国医名师”称号，全国首届“国医大师”称号，中华中医药学会终身成就奖。

2019 年 9 月，获国家卫生健康委员会、人力资源社会保障部、国家中医药管理局颁发的“全国中医药杰出贡献奖”称号。

## 画坛奇才蔡兵

2019 年 5 月 27 日上午，上海市闵行区文联在位于莘庄梅园的蔡兵美术馆举办了“纪念上海解放七十周年——蔡兵美术作品展”。

中共上海市闵行区区委宣传部副部长、区文联党组书记朱奕，区文联主席陈志强，梅陇镇党委宣传委员施佩玉，上海汽轮机厂宣传部部长夏惠忠等领导出席。同时，区绿化市容局、区文联、区各专业文艺家协会、上海西区文化传媒公司等负责人，以及蔡兵先生所在居委会领导和亲朋好友等近百人出席了开幕式。

陈志强主席的致辞充满了对艺术大家的崇高敬意。他说，蔡兵先生用自己的笔墨丹青记录、赞颂了祖国的变化。在上海解放 70 周年之际，举办蔡兵美术作品展的目的是通过优秀作品，激励人们不忘初心、砥砺奋进，在新时代为经济发展、社会进步作出新的贡献！

蔡兵先生在讲话中回顾了自己的经历，表示自己的作品是随着新中国的发展而成长和进步的，并深深感到创作者只有融入火热的生活中才能创作出人民喜闻乐见的精彩画作。他衷心感谢区委、区政府的爱护帮助和大力支持，并表示将创作出更多更好的美术作品奉献给人民。

蔡兵，字华天，原名柳树栋。1943 年 10 月 15 日生，丹阳市皇塘镇张堰村人。柳树栋出生在张堰老街，并在张堰读小学，度过了他的童年时光。他父亲去世后，母亲改嫁去了上海，他随母迁居上海，并改名为“蔡兵”。

蔡兵 6 岁开始学画，青年时期就读于中国美术学院，后来被聘为日本名古屋艺术大学研究员。他是中国文学艺术家联合协会副主席，中国美术家协会会员，中国版画家协会会员，上海华夏书画院院长，上海市浦东新区时代艺校名誉校长，中国农工民主党上海市委文史委员会资深委员，上海市浦东新区第一届、二届政协委员，挪威第七届国际版画展评委，日本全国水墨画协会特别评审委员，国际名人俱乐部会员。他擅长中国画、版画、插图、速写等。获英国剑桥“世界杰出成就人物奖”和“世界当代名人艺术家”称号。传略选入《世界名人传记》《世界杰出贡献名人录》《世界华人艺术家名录》，作品入选《世界当代书画名家作品集》和美国、法国、英国等几十个国家与地区的重大国际美术展览。蔡兵多次获得国家和国际大奖，有数千幅作品在国内外报刊和书册上发表，多幅作品作为国礼被赠送给外国首脑和友人。他还多次在国内外举办个人画展，应邀出访美国、日本、新加坡等国，作品被国内外多家美术馆、博物馆收藏。

## 艺术之路的探索者

蔡兵的艺术之路充满了传奇色彩。

青少年时期的蔡兵对版画情有独钟。1962 年，蔡兵背上画板应征入伍，来到福建当兵。由于美术特长，他被连队安排负责板报工作，并被要求完成向报社投稿的任务。1965 年 5 月 15 日，福州军区《解放前线报》第四版刊登了他的处女作《海疆战歌》。从此他一发不可收，连续在《解放军报》《解放军文艺》《福建日报》《厦门日报》等报刊上发表美术作品，为连队赢得了荣誉，自己也被评为“五好战士”。

退伍后，他被分配到了上海市美术协会工作，有机会接触到了上海的美术界，与海派大师刘海粟、唐云、谢稚柳、程十发等交往甚密，获益匪浅。从小就崇拜鲁迅的蔡兵，对鲁迅的木刻版画产生了兴趣。他把鲁迅的版画作品搜集起来潜心研究，加以揣摩。他发现，中国的版画与鲁迅有着密切的关系，正是由于鲁迅在 1931 年倡导新兴木刻，才有了我国版画创作的发展。在日本留学期间，鲁迅收集了许多外国的版画作品。日本的浮世绘版画引起了鲁迅的极大兴趣，而德国版画家珂勒惠支的版画作品更是受他的钟爱。蔡兵在研究的基础上开始了自己的版画创作。1974 年，他创作的《常备不懈》《加油》《机械手》《光辉的前程》等作品均入选全国美术作品展，并被中国美术馆收藏。1978 年，创作的《雪天》《女孩》《月归》《光影》等作品，被鲁迅的好朋友，日本著名活动家、教育家内山嘉吉先生收藏。蔡兵的版画不拘泥古法，融入了现代水墨画、油画等的艺术手法，从而形成了自己独特的风格。至 20 世纪 90 年代，他已在版画界奠定了崇高的地位。1994 年，母校中国美术学院为他举办了“蔡兵现代版画展”。1996 年，他在日本举办“蔡兵水墨画展”，并被日本水墨画协会聘为顾问、评委。1999 年，蔡兵在日本每日新闻社每日文化中心举办“蔡兵绘画作品展”，并被日本方面作为“中国绘画版画第一人”，被特邀举办“蔡兵的中国版画世界”专题讲座，连讲 12 场，在日本美术界引起了巨大轰动。

1971 年，中美尚未正式建交，时任美国总统尼克松决定访华，开启破冰之旅，其中有一段上海之行的安排。上海市政府为了做好接待尼克松总统的工作，决定重新装修尼克松下榻的宾馆。其中，房间里的装饰画指定由蔡兵创作。蔡兵接到任务后，以上海老闵行四大金刚之一的上海电机厂作为创作题材，一周之内就完成了题为《会战》的装饰画。这幅画得到了外交部和尼克松总统的高度赞扬。

1976 年 10 月，在得知粉碎“四人帮”的消息后，蔡兵抑制不住内心的喜悦，连夜创作了一幅速写《粉碎四人帮》。这幅速写展现了上海人民庆祝粉碎“四人帮”的宏伟场面。当时的上海市委对蔡兵的这幅作品非常满意，当天就派飞机专程将这幅速写作品送往北京，次日便被刊登在了《人民日报》上。

20 世纪 80 年代末，蔡兵开始尝试在其他材料上创作。他先是在瓷器、陶器上创作，获得成功后又琢磨着在玻璃上创作彩印版画。这是一条前人没有走过的路，没有先例，无法借鉴，一切都得从零开始。经过反复实验和不断探索，他终于成功研究出了玻璃彩印版画这一新颖的艺术形式。1990 年，中国专利局公布，蔡兵首创的玻璃彩印版画获得我国美术界第一个发明专利。1993 年，为了表彰蔡兵在美术界的这一巨大贡献，英国剑桥艺术中心授予蔡兵“世界杰出人物奖”。

艺术是相通的。蔡兵在艺术的道路上不断探索，永无止境。

在努力研究中国木刻版画和玻璃彩印版画的同时，蔡兵触类旁通，又开始了对速写、水墨画和油画艺术的探索与追寻。

他师古而不拘泥于古，充分汲取中国古代山水画的精华，并巧妙融入现代的各种艺术元素，使中国水墨画古为今用，推陈出新。

凭借扎实的写实基础，蔡兵既充分借鉴了西方油画的写实技法，又融会贯通了毕加索、梵高、莫奈等抽象派大师的手法，师夷长技，洋为中用，形成了自己独特的油画风格，在画坛上独树一帜。他的油画作品《灯红酒绿》《春梦》《船坞》《德国风情》《老街》等，无不显露出他独辟蹊径的艺术视野。他的现代中国画的独特风格和形式，被海外赞誉为“蔡兵现象的启示”。

作为一位绘画高手，只要有正确的理念和娴熟的绘画技法，就可以使用不同的绘画工具和材料，随心所欲地把各种其他艺术表现得淋漓尽致，达到艺术最高的境界。蔡兵就是这样的画家，他对当代油画有充分的理解，对绘画艺术的诠释有独特的视角。他的作品既有中西方绘画的特色与精髓，又体现了构图上的美感。他的油画具有中国画的韵味，而他的现代中国画具有西方油画的味道，相互融合，巧妙相交，构成了画面上的形式美，形成了画风上的个人艺术风格。

“融派”是蔡兵独创的词语，也是对其艺术成就最贴切的诠释。所谓“融派”，即融会贯通各种艺术流派，融传统的情、思、理、悟于一体，吸收西方蒙太奇式的技法，借鉴装饰艺术，向传统中国画注入现代元素，从而形成独特鲜明的艺术风格。

蔡兵的速写起步于20世纪60年代。速写能够培养绘画者的视觉、观察、记忆、默写、积累和创作能力，因此日积月累，他的速写达到了很高的水平。当时，报社都向他约稿，请他到现场速写，记录国家发生的重大事件和重要场景，他的作品也经常在各大报纸杂志上发表。

扇面画虽然尺寸有限，但是他在构图、造型上，不局限于某一主题，在选材上打开绘画视野，于方寸之间便觉气象万千，使作品达到意想不到的艺术效果。

至于瓷瓶画和瓷盘画，他都能驾轻就熟地处理好釉上彩和釉下彩的关系，使作品的展现形式能够服务于主题。

他的陶器刻画，主要创作于陶罐、笔洗、装饰瓶等之上。他能根据各种造型创作出风格迥异的作品。

他的茶壶画别具一格，从制茶壶开始，画、刻、创作无须假借他人之手，全都由他一人完成，能够充分地表达其思想感情。加之他有着版画家扎实的刀法功底，以刀代笔，得心应手。宜兴陶器厂的师傅们赞誉蔡兵是“中华第一刀”。

点、线、面是其作品的基本构成要素，简洁的构图、丰富的色彩、合理的布局，使画面清新明快，富有诗意，呈现出灵动丰富而又抽象的视觉效果。他的画作素净淡雅，意境空灵，充盈着婉约清丽的诗意。在中西方文化结合的语境之下，他把我国传统的人文精髓注入油画之中，形成具有独特审美的个性化东方油画。当代艺术大师马塞尔·穆利对他的作品评价道："蔡兵的现代中国画很有生机，有独到之处。大胆用色且能如此和谐，充满激情。我们之间的绘画里蕴含着相同的语言。艺术应当属于全世界的。"著名画家程十发先生曾为蔡兵题字："神韵不凡有灵气。"

## 时代变迁的见证者

蔡兵童年时期便随母亲迁居上海，见证了上海解放以来的巨大变化，并用他的笔墨丹青忠实地记录了上海的时代变迁和发展历程。

他早期的木版画《上海解放前夕》，表现了上海市民走上街头看到中共公告的喜悦情景。《粉碎四人帮》展现了万众欢呼的宏伟场面。《会战》是蔡兵的代表作，表现了上海电机厂 12 万 5 千千瓦双水内冷发电机组的生产场景。而他 1978 年创作的《奔向 2000 年》，画面中已经出现了磁悬浮列车等现代高科技产物，这不能不佩服他 40 多年前就具有的超前想象力。

2005 年春节前，上海市浦东新区区委宣传部召集有关文艺界人士，共同商讨推出反映浦东改革开放 15 周年重大题材文艺作品议题，蔡兵作为美术界代表应邀到会。会上，他汇报了正在创作中的《东上海的乐章——现代清明上河图》，与会者闻言十分振奋。不久，蔡兵的《东上海的乐章——现代清明上河图》隆重推出，在上海文艺界引起了巨大反响。这幅被誉为现代版清明上河图的作品，通过"黄浦江的东岸""浦东的心脏""经济的命脉""敞开的胸怀"四个乐章，组成了一部宏大的交响史诗，生动地展现了上海浦东改革开放取得的伟大成就。

蔡兵对长期生活的闵行怀有深厚的感情。1971 年，他打起背包到老闵行的四大金刚重点企业——上海电机厂、上海汽轮机厂、上海重型机器厂、上海锅炉厂深入生活，挖掘创作素材，先后创作了大量表现新上海建设者的绘画作品。46 年后，蔡兵重返上海汽轮机厂，创作了大型组画作品《不忘初心，勇攀高峰》，用实际行动践行了艺术工作者为时代讴歌、为人民服务的宗旨。

宝钢打下第一根桩基的场景，建设中的金山石化工地，大街上行人的衣着变化，黄浦江风貌的变化，甚至老家张堰的老街，都被蔡兵用画笔忠实地记录了下来，并被他用笔墨丹青完美地艺术化地呈现在了人们的面前。蔡兵记录了新中国的成长，描绘了上海的时代变迁，是创作该类画作最多的画家之一。蔡兵的画作不仅让人们重温历史，而且鼓舞着人们为中华民族的伟大复兴再立新功。

为了表彰蔡兵为上海文化事业作出的巨大贡献，上海市闵行区政府在寸土寸金的梅园公园内，专门为蔡兵建起了一座近千平方米的蔡兵美术馆，这在国内实属罕见。蔡兵美术馆于 2019 年 5 月正式开馆，收藏陈列了蔡兵的现代中国画、版画、油画和其他艺术四大门类艺术作品，是展示和研究蔡兵书画艺术品的专门场所和学术机构。美术馆分为上下两层，有展厅、序厅、收藏陈列室、画室等，是开展国内外当代文化艺术交流的重要窗口。

**文化交流的传播者**

蔡兵的绘画艺术，因为具有鲜明独特的个人风格，所以极具传播价值。他曾多次赴国外举办画展，应邀出访美国、日本、新加坡等国，并被多家国外机构聘为评委、顾问或客座教授。他的作品或入选美国、法国、英国、意大利、德国、俄罗斯、波兰、捷克、新西兰、丹麦、挪威、澳大利亚、新加坡、日本、韩国等国家举办的重要展览，或被国外多家大型美术馆、博物馆收藏，或被外国政要和国际友人收藏。

蔡兵成了中西方文化交流的友好使者，成了中国文化的传播者。

1980 年，《相恋》《夜》《野风轻轻吹》被法国收藏家 Barreau 收藏。

1981 年，《上海之晨》在德国、朝鲜展览。

1983 年，《水乡》《时令季节》《颐和胜景》《云南小景》在意大利、日本、丹麦、塞浦路斯展览。

1985 年，《南国风情》被日本著名画家水清保夫收藏。

1986 年，在美国举办“蔡兵画展”，多幅作品被美国东西方艺术画廊收藏。

1986 年，《春景》被上海市政府作为礼物赠送给了日本后来的首相竹下登。同年，另一幅画作《假日》作为国礼赠送给了日本青云市市政府。

1986 年，《古韵》被法中友好协会主席万曼先生收藏。

1988 年，《渔歌》被上海市政府作为礼物赠送给了法国影星阿兰·德龙。

1988 年，《遨游》作为中外文化艺术交流作品赠送给了时任新加坡总理李光耀。

1988 年，《老镇》《上海老街》被香港实业家李嘉诚收藏。

1996 年，《企鹅》被上海市政府作为国礼赠送给日本企业家和田一夫。

1999 年，“蔡兵的中国版画世界”在日本每日新闻社举办。同年，蔡兵应邀在日本连作 12 场特别专题讲座。

2005 年，蔡兵被世界教科文组织授予“特殊贡献奖”。

2006 年，《红房子》被世界著名科学家、美籍华人牛满江收藏。

…………

自 20 世纪 90 年代以来，蔡兵出版或入选十多本画集。

1995 年，出版《蔡兵现代中国画作品集》。

1998 年，出版《蔡兵画集》。

2007 年，出版《蔡兵现代中国画集》。

2009 年，出版《蔡兵版画作品集》。

2010 年，入选《中国文化大使五人集》（吴冠中、蔡兵、赵杰、刘大为、潘公凯）。

2010 年，入选《中国画坛领军人物六人集》（吴冠中、董文政、刘文西、蔡兵、靳尚谊、于志学）。

2010 年，入选《建国六十年 60 家》。

2010 年，入选《全球华人艺术巨匠》。

2011 年，入选《聚焦中国艺术大师四画家》（刘大为、蔡兵、詹建俊、杨之光）。

2011 年，出版《大师之路 · 朱德群、蔡兵画集》。

## 高分子材料专家贺耀坤

贺耀坤，1936 年生，丹阳市皇塘镇白兔行政村蒋巷里人。

1961 年，贺耀坤毕业于复旦大学化学系高分子专业，被分配到哈尔滨军事工程学院任助教，从事核工程教学研究工作。

1966 年，贺耀坤被安排到常州绝缘材料厂，主要从事 PET 聚酯薄膜与 PP 薄膜及其复合材料的科研开发工作。

1968 年国庆节，贺耀坤作为知识分子代表光荣地登上北京天安门城楼参加了国庆观礼。

1971 年，我国启动了第一颗科学实验卫星的研发试验项目。贺耀坤承担了科学实验卫星所需的聚酯材料的研发任务。经过他的刻苦攻关和反复实验，终于成功开发出完全能够满足实验卫星在太空中运行所必需的聚酯材料。

其后，贺耀坤和他的团队又接受了我国 1975 年“尖兵一号”卫星上天和 1980 年 5 月我国首枚运载火箭发射项目中有关聚酯材料的研制任务。特别是“尖兵一号”卫星项目，要求卫星在太空中运行的同时，既要能够播放《东方红》乐曲，又要能够完成太空拍摄任务。贺耀坤所在的常州绝缘材料厂最终成功研制出乐曲的磁带和摄像带所用的聚酯片基（160 胶片）。贺耀坤则是该厂研发团队的核心人物。

任务完成后，中共中央、国务院、中央军委和国防科工委先后发来了贺电，对他们的攻关成果表示嘉奖和祝贺！

贺耀坤先后在国内外重要专业刊物和重大学术交流会议上发表多篇论文，在学术界产生了极大影响。他成功试制了“8.75”涤纶电影胶片和 H 级绝缘材料芳香族聚酰胺纤维丝（NOMEX），参加了在我国最早开展的 DMD 复合材料的试制工作。

在坚持科研攻关的同时，贺耀坤还编写了《高分子基础》《聚酯薄膜制造理论基础》《PET 聚酯质量指标研讨》等书，为我国的高分子材料领域作出了重要贡献。

## 眼科专家杨冠

杨冠（1930—2024），丹阳市皇塘镇张堰行政村张堰北街人。上海市第六人民医院眼科主任、教授，享受国务院特殊津贴。

杨冠青少年时期就读于夏溪小学、溪南中学、常州省民中学。大学毕业后到北京中央体育学院（今北京体育大学）攻读动力解剖学，获博士学位。

20世纪60年代，杨冠被分配到上海市第六人民医院眼科工作。为了提高诊疗技术，他凭借扎实的理论知识，主动请缨参与眼科医疗新设备的研制工作。不久，他就在中国科学院上海光学精密机械研产所的协作下，研制成红宝石激光视网膜凝固器，并首先在全国范围内将激光技术应用到眼科眼底病的医学临床治疗上，填补了国内空白，引起了国内外医学界的关注。

70年代，他又试制成功红宝石虹膜切除器，扩大了激光技术在眼科医学上的应用范围。他运用荧光素眼底血管造影和视觉电生理诊断眼底疾病，提高了激光治疗眼底病的范围和适应症。这一成果获得了上海市科技成果奖。

80年代，他和他的团体又研制成YAG激光器，进一步推动了激光在眼科上的应用，并且举办了三次全国性的眼底荧光造影学习班，将这一技术向全国作了推广。

1991年，他和同事们一起又完成了铜蒸气激光技术的研制，并再次获得了上海市科技成果奖。

他的主要论著有《激光在医学中的应用》，发表的论文有《激光裂隙灯眼科治疗机的临床应用》《视网膜激光凝固的并发症》《独眼畸形二例报告》《荧光素眼底血管造影的并发症》等40余篇。其中，有8篇论文被翻译成英文和日文，传播到海外医学界。

杨冠不但在眼科的治疗新技术上屡有突破，而且在传统的眼科疾病诊治上也颇有造诣。他对白内障、青光眼、斜视、弱视、糖尿病视网膜病变、老年黄斑变性、视网膜血管阻塞、视神经病变、葡萄膜炎症等眼科疾病均有丰富的临床诊治经验。

杨冠曾担任中华医学会上海分会眼科学会副主任委员、上海市卫技任职资格评审委员会眼科学组成员、中华医学会眼科学会顾问，曾获上海市科技成果三等奖及上海市科技博览会银奖。

2024年10月25日，杨冠因病去世，享年94岁。

# 书法家贺宝正

贺宝正，1930 年 12 月生，丹阳市皇塘镇鹤溪行政村北角落村人。

贺宝正是丹阳市文化界的知名人士，尤其在书法界独树一帜，是为翘楚。

贺宝正出生在一个清贫的书香门第，祖父贺锦标是清末的一个秀才，写得一手好字。父亲贺少峰 1914 年毕业于武进师范学校，书法隽永，常州市的天宁寺内至今还保留着他的书法作品《百字铭》。贺宝正从 6 岁起就在父亲的严格指导下临池学书。起初，父亲用一块箩底砖为他开课。每天清晨起来，父亲要求他扎好马步，左手背后，右手握笔，笔蘸清水，在箩底砖头上练字，直至写完一杯清水才算完成功课。

同时，贺宝正在父亲任教的私塾里读了两年书，后转入贺氏祠堂设立的广平小学（现蒋墅中心小学）读三年级。1945 年 9 月，他考入苏州吴县中学。1948 年 9 月，他又以优异的成绩考入江苏省吴江师范学院。本来他师范毕业后完全可以和父亲一样当一名普通的教师，手执教鞭，坚守三尺讲台。但是，战争改变了他的命运。

1950 年，朝鲜战争爆发。刚从师范学校毕业的贺宝正积极响应祖国的召唤，于 1951 年义无反顾地投笔从戎，参加了抗美援朝战争。他跟随所在部队入朝参战。在炮火连天的朝鲜战场上，贺宝正放下了心爱的书法，一门心思跟随部队在冰天雪地里和敌人战斗，直至停战回国。

1956 年，贺宝正先后调往锦州炮校、沈阳炮兵政治学校、第一军医大学马列教研室任教，从容执教数十年。其间，他又如饥似渴地练习书法，从魏碑到汉隶，从颜体到行草，尤其对王羲之和怀素的草书情有独钟，潜心研究。自此，他的书法渐进，日臻完美。

中年以后，贺宝正一度对自己的书法没有完全形成独特的风格产生了困惑。他开始潜心揣摩武中奇先生和费新我先生的书法作品，并多次上门请教，当面聆听他们的教诲，获益匪浅。在此基础上，他渐渐悟出了“学书法同时要学做人，首先要做一个善良正直的人，写出来的字才有灵气；

要做一个胸襟开阔的人，写出来的字才会豪放大气”的哲理。从此，他开始逐渐形成了自己的书法风格。随着年岁的增长，他的书法作品愈显成熟，苍劲老辣间透出圆润温和，纯真质朴中弥漫着豪放雄姿。

贺宝正的书法得到了丹阳人民的喜爱，许多商铺店家请他写招牌，许多企事业单位请他写匾额，一些公共场所也留下了许多他的墨宝。

1991 年 6 月，贺宝正应邀赴日本作文化交流。在广岛名刹金莲寺，贺宝正应邀写了几幅佛经书法作品。方丈很喜欢他的字，又拿了一张大大的宣纸，请求他为金莲寺写一个一米见方的“佛”字。贺宝正当时没带特大的毛笔，但又不想扫人家的兴，便急中生智，将两条新毛巾当成大毛笔，并从容不迫地饱蘸墨汁，仅用 6 秒钟的时间，便一气呵成地在宣纸上写下了一米见方的大大的“佛”字。当他写完最后一笔时，赢得了全场数十位观众的热烈掌声，因为这种以布作笔的现场表演在日本见所未见，闻所未闻。

2002 年 2 月，贺宝正应邀再度赴日，为日本朋友带去了“龙”“寿”“福”等巨幅作品，受到了众多日本友人的追捧和珍爱。日本前首相宫泽喜一和日中友协会长平山郁夫等分别亲切接见了贺宝正，并收藏了他的多件作品。贺宝正因此被誉为中日人民的“文化使者”。

退休之后，贺宝正花了近 10 年时间编著《墨海腾波》《广结善缘》《欢声细语》三本书，对自己的一生及书法艺术生涯作了回顾和总结。他认为，一生从事党的理论教育工作和醉心书法艺术，使自己的生命有了色彩，足以告慰平生。他用两句话总结了自己的一生：“弘扬真理一生执教从戎，墨海腾波余热广结善缘。”

## 梨园奇葩

皇塘积善村塘湾里，有一对唱京戏的父女，远近闻名，颇具传奇色彩。

父亲荆玉堂，别名小阿金，生于 1891 年，卒于 1968 年。荆玉堂是民国时期江浙一带有名的“庆升堂”的班主，也是名噪一时的武生名家，有

“赛叫天”之称。

荆玉堂幼时家贫，6 岁就被送到戏班里拜师学艺。他从童子功起步练武，多年如一日地勤学苦练，夏练三伏，冬练三九，终于练就了一身好功夫。刀枪剑戟，斧钺钩叉，鞭锏锤抓，镋棍槊棒，拐子流星，十八般兵器是样样精通。连环筋斗，闪展腾挪，飞檐走壁，敏若猿猴。功夫不负有心人，15 岁那年，荆玉堂就崭露头角，开始登上主演席位。18 岁就成了江浙一带京剧舞台上声名鹊起的武生名角。20 世纪初，我国京剧舞台上最有名的武生演员名叫盖叫天，所以荆玉堂当年赢得了“赛叫天”的名号。

他主演的《嘉兴府》《四杰村》《铁公鸡》《快活林》《蜈蚣岭》《鸳鸯楼》等节目，技艺精湛，唱做俱佳，受到观众一致好评，特别是他的武戏，功力深厚，实招到位，惊险刺激，令人叫绝。他还有一个自创的独门绝技，就是能从堆叠 7 张高的八仙桌上身轻如燕地翻腾而下。据他的朋友说，有一天，他们在常州的文笔塔下面游玩，荆玉堂看到文笔塔第 5 层的飞檐下有个鸟窝，便飞身搭住一层一层的塔身檐口爬上第 5 层檐口，取下鸟窝，又从第 5 层翻着筋斗飞身而下。随行的几个朋友一时间都看得目瞪口呆。

有一年，身为班主的荆玉堂带着“庆升堂”戏班乘船过太湖，去杭州、嘉兴演出。船至湖中，突遇一群湖匪拦截。荆玉堂挺身站在船头，冲迎面而来的湖匪抱拳施礼，并好言相劝。众湖匪根本不把他放在眼里，待两船靠近后，仗着人多势众，蜂拥跳上戏班的船。荆玉堂面无惧色，一人独斗众湖匪。只见他左右开弓，前劈后蹬，湖匪接二连三地被他扔入湖中。其他湖匪一看这阵势，才知道遇上了高人，纷纷跪下求饶。荆玉堂这才罢手，并自报名号，把湖匪训斥了一番。自此之后，荆玉堂的名号在太湖一带更加响亮。

荆玉堂虽然武艺高强，艺名远播，但在旧社会，唱戏的艺人是没有地位的“下贱人”。那时候就有人说他“台上像公子，台下像花子，吃饭像猴子，睡觉像虾子”。

有一年，皇塘镇的荆氏族人正在续修族谱。有人提出来，荆玉堂是个戏子，不能入谱，要把他的名字从族谱中削掉。荆玉堂得知这一情况后，非常气愤，随即带着“庆升堂”戏班来到荆氏宗祠里演戏。他对族长说：“我是塘湾里荆东福的儿子，是荆姓子孙。我从小就遵守族规，从来没有做过辱没祖宗的事情。你们为什么要削我的谱？今天在座的有我的亲叔叔，还有本村的同族长辈，请你们说句公道话，我有没有资格入谱？”

经过同族长辈的恳求，族长最终同意保留荆玉堂的谱名。

荆玉堂得知这一结果后，喜极而泣。他让“庆升堂”在荆氏祠堂里连唱了三天大戏，分文不取。

荆玉堂不仅是一位技艺高超的艺人，还是一位立场坚定、爱憎分明的爱国者。抗日战争时期，他对共产党和新四军十分敬佩，打心眼里拥护，总是想尽一切办法，尽可能地帮助他们。他的戏班子经常在太湖一带演出，他曾多次掩护新四军，还帮助新四军游击队秘密运送过枪支弹药和紧俏的药品。有一次，荆玉堂带着戏班子在丹阳的窦庄庙演出。丹阳的中共党员陈志因叛徒告密被日军一路追捕。仓皇之中，陈志逃到了窦庄庙的戏园子里。荆玉堂一看苗头不对，急中生智，赶忙拿了一套戏服帮陈志穿在身上，让他装扮成跑龙套的演员，这才躲过了日本人的搜捕。新中国成立后，先后担任省公安厅科长、无锡市房管局局长等职的陈志，不忘荆玉堂的搭救之恩，经常邀请荆玉堂及其女儿荆剑鹏到无锡做客，共叙抗日烽火岁月里结下的深情厚谊。

荆玉堂的女儿叫荆剑鹏，生于 1921 年，是著名京剧艺术表演家、一级武生演员。

荆剑鹏虽为女儿身，但自小跟随父亲荆玉堂走南闯北，耳濡目染父亲的武生戏，所以打小时候起，她就喜欢上了京戏中的武生戏。

1929 年，荆玉堂把年仅 8 岁的女儿荆剑鹏送到上海，师从京剧名家孙庆芳学艺。1934 年，13 岁的荆剑鹏又拜当时著名的金莲喜为师，并开始登台演出。1936 年，她在上海永安公司的小京班正式挂牌演出。

1936 年 11 月，荆剑鹏随“牡丹团”赴南洋菲律宾巡回公演。作为戏班仅有的女武生，荆剑鹏挂牌担纲主演《大闹天宫》《火烧红莲寺》等戏。在《大闹天宫》的演出中，当地戏院老板为了追求新奇，招揽观众，竟然要求戏班用真狼犬出演哮天犬，在舞台上与饰演孙悟空的荆剑鹏真打实斗。经多次交涉无果后，戏班班主只好应允这一荒唐的要求。消息一出，戏票一票难求。演出当天，荆剑鹏在腿上简单绑了块薄铁皮，并在铁皮外扎了一块带血的鲜肉，以吸引狼犬扑咬。进戏后，荆剑鹏闪展腾挪，身若蛟龙，逗弄得狼犬满场狂吠，上蹿下跳，扑咬撕扯，场面惊心动魄，高潮迭起，赢得了观众经久不绝的掌声和此起彼伏的喝彩声。演出结束后，观众依然意犹未尽，不肯离场。荆剑鹏的真犬真演大获成功，轰动菲律宾，致使戏班在南洋连演 11 个月方才回国。当地报纸评价她为“戚红南”，意思就是“红遍南洋”。这一年，荆剑鹏年仅 16 岁。

载誉归来之后，荆剑鹏回到父亲的“庆升堂”戏班，父女联袂登台，名动一时。1938年至1950年，荆剑鹏先后在苏州东吴大戏院、镇江复兴大戏院、高邮大戏院、镇江和平舞台、和桥新福舞台、常州光华戏院、无锡三星剧场等演出。

荆剑鹏自小深受其父荆玉堂的影响，擅演武生戏，这对于一个女孩子来说，尤为艰辛。她不但武戏精彩，而且扮相俊美，唱功尤佳，更以长靠武生戏见长。在江浙一带，荆剑鹏有“女长枪”之美称。1940年，丹阳县城新建新声大戏院，9月开张大吉时特邀“庆升堂”献演。荆剑鹏主演《大闹天宫》《火烧红莲寺》《铁公鸡》《快活林》《白水滩》等全本戏及折子戏，由于台风硬朗、演技精湛、武艺绝伦，一时轰动整个丹阳城乡，场面火爆，连演半月有余。那时，无锡著名的锡剧大师季梅芳听闻荆剑鹏女武生的名声，特地赶来观摩荆剑鹏的演出。他被荆剑鹏在《怀都关》戏中那挥洒自如、行云流水、虎虎生风的武打场景深深吸引，并大受启发。回家后，他用麻袋布扎成一面面靠旗，插在后背反复揣摩练习，悟出了武戏的精要之处。于是，他便在锡剧中有意尝试排练和演出武戏剧目，开了锡剧的一代先河，赢得了“季大刀”的美名。

1949年，“庆升堂”解散，荆剑鹏父女俩落户常州，荆玉堂年事已高，在无锡作告别演出后遂息影舞台。

新中国成立后，荆剑鹏的艺术生涯迎来了新的春天。1951年，荆剑鹏加入了常州红星京剧团（今常州市京剧团）。1956年，她光荣地加入了中国共产党，并担任该团的副团长。同年，她加入中国戏剧家协会，成为全国知名的京剧演员。这一时期，她一直巡演于沪宁沿线各地。1953年，荆剑鹏在上海演出《三打祝家庄》，连演27场，场场爆满。她扮演《长坂坡》中的赵云，《战马超》中的马超，形象生动，英气逼人。她拿手的角色还有《野猪林》中的林冲、《狮子林》中的武松、《白水滩》中的十一郎、《凤凰山》《双月》《独木关》中的薛仁贵等。她的表演引起了上海戏剧界的关注和重视，时任上海京剧院副院长的吴石坚亲自操刀，悉心改编《落马湖》剧本，为荆剑鹏量身定做、精心打造了“黄天霸”一角。改编后的《落马湖》在上海第一次演出时，荆剑鹏一改传统京剧中冗长的鼓乐伴奏，只用清越简洁的大锣“五记头”伴奏，在清脆悦耳的铙钹击打声和寥寥数声大锣的敲击声中，闪亮登场。随着她炉火纯青的武打动作和器宇轩昂的手眼身法的展示，观众们的掌声和喝彩声此起彼伏，不绝于耳。

20世纪五六十年代，荆剑鹏在江浙沪乃至全国声名鹊起，堪称“海派”京剧一代大师，无论传统剧目还是现代京戏，都演得炉火纯青、登峰造极，深受观众喜爱，她也因此收获了诸多的荣誉。

1956年，获常州市戏曲观摩一等奖。

1957年，获江苏省会演一等奖。

1959年，获镇江专区会演一等奖。

1960年，获常州市先进工作者称号。同年5月，当选省群英会代表，并获剧团下乡巡回演出一等奖。

1980年和1983年，连续两届当选为常州市第五届、六届人大代表和人大常委会委员。

荆剑鹏于1972年调至常州市文艺学校任教。出任副校长后，她一边积极恢复传统剧目的演出，一边组织新剧目的创作编排，系统化地培养京剧学员，为戏剧传承和人才培养作出了巨大贡献，直到1987年退休。

党和国家没有忘记这位功勋女武生。1999年3月，江苏省和常州市的领导上门为她庆贺八十大寿。2009年7月17日，在纪念中国文学艺术界联合会成立60周年大会上，她被中国文联授予从事新中国文艺工作60年荣誉证书和纪念章。

2013年12月6日，荆剑鹏以92岁高龄谢世，走完了她平凡而精彩的一生。在京剧舞台上，专攻武生的女演员少之又有，而女武生真正能够成为大师的更是凤毛麟角，荆剑鹏便是其中一位。

她是戏剧舞台上的一个传奇！

## 制冷专家潘秋生

潘秋生（1938—2017），丹阳里庄集镇人。

1956年，潘秋生以优异的成绩考取了西安交通大学。1961年大学毕业后，被分配到北京商学院（今北京工商大学），担任制冷系教师。1969年，到河南省洛阳制冷机械厂工作。1976年，被调至商业部设计院（现商务部工程设计院），历任设计员、科长、所长等职。1983年10月，加入中国共产党。1990年，任商业部设计院副院长。1994年，任贸易工程设计研究院院长兼党委书记，并在此期间兼任中国制冷学会副理事长兼秘书长。潘秋生于1998年退休，于2017年7月19日在北京逝世。

潘秋生是我国培养的第一代制冷专业方面的专家。大学毕业后，他先从事制冷专业的教学工作，后到工厂参与制冷产品的生产，再到设计部门承担设计任务，一直从事制冷专业工作，为我国的制冷事业贡献了毕生的智慧和才华。在北京商学院任教期间，他先后承担了“流体力学”“泵和风机”“工程热力学”“传热学”等课程的教学工作。在洛阳制冷机械厂工作期间，他领衔承担了国防军工产品的生产任务，并为洛阳制冷机械厂打下了开发压缩机的良好基础。调至商业部设计院后，他开始了活塞式压缩机的研发工作，为我国的制冷事业作出了重要贡献。在担任贸易工程设计院院长期间，他为该院的发展和技术进步呕心沥血。

自1995年起，他开始主管中国制冷学会的工作，并连续担任两届副理事长兼秘书长，为促进行业技术进步、加强技术交流做了大量的具体工作，使学会影响力大为提高。

2001年，潘秋生牵头组织成立了《中国制冷史》编写委员会，经过近8年时间的努力，倾注了其大量精力和心血的《中国制冷史》终于付梓，为我国的制冷事业留下了宝贵的资料。

## 外交官张建卫

张建卫，生于1968年6月，丹阳市皇塘镇宏图连家塘村人。现任中华人民共和国驻科威特国特命全权大使，是我国第十四任驻科威特大使。

1986年7月，张建卫以优异的成绩从江苏省丹阳中学考入北京大学外国语学院阿拉伯语系。1990年7月毕业后，被分配到中共中央对外联络部工作，曾先后担任中共中央对外联络部三局副局长、局长等职。2022年5月起，任中华人民共和国驻科威特国特命全权大使。

中科建交已有半个多世纪，张建卫上任伊始，在和科威特外交大臣首次会晤时表示：“中科是彼此信赖的好朋友和真诚合作的好伙伴。建交51年来，两国始终在涉及彼此核心利益和重大关切的问题上相互理解、相互支持，成为国与国之间友好关系的典范。特别是2018年中科战略伙伴关系的建立，开启了两国关系的新篇章。作为新任中国驻科大使，我将继续传承中科友好，同科方一道努力，落实习近平主席和科方领导人达成的重要共识，为巩固中科关系、深化两国务实合作竭尽全力，推动中科战略伙伴关系再上台阶。”

张建卫到任不久，就先后在科威特《消息报》《火炬报》《报章报》《阿拉伯时报》《科威特时报》《舆论报》等主流媒体发表了《为世界注入积极、稳定、建设性力量》《佩洛西窜台严重践踏一个中国原则》《中国经济发展有韧性、有底气》《指责中方反应过度完全是颠倒黑白》《中国经济全面复苏将为世界经济发展提供强劲动力》《把握中国发展机遇，唱响互利共赢合奏》等多篇署名文章，宣传中国外交政策，阐明中国政府立场，在国际上发出了中国强音。

## 考古学家荆志淳

荆志淳，生于1968年，丹阳市皇塘镇丁桥村桥西人。加拿大英属哥伦比亚大学人类学系教授，兼任中国南方科技大学社会科学高等研究院特聘研究员和河海大学“卓越人才”计划特聘教授。

荆志淳的父亲荆新民参加工作后服从组织安排调到高淳县工作，先后在高淳县知青办、劳动局等单位工作并担任领导职务。荆志淳的母亲王玉芳原在丁桥小学当教师，后来随丈夫迁往高淳县，在当地农机部门工作。1968年，王玉芳诞下一子，因其出生在高淳，便取名为“志淳”。

荆志淳天赋异禀，从小聪明好学，小学和初中连跳数级，16岁就考进了北京大学考古系。1990年研究生毕业后，参加了哈佛大学张光直教授主持的中美早商文明考古研究合作计划，并负责地质考古研究工作。1992年至1996年，赴希腊从事田野考古。1994年，获美国明尼苏达大学考古学博士学位，同年进入美国哈佛大学从事博士后研究，并参加了美国明尼苏达的多项考古调查和发掘工作。1997年起，与中国社会科学院考古研究所唐际根教授共同主持中、美、加安阳洹河流域的考古合作研究，是洹北商城的主要发现者之一。1998年，在美国明尼苏达大学从事博士后研究。

1998 年至 2001 年，在美国威斯康星大学人类学系担任研究员。2002 年起，担任加拿大英属哥伦比亚大学人类学系教授。

荆志淳的主要研究领域为中国早期城市和国家、殷商文明、地质考古、古代技术、同位素分析在考古中的应用、陶器岩相学、古玉的物质性和社会性等。他在考古调查和研究中应用新方法、新技术，成果斐然，在国内外享有盛誉。他建立的哥伦比亚大学考古实验室，是少有的研究考古遗物显微结构装备齐全的实验室之一。其考古研究的理论体系和实验技术在北美地区居于领先地位。

自 20 世纪 90 年代以来，他领导的研究团队长期与中国社会科学院考古研究所合作进行考古调查和研究，在中国安阳、豫东等地区从事地貌研究、田野考古调查和洹北商城的钻探发掘等工作，发现了东周宋城及洹北商城、外城、宫城和宫殿区，是商代考古的重大发现。2001 年，他率队在安阳花园庄村考古时，利用近红外光谱仪检测了 M54 号墓出土的大量玉器，并对出土的玉器、陶器、陶范等进行了一系列的工艺技术研究。

近年来，荆志淳先后撰写、编著了多部考古专著，发表了 70 余篇学术论文，其中在国际考古界有影响的著作与论文有《多维视域：商王朝与中国早期文明研究》《埃及考古专题十三讲》《殷墟考古九十年回眸：从“大邑商”到世界文化遗产》《殷墟白陶的初步研究》《洹北商城与殷墟的路网水网》《商周时期原始瓷的中子活化分析及相关问题讨论》《殷墟出土灰陶器的制作与烧制实验研究》等。

## 外交大使朱京阳

朱京阳，1972 年 12 月生，丹阳市皇塘镇丁桥村沈马家村人。现任中华人民共和国驻哥伦比亚共和国特命全权大使。

朱京阳的父亲朱书林出生于沈马家村，初中时就读于吴塘中学，和周坤仁是同班同学，初中毕业后以优异的成绩考入了江苏省丹阳中学。高中毕业时，因品学兼优被丹阳县人民政府推荐保送到河北张家口军校读书，军校毕业后被调到国家安全部工作，一年后他被派回丹阳县人民政府来信组、丹阳县法院、丹阳县国家安全局历练。不久，又调至国家安全部工作，直到退休。

朱京阳生于北京，从小在北京长大，并以优异的成绩考入了北京外国语学院（今北京外国语大学），专修西班牙语。本硕连读毕业后，朱京阳被直接分配到了外交部，其工作经历大部分都是从事外交事务，是一位出色的外交人才。

1995 年至 2004 年，中华人民共和国外交部拉丁美洲和加勒比司科员、随员、三秘、副处长。

2004 年至 2008 年，中国驻秘鲁共和国大使馆二秘、一秘。

2008 年至 2009 年，中华人民共和国外交部拉丁美洲和加勒比司一秘。

2009 年至 2010 年，全国政协民族和宗教委员会办公室副处长。

2010 年至 2011 年，中华人民共和国外交部拉丁美洲和加勒比司处长。

2011 年至 2015 年，中华人民共和国驻阿根廷共和国大使馆参赞。

2015 年至 2018 年，中华人民共和国外交部拉丁美洲和加勒比司参赞兼处长。

2018 年至 2021 年，中华人民共和国外交部翻译司参赞。

2021 年至 2023 年，中华人民共和国驻巴塞罗那总领事。

2023 年 10 月，中华人民共和国主席习近平根据全国人民代表大会常务委员会的决定，任命朱京阳为中华人民共和国驻哥伦比亚共和国特命全权大使。

# 第四章

# 数风流人物，还看今朝

# 谁是大老板？

## （一）

春夜的香港，灯火阑珊，流光溢彩。

在豪华的美丽都大酒店，香港美亚贸易公司总裁叶美南先生正在宴请来自美国、日本、泰国、马来西亚、印度尼西亚等八个国家和多个地区的商务代表。宴会开始前，叶先生在招呼来宾入席时说："请各位随便就座。不过，上首这个位子请大家不要坐。因为这个位置是留给我的大老板的。他正在里间小憩，请大家稍候。sorry！"

叶先生的这番话，引起了来宾们的极大关注。在港岛，叶先生的公司很有影响，怎么从没听说过他还有什么大老板呢？不知这位大老板是哪国财东？

正当这些商界人物满腹狐疑之际，叶先生引导着一位气度不凡的中年男子从容地步入了宴厅。叶先生向客人们介绍说："诸位，现在我荣幸地向大家介绍，这位就是我的老板，中国有名的染料大王，我们丹阳皇美染料化工有限公司的董事长，也是中国最大的染料生产企业江苏丹凤集团公司的总裁朱生海先生。"

话音刚落，掌声骤起。各国客商争相和朱老板握手、合影。满面春风的朱生海和客人们一一握手、致意……

## （二）

就是这个朱生海，他掌管的江苏丹凤集团公司拥有 5 家中外合资企业和 4 个分厂，以每年超千万元的利税跻身全国十大福利企业的行列，被时任民政部副部长阎明复题赠为"全国福利企业的模范"。丹凤集团三分之二的产品出口创汇，行销东南亚多个国家和地区，是香港美亚贸易公司的主营货源。朱生海名气大，不仅仅是因为企业大，实力强，更重要的是他谋略高，气魄大，胆子大。5 年前，当丹凤集团的前身丹阳市染料化工厂成为全国最大的靛蓝粉生产厂家时，朱生海没有故步自封，而是时时都在谋划更宏伟的蓝图。当时，国内有家生产同类产品的化工企业视他们为竞争对手，倚仗本企业身处老区享受许多优惠政策，以主动压价的手段和朱生海争夺国内市场。朱生海面对这种残酷的竞争沉着冷静，不急不躁。因为他清楚地知道，两强相遇当然是勇者胜，但代价可能是两败俱伤。更何况对手并不强大，战胜一个弱小的对手算不得英雄好汉，这正如一个一流拳师轻而易举地击败一个二流对手一样索然无味。他不想做这种无谓之事。于是，他虚晃一枪，拨马便走，把国内市场拱手让给了对手，自己则开着一条驶向国际市场的“冲锋快艇”，在镇江市率先创办了第一家中外合资企业——丹阳皇美染料化工有限公司，把主产品靛蓝粉一举推向了国际市场，迅速占据并主导了东南亚市场。

这一年，正好遇上国家整顿经济，宏观调控，银根紧缩。国内许多企业稍一受到银行贷款的掣肘就如缺氧般喘不过气来，朱生海则因搭上了中外合资的“诺亚方舟”而踏险浪如履平地。朱生海凭他的远见卓识和雄才大略，在云诡波谲的商海里得心应手、左右逢源。次年，朱生海乘势而上，继续扩大战果，又创办了丹阳丹华染料化工有限公司，把染料生产能力扩大到年产1000吨以上，几乎是全国染料总需求量的两倍，从而奠定了他“染料大王”的地位。

这年的5月1日，作为全国乡镇企业家中的佼佼者，朱生海赴京参加了全国“五一”劳模联谊会，受到了江泽民总书记等党和国家领导人的亲切接见。

## （三）

朱生海长得虎背熊腰，耳大额宽，人中不偏不倚长了一颗黑痣。有所谓“术士”称朱生海天庭饱满，地阁方圆，一脸福相。然而，熟悉了解朱生海的皇塘父老乡亲们却不肯苟同术士的鬼话。因为，他们目睹了朱生海是如何摸爬滚打，如何卧薪尝胆，又是如何呕心沥血才创造了今天的辉煌的。

“大老板”不是天上掉下来的。

“大老板”是从小伙计奋斗而来的。

村里的老人都说，朱生海从娘胎里一出来就没有气息。幸好接生婆有经验，将他头朝下倒提起来拍拍打打了好一阵子，他才“哇——”的一声石破天惊般地宣告了自己生命的开始。小时候的朱生海是个孩子王，有两大特点：一是百折不挠；二是讲义气，爱交朋友。步入社会以后他的这两个特点更是“变本加厉”，故而他也吃了不少的苦头。

1971年，朱生海通过常州城里的朋友帮村里搞了一拖拉机化肥回来，不料这竟给他惹来了一顶“投机倒把”的帽子。工作组要他交代“黑线人物”，他宁可自己蹲半个月的“学习班”，也不肯出卖朋友。常州城里那位朋友得知内情后，深为朱生海的侠义所折服，感叹道：“此人可交也！”打那以后，这位朋友帮了朱生海不少的忙。

进过“学习班”的朱生海在家待不住了，于是，朋友介绍他到皇塘镇上的泥炭场挖泥炭混饭吃。孰料这挖泥炭的差事竟然改变了他的命运。

泥炭是什么东西？上了岁数的农村人或许还记得20世纪70年代农村烧草紧张，农民们到河床中挖出黑土当柴烧的历史。泥炭，就是从河床中挖出来的黑土。当时的泥炭场是靠一根扁担、两把铁锹、两个粪桶和三间草房子办起来的。如果不是有一个知识分子发现了这泥炭除了能当柴烧，还能提炼出化工染料的话，这个无人喝彩的泥炭场就不可能成为后来赫赫有名的江苏丹凤集团公司，走麦城的朱生海也就不可能成为闻名遐迩的“大老板”。

这个知识分子姓徐，天津人，是个工程师。那天，徐工偶然来到了泥炭场，在仔细地看过黑黝黝的泥炭之后，告诉朱生海，这些泥炭是由沼泽里的植物残骸在空气不足和大量水分存在的情况下演变形成的，含有丰富的腐植酸类化工原料成分。如果把它提取出来，其经济价值是燃料的几百倍乃至上千倍。

朱生海听了这话，既迷茫又惊喜。但他相信，喝过墨水的知识分子毕竟比他这个农民老粗懂得多，这是人家给自己送财富来了。于是，他招兵买马，把泥炭场的牌子换成了腐植酸化工厂的牌子。第一年，腐植酸一炮打响，盈利7万元。谁知到了第二年，行情骤变，形势急转直下，腐植酸严重过剩，分文不值。刚开工一年的厂便陷入了绝境……

就在这山穷水尽之际，常州城里那位老朋友又帮了朱生海的忙，把常州灯芯绒厂化验室的主任老黄介绍给了他。老黄给他指了一条道：既然腐植酸不能搞了，你们不妨延伸下去搞染料。我有个朋友是搞染料的专家，在上海。你可以去找他。

于是，朱生海直奔上海找到了这位姓方的工程师。

中国的工程师最富有事业心，也最富有同情心。在朱生海一番情深意切的陈词之后，方工毅然西行，随朱生海一起来到了皇塘镇。方工这一来，便紧紧跟这个企业捆在了一起。厂名也换成了丹阳市染料化工厂。

两个月之后，丹阳市染料化工厂奇迹般地推出了靛蓝粉、红棕粉等各色染料，并且十分畅销。此时，朱生海就如骑手配上了骏马，剑客拥有了宝剑，猛虎添上了双翼，叱咤风云，笑傲市场。

## （四）

中国的乡镇企业本身就是中国特色社会主义经济发展史上的创举性产物，虽然出现于计划经济的年代，但初期是没有“名分”的。也正是由于它的特殊性，中国的乡镇企业家们才在计划经济体制下的夹缝里学会了生存发展的本领。因此，他们也最早成了中国搞市场经济的“吃螃蟹的人”。朱生海就是这样的“吃螃蟹的人”。

商海中的几番沉浮、搏击，使朱生海成了一名出色的“水手”。他驾艇在市场经济海洋中驰骋的本领，在实战中得到了淋漓尽致的表现和发挥，以至于他的一举一动、一招一式、一笑一颦都引起了皇塘镇乃至丹阳市企业家们的仿效，皇塘镇的企业家队伍中甚至形成了“唯朱生海马首是瞻”的效应。

中国社会主义改革开放和现代化建设总设计师邓小平同志的南方谈话发表后，已年过半百的朱生海再一次心动了。他知道，中国经济改革的第二个春天来临了，企业再上新台阶的机遇出现了。于是，他开始部署并实施筹划已久的战略性举措：组建企业集团，发挥规模效应，拓展多元行业，再创新的辉煌。

1994 年 5 月 18 日，是丹阳市染料化工总厂发展史上一个里程碑式的日子。这天上午 11 时 18 分，朱生海和当时的镇江市委副书记周大平、丹阳市委书记陈耀南、市长胡志贤、皇塘镇党委书记陈建平、镇长沈岳方等一起为江苏丹凤集团公司揭了牌，剪了彩。从此，这个以丹阳市染料化工总厂为核心、以 4 家中外合资企业和 4 个分厂为紧密层的新的企业集团诞生了。朱生海终于亲手组建了一支他梦寐以求多年的“舰队”。有了这支强大的“舰队”，他就可以跨洲越洋出海“远征”，什么样的风浪都可以被他豪迈地踏在脚下，什么样的困难都可以被他击得粉碎，什么样的辉煌都可以被他创造。

1994 年的春天，泰国前总理炳·廷素拉暖派出一个由泰国王室财团组成的经济考察团访问中国。通过考察访问，经济考察团对中国的经济改革成就和形势表现出了极大的兴趣。在与时任国务院副总理朱镕基交谈时，经济考察团提出了投资意向。朱镕基副总理欣然欢迎他们的投资，并且很有远见地建议他们到江浙两省去投资能源项目。

一周之后，一个专门投资热电项目的泰方考察团来到了江苏省省会南京市。几乎与此同时，江苏丹凤集团公司董事长朱生海获得了这一信息。次日，朱生海率部下赶到了考察团下榻的金陵饭店，并通过有关部门向泰方表达了他们愿与泰方合作热电项目的期望。经洽谈，双方很快达成了意向，并且确定了实地考察的行程。3 月 13 日，泰方考察团一行来到了丹阳市，市政府的有关领导与泰方一起进行了进一步的洽谈。真是无巧不成书，丹阳市新组建的经济开发区也正在为热电项目“找米下锅”，泰方的到来无疑是雪中送炭。经朱生海牵线搭桥，丹阳经济开发区的热电项目也趁热打铁，最终一锤定音。于是，丹阳经济开发区热电厂和江苏丹凤集团公司的丹阳丹皇协联热电有限公司就两个项目同时跟泰方在开发区签订了协议。

8 月 28 日上午 10 时 38 分，丹阳丹皇协联热电有限公司正式破土动工。

丹阳丹皇协联热电有限公司总投资 1035 万美元，其中泰方出资 65%，中方出资 35%，规模为 3 台 35 吨锅炉，2 台 6000 千瓦发电机组，1995 年年底一号机组即可投入运行。全部工程完成后，年发电量可达 0. 63 亿度，供热（蒸汽）20 万吨。这个项目是皇塘镇有史以来最大的投资项目，也是全镇第一个能源工业项目。它的建成可以满足皇塘镇日后 8 年的经济发展用电负荷，是皇塘镇经济再发展的基石。朱生海为皇塘人民又立了一功。

9 月 27 日，丹凤集团公司的第 5 家合资企业，中法合资江苏捷尼克洗涤用品有限公司宣告成立。朱生海和法商代表李修森在丹阳大酒店举起了真诚合作的酒杯。这个洗涤用品碱性脂肪酶新项目是国家“七五”攻关项目，但是，仍然按计划经济机制运行的国家科研机构，却因经费问题难以继续该项目。朱生海以一个农民企业家的气魄和胆略，果断地把这个前景诱人的项目连人带课题全部拿下，仅用 1 个月的时间就啃下了这块骨头，得到了国家科学技术委员会的认可。该项目被列为国家火炬计划重点工程，生产规模为年产 200 吨碱性脂肪酶及 10000 吨加酶洗涤用品，年产值达 2. 5 亿元。由于具有很高的科技含量和很强的市场竞争力，江苏省科学技术委员会专门增发了《关于下达苏锡常火炬带增补项目的通知》，把并不属于苏锡常地区的丹凤集团的这个洗涤用品项目特许增补进了火炬带计划。法国人也看中了这个项目，慕名来到皇塘镇，拿出定金 5 万美元抢先一步买断了与朱生海的合资权，这才有了中法合资江苏捷尼克洗涤用品有限公司。

丹凤集团公司成立仅半年时间，就以出奇的速度和办事效率完成了一连串的壮举，从原来的单一产品生产企业发展成为一个跨行业、跨所有制、跨经营格局、跨国度的集团企业。在皇塘镇的一次经济工作会议上，57岁的朱生海壮怀激烈，出语惊人，表示丹凤集团将充分发挥集团自身的造血功能，一年之后集团规模和经济总量将扩大一倍，也就是到1995年年底，丹凤集团的年产值将超过3个亿。其言其志，令与会者无不为之动容。

**（五）**

作为一个地位和知名度颇高的大老板，朱生海没有飘飘然、昏昏然，也没有俨俨然、巍巍然。他不像有的人得志后便趾高气扬，目空一切，妄自尊大，颐指气使。他永远是那样谦恭温雅，平易得谁都可以和他拉手、合影；谦虚得谁都可以和他称兄道弟、喝酒聊天。有几句话他总是挂在嘴边："人跟人本来都一样，穷富没有根，贵贱也不是天生的。看不起别人的人首先就是看不起自己。我朱生海也是穷着过来的，有什么理由自命不凡呢?"

朱生海的"凡人哲学"不但丝毫没有损害他大老板的形象，反而大大提高了他的声望。偏偏他还有一副菩萨心肠，凡是有利社会公德、公益之事，他都带头响应，鼎力支持，所以在皇塘他的口碑是绝对一流的。

8年前，他出资50万元新建了一座花园式敬老院，古典雅致，在镇江市属第一流的敬老院。朱生海每年坚持为敬老院的老人无偿提供生活必需品。逢年过节，朱生海会为老人们送去慰问品。敬老院里的老人都认识朱生海，他们称呼朱生海既不叫厂长，也不叫老板，而是叫"恩公"。

5年前，朱生海的企业接收了全镇140多名残疾人员，为他们点燃了追求美好生活的希望之火。他们的年收入平均超过3000元，他们不仅可以自食其力，而且对社会作出了贡献。许多年轻人还在生产劳动中产生了爱的火花，恋爱、结婚、成家。当然，每对新人结合，总是第一个把喜糖送给朱生海。他们说，朱厂长可没为我们少操心。这时候的朱生海总是格外高兴，就像自己的儿子娶媳妇一样，乐得嘴都拢不上。朱生海关心残疾人的事迹被镇政府以"这里永远是春天"为题写成了通讯，并在中国国际广播电台用16种语言向全世界作了宣传报道。

皇塘镇的经济近几年得到了较快发展，集镇建设百废待兴。朱生海把集体的公益事业当成自己的事情办，要钱出钱，要人出人，要物给物，从不含糊推辞。他筹建热电厂不仅仅是为了满足本集团的用电需要，更重要的是为了满足全镇的生产和生活需要。热电厂建成投产后，将为全镇人民提供足够的用电和蒸汽，给全镇群众的生活带来莫大的方便和实惠，其功其德，怎不令全镇百姓交口称赞？

朱生海就是这样一个人，他把社会给予他的成就和荣誉又无私地回报给了社会，回报给了皇塘人。因为，他是皇塘人民的儿子。

## （六）

1994年11月，亚太经济合作组织领导人非正式会议在印度尼西亚的首都雅加达举行。中国国家主席江泽民分别会见了美国总统克林顿、日本首相村山富市、韩国总统金泳三等国家首脑。这标志着中国的改革开放将进入一个新的时期，中国的经济将更接近国际经济的大循环。正在泰国考察的朱生海密切注视着这一举世瞩目的事件，敏锐地感觉到了一种“山雨欲来”的气息。中国经济与世界经济接轨后，我们的乡镇企业该如何迎战？“入关”之后将会怎样？如何去占领国际市场？朱生海苦苦地思索着。《孙子兵法》云：知己知彼，百战不殆。不洞察“敌情”，怎能用兵？朱生海不满足于运筹帷幄，他要亲临前线了解“敌情”，只有这样才能虎帐点兵，决胜千里。

在一个金菊飘香的日子里，刚刚从泰国归来的朱生海，又登上了去美国的波音客机。他要到大洋彼岸的那个国度去再一次感受一下大西洋的海风究竟跟太平洋的有什么不同。

朱生海再次出访美国，对丹凤集团来说其实是一种征兆，是“大战”前的一种预警，是一个高潮来临之前的准备和铺垫。或许是境外开花，或许是组建跨国公司，或许是借梯上楼。总之，不管是何动作，有一点是肯定的，那就是：不干则已，要干就干大的！

因为，这才是大老板的本色！

注：此文1993年发表于《镇江日报》头版，并获当年度通讯员（特约记者）好新闻“通讯类”一等奖。此后，被丹阳市委宣传部收入报告文学专集《人生路标》。随着企业改制和国家环保政策要求的提升，朱生海和丹凤集团退出了历史舞台，但是，作为皇塘镇乡镇企业发展史上的一个传奇，朱生海仍然是那段峥嵘岁月的一个代表性人物。为了忠实记录那个时代的特征，特收录此文。有删改。

# 堂皇密码

人杰地灵的苏南小镇皇塘镇孕育了一个闻名遐迩的堂皇集团。

堂皇集团的掌门人名叫荆玉堂。

若论知名度，出了江苏省知道皇塘镇的恐怕不多。但是“堂皇”确实闻名遐迩。随着“堂皇，堂皇，富丽堂皇；堂皇，堂皇，江苏丹阳皇塘”这一广告词的家喻户晓，堂皇、皇塘、荆玉堂这三者便一荣俱荣地响亮起来。

荆玉堂从20来岁白手起家创业开始，就默默地绘制了企业发展蓝图。他最初亲自设计的商标图案由红底金边加绿橄榄叶组成，构图简洁醒目。特别是商标取名为“堂皇”，其寓意颇耐人寻味。据他自己解释：堂皇者，富丽堂皇，堂而皇之是也。谁不想自己的家庭居室富丽堂皇？谁不想自己的人生堂皇盛大？更巧妙的是，堂皇两字正好是皇塘地名倒置的谐音，易记易传，相得益彰。至于“堂皇”的“堂”与他本人名字荆玉堂的“堂”，“堂皇”的“皇”与皇塘的“皇”丝毫不差，恐怕也不完全是巧合吧。

或许，这正是荆玉堂潜心研究设计的CI战略的神来之笔。

什么是CI战略呢？荆玉堂解释说：所谓CI战略，是一种集企业经营理念、企业文化行为规范、企业视觉识别体系于一体的信息传达系统，是企业创造品牌、树立形象的一种整体战略。他进一步介绍说：“一个好的企业不仅仅是生产好的产品，更重要的是要有自身的价值，要有被社会公众接受的良好形象。我们堂皇人的一切活动都是为了实现这个目标。”

经过40多年的发展，堂皇集团获得了“全国床上用品十大品牌”、家用纺织品相关国家标准的起草编写单位、“国家重点跟踪培育服装家纺自主品牌企业”等诸多荣誉。

那么，堂皇集团是如何从一个小小的村办企业，成长为一个全国知名的企业的呢？

堂皇成功的秘诀是什么？

我们不妨来破译一下它的成功密码。

**白手起家的最大优势就在于“一张白纸，没有负担，好写最新最美的文字，好画最新最美的画图”**

距皇塘镇仅一箭之遥的白兔村有个叫野猫塘的自然村落。在一户普通的农民家庭里，有一个聪明好学、擅长绘画的男孩引起了村里人的兴趣。这孩子出生于 1963 年，属兔。他温雅谦和，不像一般的农村男孩那样上树掏鸟窝，下河捉鱼虾。他一有空就拿张纸画个猫呀狗的，家里的墙上挂满了他的作品。村里人见他的画惟妙惟肖，都说：“这孩子长大了准有出息!”

这孩子就是荆玉堂。

荆玉堂从小的志向是当画家，可惜未能考上美术学院。20 世纪 80 年代初，农村实行生产承包责任制，开始出现富余的劳动力。于是，乡镇企业应运而生。为了糊口，经亲友介绍，17 岁的荆玉堂就到邻镇的一家绣品厂当了学徒工。由于他有绘画的特长，厂里便把他调到设计科当了设计员。为了提高自己的工艺设计水平，荆玉堂到镇江工艺美术学校进修了一年，较为系统地掌握了工艺美术在生活用品特别是绣品类产品中的设计和运用知识，回到厂里之后担任了设计科科长，为开发新产品倾注了心血和智慧。但是，作坊式的企业注定了它的产品质量和档次难以达到更高水准，而毫无章法的管理也只能自毁企业的前程。20 多岁的荆玉堂敏锐地看到了这样的现实，他“处江湖之远则忧其君”，在潜心研究产品花色、款式的同时也关心起企业的命运来。他悄悄买回了一大摞有关企业管理的图书，诸如《松下的秘密》《企业管理概论》等，然后将自己的见解和建议反映给厂负责人。孰料当时的厂负责人根本就没把这个乳臭未干的小年轻放在眼里，认为他的建议只不过是书呆子的纸上谈兵。荆玉堂感到“报厂无门”。此刻，他滋生出一个念头：我一定要把我的计划付诸实施。随着时间的推移，这一念头越来越强烈。终于有一天，荆玉堂背起铺盖回到坐落在集镇上的皇塘村自立“山头”，靠借来的 50 万元，办起了一家绒绣厂，厂名为“皇塘绣品厂”。

这一天是 1986 年 4 月 23 日。这一天也是皇塘的解放纪念日。

这一年，荆玉堂 23 岁。

白手起家的荆玉堂一无所有，一切都从零开始。荆玉堂把“零”看成最好的财富。因为，毛主席说过：“一张白纸，没有负担，好写最新最美的文字，好画最新最美的画图。”他要在自己创办的企业这张纯洁的白纸上描绘最美丽的画卷。

有了自己的企业后，荆玉堂开始实施他的一系列计划。如今看来，他实施的所有计划都是他宏伟的 CI 战略的有机组成部分，正是各个阶段计划的推进实施，才实现了他的整个 CI 战略构想。

他亲自设计的“堂皇”牌商标及其标准图案是 CI 战略的灵魂；他用科学的管理方法和一流生产工艺推向市场的一流产品，就是 CI 战略的支撑点；而他刻意追求并创造的企业形象为 CI 战略提供了通俗的诠释。

高起点固然可以使一个新企业先声夺人、一鸣惊人，但同时企业的管理者也是在逼自己“走钢丝”。荆玉堂享受这种“走钢丝”式的紧张、认真、全神贯注地投入工作的方式。因为既然是高起点，那接下来的过程也决不允许平庸。这就像是一位名角登台亮相获得满堂彩一样，他之后的表演更是丝毫不能马虎，一招一式都得使出最拿手的来。

“亮相”之后的荆玉堂果然身手不凡，“做唱”俱佳。

他通过公开考试、择优录取的方式招收了初中以上文化程度的员工，这为他的职工队伍整体素质奠定了良好的基础。他亲手研制开发的堂皇牌系列床上用品，以新颖的款式、上乘的品质、精湛的工艺在市场上一炮打响，被轻工业部授予轻纺产品“小百花”金奖。“堂皇”产品进入市场之后，宛若一匹矫健的“黑马”，纵横驰骋，闯到哪，哪里就刮起一阵“堂皇”旋风。

有了优质的产品这个坚硬的支撑点，荆玉堂接着就从容不迫地实施了他以树立企业形象、创造自身价值为目标的 CI 战略的第二战役、第三战役……

**外部形象来自“名牌效应”，内部形象则来自“家庭+军队+学校”式管理**

荆玉堂的企业从无到有，从小到大，每一步都是严格按照 CI 战略有序推进的。譬如说他的厂房，办厂之初荆玉堂就设计了一幅宏伟的厂区规划蓝图，尽管当时连建造一幢价值 10 万元的生产车间用房都很困难。他设计的厂区是总造价 2000 多万元的多功能综合厂区，包括办公大楼、科研大楼、生产区、生活区、厂内宾馆等令人瞠目结舌的设施。当他的设计方案昭示于人时，大部分人都认为这简直就是天方夜谭。可荆玉堂胸怀大计，腹有良谋，非常自信地对他的同事说：“十年之内，一切都将变成现实。”

结果，荆玉堂仅用了8年时间就把构想变成了现实。

如今的堂皇集团以其花园式的厂区容貌和军队式的作风纪律无言地向世人叙述着它的骄傲和魅力。企业的一草一木、一品一物无不显露出企业的形象；堂皇人的一举一动、一言一行也无不折射出企业的价值追求。

荆玉堂在企业内部推行的是一种“家庭+军队+学校”的管理模式。他认为一个好的企业应该是一个和睦温馨、充满人情味、具有向心力的大家庭，每一个员工都应该以自己是这个家庭中的一员而自豪。因此，他致力于打造这样的好企业。

每年春天，他放弃日出数万元的效益，用3天时间亲自组织规模盛大的游艺会。他要求全部员工从炊事员、清洁工到集团总裁、董事会成员，人人参与。他自己也置身其中，高兴地与员工们一起唱歌、打球、拔河，使管理者和劳动者的距离一下子拉近到了兄弟姐妹的份上。那几天，员工们比过年还高兴。

堂皇集团是个大家庭。无论是谁，生日或结婚这天，准会收到公司的贺卡或礼物。谁生了病有了难，公司总是鼎力相助。1994年6月，有位员工的孩子被开水大面积烫伤，需植皮手术，医药费告急。集团领导知道后带头为其捐款，3天时间筹资8000余元。集团的食堂方方正正地摆着50张餐桌，全集团500名员工同时在此用餐，四菜一汤全部由食堂统一摆放，员工按序入座，吃完就走，连碗都不用洗，每月还有一次小聚餐。堂皇集团的每一个员工无论走到哪里都以自己是堂皇一员而骄傲。

“一个好的企业还应该是纪律严明的军队，一切工作必须规范化，就像操典上的条令，不允许有半点含糊。军中无戏言，工作无折扣。”荆玉堂的这套理论在实际管理中得到了充分发挥。厂里的每个车间都有一条醒目的警示标语：“心不正则质不强，眼不明则品不良。”企业内部的管理工作严格遵从章程条例，任何人都没有通融的余地。大到集团的方针决议，小到员工接待客人的程序和礼仪、员工自行车的放置、室内外花盆的更换、厂旗的升降，以及标语的拟定、张挂、更换等，一切都按部就班，有条不紊。荆玉堂说：“严明的纪律、严格的规范化管理才可以使企业走上规范，久而久之，规范化就会成为我们整个企业的自觉行动。”

堂皇集团的运作已经走上了规范化的道路。

荆玉堂的“企业应该是学校”的理论在他的企业发展史上同样得到了最佳发挥。1993年4月26日，作为江苏省村办企业中的一个省级集团——堂皇集团没有举行典礼活动，而是耗资20多万元组织全部员工赴杭州春游。这天清晨，堂皇集团的500多名员工，分乘10辆镇江青年旅行社的豪华旅游车，浩浩荡荡地开赴杭州。每辆车的车身上都贴有“堂皇员工春游团”的醒目标语。员工们身着统一的厂服，头上戴着清一色的有“堂皇”商标的太阳帽，尽情畅游了“人间天堂”杭州。忙于工作和生活的员工对参加这样的活动无不欣喜万分。荆玉堂说：“组织员工参加这样的活动，既可以增进他们对祖国美好河山的热爱之情，又可以开阔他们的视野。看了天下美景，他们会觉得生活是多么美好，他们会明白更多的生活和做人的道理。”荆玉堂就是这样一位不惜斥巨资来陶冶员工情操、提高员工素质的老板。

荆玉堂的用人准则是唯才是举，只要你有才干，就可以被直接提拔，委以重任。不重文凭重水平，不凭关系凭才能。有位员工颇有组织才能，且对布质检验和产品标准把握精准，荆玉堂便把全厂的质检大印交给她执掌。厂里经常举办征文比赛，有位员工文采出众，屡屡获奖。荆玉堂惜才，当即将她从车间调到分厂办公室从事文秘工作。年仅25岁的原总厂办公室主任跟着荆玉堂学到不少管理之道且有出色表现，荆玉堂派他出任集团销售总公司经理并负责国际贸易。镇政府与镇江船舶学院合办了一个企业管理中专班，全镇共收50名学员，堂皇集团一家就送去了15名。荆玉堂希望他的管理人员都懂得企业的管理之道和市场经济知识。为了适应时代需要，他请电脑专家来集团总部开展电脑知识培训班，希望白领阶层都能掌握当代企业管理的“尖端武器”。他的企业不仅能生产一流的产品，而且能培养一流的人才。一位质检员回到家乡后，被当地领导视若珍宝，当即被委以重任，当上了厂长，只因他是从堂皇出来的。而堂皇集团更多的人才并不愿意离开堂皇，就像鱼儿离不开水，树儿离不开根一样。

在竞争激烈的企业外部市场上，荆玉堂采取的是“名牌开道，信誉扎根”战术。堂皇产品的推销靠的不是推销员的三寸不烂之舌，而是靠货真价实的产品本身，靠的是“名牌效应”。

1988年，荆玉堂把厂名“皇塘绣品厂”升格为“丹阳市绒绣厂”。

1989年下半年，国内床上用品市场陷入了疲软状态，许多厂家猝不及防，纷纷关停并转。荆玉堂深入市场第一线，洞若观火，明察秋毫，及时调整发展战略，打出了“新品开路，品牌占领，信誉扎根”的组合拳。他在企业内部成立了产品设计开发QC小组，并与苏州丝绸工学院联合组建“堂皇产品设计研究院”，以新、快、优三大优势占领和稳定了市场。

1990年，堂皇“小百花系列寝品”荣获中国工艺美术品百花奖优秀新产品一等奖。1991 年，堂皇高档豪华床罩荣获国家农业部优质产品称号。1992 年，堂皇踏花被系列产品荣获全国最畅销国产商品“金桥奖”，之后以绝对优势连续获得“金桥奖”。堂皇成为全国同行业中获此殊荣的四连冠得主。

优质的产品、响亮的品牌和良好的信誉，使堂皇在国内市场上赢得了声誉。堂皇牌床上用品遍及全国各地，高者占领了高档星级酒店的“总统套房”，低者“飞入寻常百姓家”，深得消费者喜爱。

1992 年 4 月，原属皇塘村村办企业的丹阳市绒绣厂进行了改制，荆玉堂取得了企业的所有权。为了更好地经营和发展壮大企业，他组建了堂皇集团。

组建集团之后，荆玉堂又在品牌推广上花重金进行了一番操作。

1993 年，堂皇集团全面导入 CI 企业文化系统，注册商标更时尚化、高端化，给受众以强烈的视觉冲击，并借助中央电视台等媒体平台广泛宣传。

1993 年 10 月，全国针纺织品交易会在太原隆重开幕。堂皇集团为了答谢全国客户对堂皇牌床上用品的厚爱，在主会场旁独家开设了一个分会场，邀请全国各地用户观摩他们用心推出的精品展示。堂皇精品果然再次引起轰动。是晚，荆玉堂在晋中大酒店设宴招待 500 余名嘉宾，显示了堂皇集团的大气魄、大手笔、大影响。

1993 年 5 月 30 日，江苏电视台文艺节目《大篷车》首播。作为合办单位，堂皇集团的员工走进江苏电视台的演播厅，向全省人民展示了堂皇的风采。

1994 年春，全国针纺织品交易会在苏州隆重开幕。这天，高高的东吴电视塔上挂起了一幅巨幅标语：堂皇集团祝’94 全国针纺织品交易会圆满成功！在主会场上，5 米长的“堂皇”标志雄踞入口处。这种不可抗拒的视觉强刺激给堂皇品牌再次带来了超乎想象的价值。

1997 年，堂皇集团率先在同行业中通过 ISO 9001 质量体系认证。

2006 年，堂皇集团响应政府号召，对口支援苏北振兴，在连云港设立生产基地，为当地增加就业和税收。

2010 年，堂皇电子商务平台开始运行。

2011 年，堂皇集团不惜重金签约香港当红艺人梁咏琪作为形象代言人。

2012 年，堂皇集团正式启用全新的 TEVEL 商标。

2016年，堂皇集团在常州设立营销和研发中心，公司平台和市场布局迈上了新台阶。

品牌战略的持续推进，使堂皇产品的美誉度和附加值不断提升，在全国同行业中稳居领军地位。荆玉堂还被评选为中国家用纺织品行业协会副会长。

**“弱水三千，我只取一瓢饮。”心无旁骛地精耕细作，用十年磨一剑的精神打造堂皇传奇，终成极致**

家纺行业起步于20世纪80年代，作坊式的企业借改革的大潮一哄而上，如雨后春笋层出不穷。然而，风起云涌，泥沙俱下，鱼龙混杂，能够生存发展壮大的企业寥寥无几。堂皇的凤凰涅槃，得益于它的专注和坚守。

荆玉堂在办厂之初，走的就是一条“坚持原创，自主开发”的发展之路。这同他设计师的出身有关。多年来，他悉心培养自己的设计团队，在企业内部组建技术中心，并与苏州大学、东南大学、南京艺术学院签订了产学研合作协议，每年的研发经费投入占销售额的6%以上，每年开发的新产品有数百种。堂皇研发的新品只要在市场上一露面，跟风仿制假冒剽窃者便不计其数。荆玉堂不胜其烦，不得不选择利用法律手段保护自己企业的权益。自2001年起，堂皇为自己研发的每个新品都申请了外观设计专利。堂皇的这一做法不仅仅是对自己专利权益的保护，更重要的是唤醒了业界的知识产权保护意识，对规范家纺行业的发展起到了积极的促进作用。2008年，中国家用纺织品行业协会在北京举行年会，荆玉堂应邀在大会上作了题为“家纺企业专利的现状和保护”的主题演讲，得到了行业协会领导和同行的高度赞赏。

说起堂皇的原创设计，就不能不说荆玉堂的夫人姜冬仙。当初荆玉堂刚到邻镇绣品厂当学徒时，就认识了同一设计科的聪明漂亮的姑娘姜冬仙。当他从镇江工艺美术学校进修回厂之后，荆玉堂和姜冬仙就挑起了设计科的大梁。一来二去，两个好学上进的年轻人相互产生了好感，并最终走到了一起，成了令人羡慕的一对金童玉女。荆玉堂回乡办厂时，姜冬仙毅然和丈夫一起打拼，并以首席设计师的角色一直默默地站在荆玉堂的身后，坚定地支持着荆玉堂一步步走向辉煌。

在堂皇的原创设计中，荆玉堂和姜冬仙十分注重从民族传统工艺元素中汲取精华，推陈出新。姜冬仙率领着她的设计团队从中国传统的四大名绣技艺中汲取灵感，融入现代机绣技法，创作出技法比传统手绣更灵活、色彩比电脑刺绣更丰富的缝纫机绣工艺。缝纫机绣与纯手工绣不一样，具有针法多变、图案鲜活、立体感强、层次丰富、色彩明艳等特征。它同时兼有手工绣和机绣的特质，因而更显柔美、婉约。这项技艺为堂皇独创，故被业界称为“堂皇绣”。2013 年 7 月，“堂皇缝纫机绣”被镇江市人民政府列为非物质文化遗产代表性项目，姜冬仙则毫无疑问地成了这一非遗项目的首位代表性传承人。运用堂皇绣技法开发的系列新品，如“月影彩溢”“都市风情”“月光阁”“春华秋实”“百子同乐”等，为堂皇赢得了“全国工艺美术品百花奖”“国际纺织品博览会金奖”“国际家纺设计大赛金奖”等多项荣誉。

坚持原创，是堂皇永立潮头的独门秘籍。

不断创新，是堂皇永葆青春的不二法门。

“会当凌绝顶，一览众山小。”已经登顶家纺行业制高点的荆玉堂，并没有飘飘然迷失自我。他一如既往地专注于家纺行业。尽管房地产行业来钱快，尽管公司上市名气大，尽管跨界发展前景诱人，但是，“泰山崩于前而色不变，麋鹿兴于左而目不瞬”，荆玉堂气定神闲，心无旁骛地坚守在自己的阵地上。他甚至关掉了正在运行中的下属配套企业印染厂，一来是响应政府的环保政策，二来是可以更加专注地做好家纺用品。

他坚信：只有专注，才能极致，才能让堂皇走得更远！

**崇尚“方圆相济，达人自达”经营之道，达到人生的至高境界**

荆玉堂主张“方圆相济，达人自达”的经营之道。他认为“方圆相济”是人生的至高境界，方是原则，圆是变通。世上万物，相生相克，人生机遇，变幻莫测。因此，要学会“方圆相济”这一做人和处世之道。“达人自达”出自孔子的《论语》：“夫仁者，己欲立而立人，己欲达而达人。”这强调了自我和他人的关系。企业经营也是如此，追求个人发展与企业发展的统一，追求利己和利他的统一。

同样的道理，有责任感的企业家，也应该追求个人财富和社会发展的统一。

1995 年，荆玉堂任中华全国青年联合会委员，获得“江苏省十大杰出青年”和“全国优秀乡镇企业家”等荣誉称号。自 1997 年起，荆玉堂连续三届当选为江苏省人大代表。自 2013 年起，他又连续三届当选为江苏省政协委员。在此期间，他关注时政，了解民意，倾听民声，调研民情，积极参政议政，履行了人大代表和政协委员的职责，受到了上级组织和广大选民的一致好评。据统计，荆玉堂在当人大代表期间，共向江苏省人大提交了议案21件（其中有16件议案被正式采纳），忠实地履行了人大代表的神圣职责；当政协委员期间，向省政协提交提案10余件，并且件件得到了答复落实。

作为一个有担当的企业家，荆玉堂一直积极主动地承担着社会义务和责任。自2002年起，他在集团内部设立了“堂皇慈善基金”，每年为困难员工提供救助。他还率先为吴塘中学捐赠200万元，发起设立教育基金，用以鼓励和表彰在教书育人工作中表现突出的教师和刻苦学习、成绩优良的学生。在他的带动下，皇塘镇许多企业家也都纷纷慷慨解囊，为学校捐赠教育基金，在全镇营造了崇文重教的良好氛围。荆玉堂的这一善举为丹阳市首创，得到了全市教育界和全社会的高度赞赏。他还为农村建设、慈善机构、抗震救灾、防疫医疗、社会公益、扶贫帮困等累计捐款近千万元，被丹阳市评为“慈善之星”。

作为一个白手起家的企业家，荆玉堂无疑是成功的。功成名就之后，他没故步自封，还在继续前行。

随着现代人物质生活水平和生活质量的不断提高，荆玉堂重新定位家纺产品的功能，由保暖、舒适、美观向健康睡眠的方向发展。于是，功能性系列家纺产品在堂皇应运而生……

如何让堂皇集团走得更远？荆玉堂提出了“用工匠精神，铸百年堂皇”的战略决策。

为实现这一宏伟战略目标，2021年，在建厂35周年之际，荆玉堂把堂皇集团的接力棒交给了35岁的儿子荆璟，让接班人闪亮登场，一展身手。

他要让堂皇走得更远。

百年堂皇，未来可期！

注：本文1994年发表于《镇江日报》头版，并获当年度通讯员（特约记者）好新闻“通讯类”一等奖，后被丹阳市委宣传部收入报告文学专集《人生路标》。收入本书时有删改。

# 正是丹桂飘香时

在导墅和里庄之间的鹤溪上，有座历史悠久又颇具浪漫色彩的下琴桥。

下琴桥北岸有两个村庄，分别叫东下琴、西下琴。

一直以来，西下琴的名气比东下琴响亮。这不仅是因为西下琴比东下琴大一倍以上，更主要的是，西下琴的人才比东下琴多。人以地栖，地因人传，西下琴的名气自然更胜一筹。

在当代企业家队伍中，西下琴走出了曹晓国、曹加伟、曹益新、仲国定、贺国勤等一批响当当的人物。在他们的带动下，西下琴成了远近闻名的富裕村、幸福村。

曹正国就是从西下琴走出来的领军人物。

## （一）

曹正国，生于1957年。他家姐弟共五个，他是老大。其父曹冬苟，当过下琴乡的乡长，性格刚烈，脾气火暴。别看他个头不大，嗓门倒是不小，说起话来声若洪钟。为人做事也是豪气横生，爽朗干脆。他虽然没什么文化，口才却是一流。那时候开群众大会，他往草皮堆上一站，扯开嗓子作演讲报告，一手叉腰，一手比画，那气势像极了电影《列宁在十月》中的列宁。他的讲演既十分接地气，又极富鼓动性，千把人的露天会场，人人听得清清楚楚。因此，在下琴桥一带，曹冬苟算得上是个名人。

尽管曹冬苟在当地声望颇高，但是在家庭中的威望却远不及他的妻子。曹冬苟的妻子荆通福，出自寺巷里荆氏家族，可谓知书达理。自嫁到西下琴曹家之后，孝敬老人，睦邻乡里，相夫教子，勤俭持家，既有大家闺秀风范，又兼勤劳朴素美德，西下琴全村无人不夸其能，无人不敬其德。曹冬苟在外可以呼风唤雨，回到家里面对贤淑的妻子，却是没了脾气，钢铁雄心瞬间化为绕指柔。

曹母不仅治家有策，而且教子有方。她对子女的教育可用“循循善诱，谆谆教诲”八个字概括。五个子女从小到大，她几乎不用棍棒教育，总是动之以情，晓之以理，以理服人，以德服人。孩子犯了错，她一不打，二不骂，只是春风化雨般地讲道理。有时孩子犯浑，一时实在讲不通，她自己急得直抹眼泪，也仍然坚持苦口婆心地讲。哪知道，母亲的眼泪比父亲的棍棒更具威力。在孩子们的心目中，父亲的棍棒可以无视，母亲的教诲却是圣旨。

所以，在曹家，从小到大，母命不敢违。

## （二）

1977 年，曹正国从导墅中学高中毕业后回家务农，到生产队参加劳动，帮父母挣工分。因为是高中毕业生，社员们就推选他当了生产队会计。他年轻活泼，做事认真，很快就引起了大队干部的注意。次年，他就被下琴大队任命为不脱产的大队团支部书记。

正当曹正国准备在社会主义新农村大干一番的时候，一个重要人物的出现彻底改变了他的人生轨迹。

这个改变曹正国人生轨迹的人物，就是他的叔叔曹志标。

曹志标生于 1934 年，年仅 15 岁时即投身土地改革运动，是下琴乡的土地改革积极分子。1951 年参加中国人民志愿军，随第九兵团二十军奔赴朝鲜抗美援朝，在朝鲜战场上英勇杀敌，多次立功受奖。回国后，他参加了一江山岛战役，在战场上负伤，伤愈后被送往军校进修，毕业后历任排长、副连长、炮兵参谋、股长等职。他的精明能干得到了时任二十军军长熊应堂的赏识。1970 年，熊应堂调任南京军区副司令员兼浙江省军区司令员后，曹志标被提拔为熊应堂的秘书长兼办公室主任。1979 年，曹志标转业到地方工作，在丹阳县化肥厂当供销科副科长。

在一次回西下琴老家时，曹志标跟侄子曹正国有了一次深入的交谈。见过世面的叔叔给曹正国上了一堂人生课：男儿当自强。好男儿志在四方，要做冲天而飞的鸿鹄，而不可学恋家的燕雀。

在具体的职业生涯规划上，曹志标根据当时乡镇企业起步发展的趋势判断，给了曹正国一个比较靠谱的建议：从跑供销开始。

1980 年 1 月，23 岁的曹正国到导墅镇上的丹阳县助剂厂做了一名供销员。

曹正国毕竟是高中毕业生，又在大队当过团支部书记，有较强的社交能力，加上叔叔曹志标的点拨引导，他的业务能力突飞猛进，当年的销售业绩居然占全厂销售业绩的 80%，他成了助剂厂乃至导墅乡的销售明星。次年，他就被厂里任命为供销科科长。

卓越的业务能力使曹正国在导墅乡有了知名度，并开始进入导墅乡党委政府的视野。当时，导墅乡化工厂效益不好，亏损严重，濒临倒闭。乡党委政府为了挽救命悬一线的化工厂，决定死马当成活马医，把曹正国调过来当厂长，万一曹正国能把化工厂救活呢？

当时，曹正国心里还有点打鼓，就跑去请教叔叔曹志标。已经当上丹阳县化肥厂供销科科长的曹志标给他吃了颗“定心丸”：“干！我支持你。”

1983 年 12 月，26 岁的曹正国接任了丹阳县导墅化工厂厂长一职。

## （三）

当时的导墅化工厂只有几间破旧的工棚作生产车间，几台老旧的设备只能简单地生产低档的二甲酸、腐植酸产品。生产出来的产品还卖不出去，堆在仓库里慢慢变质。年销售额 5 万元，累计亏损 28 万元。

正当曹正国面对如此窘境，一筹莫展时，叔叔曹志标又给他指点了迷津：上新产品。

1984 年春节刚过，曹正国拎着公文包，只身一人来到了南京，经人引荐找到了南京大学的教授宿舍，开启了他的新品开发探求之旅。他诚恳地向南京大学化学系的教授们请教，跟他们一起探讨，共同寻求适合乡镇企业开发的新产品。教授们被南大老校长匡亚明的这位小老乡曹正国的赤诚之心感动了，他们提议和曹正国共同开发环氧大豆油。

1 个月后，丹阳县导墅化工厂和南京大学签订联合共同研制开发环氧大豆油新产品的协议，并在南京大学举行了签字仪式。

6 个月后，年产 300 吨环氧大豆油项目的土建工程在导墅镇竣工。设备安装调试完成后，产品进入了试验性生产。

新产品在中试过程中遇到了“拦路虎”：试验出来的产品的主要质量指标与进口的同类产品相比始终差 1.3 个百分点。为了突破瓶颈，他们不断加大反应釜的压力，致使反应釜连续 4 次发生爆炸，车间的屋顶都被掀上了天，幸亏没有造成人员伤亡。面对久攻不克的堡垒，曹正国及时调整了战术，双管齐下，采取了两条措施：一是组织科研人员对生产工艺流程继续改进优化，二是自己外出取经，四方寻宝。经过多方考察和学习，又经过近 10 个月 380 多次大小试验，无毒增塑环氧大豆油项目终于获得了成功。其主要质量指标高出国外同类产品 0.2 个百分点，产品填补了国内空白，投入了批量生产。1985年和1986年分别通过了省级和国家级技术鉴定，并被国家科学技术委员会列入国家“七五”星火计划重点开发项目。1986年，该产品完成销售200万元，创利税40万元。

导墅化工厂经此一役，竟然奇迹般地在曹正国手里复活了。

## （四）

1987年，丹阳县导墅化工厂更名为丹阳市塑料化工厂。

随着企业规模的不断扩大，曹正国在导墅的知名度也越来越高。当时，苏南地区的乡镇企业蓬勃发展，“短平快”的化工企业层出不穷，一方面加剧了市场竞争，另一方面也加快了产品的更新换代。已经成为化工行业半个专家的曹正国清醒地意识到，科研成果转化为生产力的周期大幅缩短了，依靠一种产品吃老本的时代一去不复返了。要想掌握市场主动权，唯有登上科技进步的制高点，才能“一览众山小”。

于是，曹正国扩大了与南京大学的合作领域，利用环氧大豆油生产过程中的副产品研制开发了“南大8411”增塑剂。与此同时，他与华东理工大学化工学院联合研制开发了“过氧化甲基乙基酮”玻璃钢固化剂；与天津南开大学研制开发了“二氯乙烷”医药中间体。1987年，丹阳市塑料化工厂的新产品率达到了100%，产值600余万元，但当年研发经费投入占生产总成本的30%以上，企业净利润仅有10万余元。

1988年12月，曹正国在北京参加一个行业会议时获知了一个消息：天津南开大学研制的“对二乙基苯”芳烃分离解吸剂耗时5年，目前已经在实验室获得成功。但是，苦于没有生产试验基地，一时难以转化为生产力。

会议结束之后，曹正国只身一人直奔南开大学。经磋商，该产品由厂校双方联合开发，校方主要负责技术，厂方主要负责试验和生产。

回来后，曹正国马不停蹄，立即筹措130万元，仅用半年时间就建成了一套年产300吨对二乙基苯的中试生产装置。在这180多个日日夜夜里，曹正国集厂长、专家、技工、工人等多种身份于一身，分不清白天黑夜，没吃过一顿安稳饭，没睡过一个囫囵觉，每天都要工作16个小时以上，瘦了10多斤。

中试开始了，9项指标竟无一达标。曹正国立即会同南开大学的专家教授，从设备工艺到生产流程，从原料分析到配方程序，从实验数据到技术参数，每一个源头，每一个环节，层层把关，道道过滤。又经过3个月的苦战，终于有8项指标达到了国际标准，只剩下一个微量杂质指数仍然没有达标。当时的国际标准是微量杂质指数≤2ppm，而根据南开大学提供的设计要求安装的现有装置，只能控制在10ppm左右。

身心俱疲的曹正国，无奈之下只好收起疲惫和沮丧的心情，强打精神，背起行囊，又一次登上了北去的列车。在天津的南开大学，在北京的化工部，在中国石化总公司，他走访了30多位化工专家和工程师，得到的回答如出一辙："我们国内未有先例，要突破这一壁垒，尚需时日。"四处碰壁的经历，反倒使曹正国理出了一点头绪：我们国家对二乙基苯用量不大，几乎都靠进口。研发这款产品，科研机构没有中试条件不能为，国营企业嫌烦不屑为。所以，乡镇企业完全可以整合资源，在夹缝中闯出一条生路来。

坚定了这个信念后，曹正国直奔南京的扬子石化公司。扬子石化公司的厂领导和技术人员被曹正国不懈努力和锲而不舍的精神感动了。他们把所有的技术资料和国外的技术信息毫无保留地交给了曹正国，并且给他提出了对症下药的技术改进建议。

回到厂里后，曹正国立即请来10多位来自北京、天津、上海、南京等地的化工专家、教授、工程师，组成了一支联合攻关队伍，对微量杂质这道难题发起了最后的冲锋。经过1个月的艰难探索和联合攻关，终于使羰基数由原来的百万分之十降到了百万分之一以下，完全达到甚至远低于国际标准。

紧接着，又在扬子石化公司40万吨芳烃装置上进行了工业性试验。试验结果表明，国产对二乙基苯的9项技术指标全部达到美国UOP公司的水平，其中两项指标甚至超过了美国公司。丹阳市塑料化工厂生产的对二乙基苯产品，在中国石化行业引起了轰动，中国石化总公司正式下文，要求国内企业所需的对二乙基苯原料"必须优先采用国内产品"。

1990年10月，丹阳市塑料化工厂的对二乙基苯产品获得了国家科学技术委员会、国家物资部、中国工商银行、国家物价局联合颁发的国家级新产品证书。1991年5月通过了中国石化总公司的技术鉴定。曹正国个人获得了民政部科技进步二等奖，对二乙基苯产品获江苏省科技进步三等奖。丹阳市塑料化工厂连续两次被镇江市人民政府评为科技进步先进企业。1993年该厂被列为江苏省星火技术密集区重点企业。

在随后的10年时间里，曹正国趁势而为，先后与大专院校、科研单位、高科技企业联合开发和自主开发了16个高起点、高附加值、高科技含量的新产品，其中过氧化甲乙酮、间苯二甲酸、异丙醚等产品填补了国内空白，打破了这些产品原来由国外大公司一手垄断的局面，为我国化学工业提升国际地位作出了重大贡献。

1992年，曹正国被评为全国农村青年星火计划带头人，并荣获中国星火国际研讨会暨星火计划博览会金奖。

1994年，曹正国被评为江苏省乡镇企业家。

## （五）

好风凭借力，送我上青云。

为了使产品走出国门走向世界，曹正国有条不紊地实施了科工贸一体化的发展之路。

1993年2月，他投资2500万元与中石化（香港）有限公司合资兴办了江苏哈斯特化工实业有限公司。

同年12月，他投资2688万元与美国睿智国际贸易有限公司合资兴办了江苏正安化工有限公司。

为了充分发挥化工生产企业在市场竞争中的产品主渠道作用和整体优势，促进企业组织架构更好地适应市场，更快地与国际接轨，更强地壮大实力，更多地聚集发展，1994年1月，曹正国组建成立了江苏正丹集团公司。集团公司由丹阳市塑料化工厂、南开大学新技术集团公司丹阳分厂、江苏哈斯特化工实业有限公司、江苏正安化工有限公司等7个紧密层子公司组成，形成了科工贸一体化、全方位与国际市场接轨的新型企业集团。

至此，曹正国不仅成为导墅镇数一数二的明星企业家，而且成为全国同行的领军人物。

然而，“木秀于林，风必摧之”。出头的椽子总是先遇到风霜雨雪。

2005年，正当曹正国和他的企业如日中天之时，一场“环保风暴”把曹正国推到了百口莫辩的风口浪尖。

这年夏天，导墅镇周边几个村发生了农户养蚕不产茧的情况。经有关机构检测，认定是桑叶受到了化工污染，导致蚕中毒而不产茧。既然是化工污染，正丹集团作为附近最大的化工企业当然难脱干系。蚕农们自然而然地把罪魁祸首的帽子扣到了正丹集团的头上。曹正国在第一时间请来了专家，认真调查具体原因，得到的结论是：桑叶的污染源与正丹集团的微量排放物不是同一种物质。

尽管白纸黑字，鉴定结果清清楚楚，但是，遭受损失的蚕农们不肯善罢甘休。他们群情激愤，非要讨要说法不可。群访事件给导墅镇党委政府带来了很大的压力，也成了一些电视台关注的焦点。一时之间，舆情涌动，大有“山雨欲来风满楼，黑云压城城欲摧”的势头。

曹正国陷入了极为不利的被动局面之中。

就在他四面楚歌、孤立无援之时，正在老家养猪的母亲丢下手里的活，一路步行到厂里找到了他。深明大义的母亲语重心长地对他说：“孩子，你的厂已经办得这么大了，钱也挣了不少。人家栽点桑树养点蚕也不容易，许多人家还指望卖茧子的钱给小孩交学费、给老人家看病呢。人家受了损失当然不愿意了，你不要怪人家。再说了，自古只有一人让众人，而没有众人让一人的道理。我们还是让让步吧！”

听了慈母的一番话，曹正国眼含泪水对母亲说：“阿娘，我听您的！”

随后，曹正国拿出一大笔钱，给受损的蚕农作了经济补偿。

次年，为了更好更持久地发展，曹正国决定，把正丹集团整体搬迁到镇江新区的大港化工园区，并按照园区要求重建了一个规范化、标准化、花园式的化工企业。

一年之后，随着一起非法偷倒有害废料案的告破，桑蚕中毒案才水落石出。导墅人恍然大悟：当时的曹正国背了“黑锅”，我们都冤枉他了。罪魁祸首另有其人。原来，邻镇有个不法商人，以每车50元的处理费，从常州一家化工厂非法获得了有害废料的处置业务。此人并无处置有害废料的资质和能力，就雇了一台拖拉机，趁半夜三更把废料拉到野外四处倾倒，造成了多地农作物中毒的严重后果。东窗事发后，此人受到了法律的惩处。

真相大白后，导墅镇党委政府的领导对曹正国表达了歉意。曹正国说：“塞翁失马，焉知非福？如果没有那次事情，我也下不了搬厂的决心。长痛不如短痛，化工厂毕竟对环保要求比较高，搬离导墅，也是对导墅人民的负责。”

## （六）

正丹集团入驻镇江新区化工园区后，以“敬业、精业”为企业宗旨，全方位地提升了企业整体实力，先后通过ISO 9001：2015质量管理体系认证，ISO 14001：2015环境管理体系认证，ISO 45001职业健康安全管理体系认证，ISO 50001：2011能源管理体系认证，GB/T 23001—2013两化融合管理体系认证，知识产权管理体系认证和清洁生产审核，被评为镇江市园林式单位、企业环保信用评级蓝色企业、安全生产标准化二级企业、江苏省企业信用管理贯标企业、资信等级 AAA 级企业等。正丹集团专注于挖掘和开发低毒性、高性能、高安全性和高附加值的新材料，以此替代低端、低环保性能的传统材料，从而推动了产品和产业的升级换代，为改善终端民生消费品的质量安全和环保性能，为推动中国制造向中国创造发展作出了卓越的贡献。

多年来，正丹集团的科研团队专注于碳九芳烃综合利用产业链的研究和开发，成功开发出了偏三甲苯、偏苯三酸酐、偏苯三酸三辛酯、乙烯基甲苯、对苯二甲酸二辛酯、均四甲苯、高沸点芳烃溶剂等特种精细化学品，实现了碳九芳烃组分的充分精细化利用，极大地提升了整个产业链的附加值。

正丹集团自主研发的“连续氧化法生产偏苯三酸酐的关键技术及应用”获得了江苏省科学技术奖三等奖、镇江市科技进步一等奖和中华全国工商业联合会科技进步二等奖。其核心专利获得第十二届中国专利优秀奖。新开发的乙烯基甲苯工业化生产技术填补了国内空白，其核心专利荣获第二十届中国专利优秀奖。鉴于在科技创新领域的卓越表现，正丹集团先后被认定为国家知识产权示范企业、高新技术企业、江苏省企业技术中心、江苏省重点企业研发机构、江苏省博士后创新实践基地、江苏省高性能三剂材料工程技术研究中心承担单位等。正丹集团已拥有 30 多项发明专利和实用新型专利，通过研发活动掌握了多项核心技术与核心生产工艺，在多个关键领域拥有核心自主知识产权，成为同行业中的领跑者。

2017 年 4 月 18 日，江苏正丹化学工业股份有限公司在深交所创业板成功上市，股票简称为“正丹股份”，股票代码为“300641”。

由此，江苏正丹化学工业股份有限公司成为从导墅镇这块土地上成长起来的第一个上市公司，曹正国也成了导墅镇企业家队伍中第一家上市公司的老板。

# 远离硝烟的战场

## （一）

2019 年“八一”建军节前夕，天津杨村某部军营内，一群头发花白、年近六旬的退伍老兵，正在举行重返军营战友聚会活动。他们参观了营房、伙房、菜地、训练场和靶场。一草一木，一砖一瓦，无不唤起他们对当年那段激情燃烧的岁月的美好回忆……

在随后的招待酒会上，一位退伍老兵深情地向战友们回顾了当年的军旅生涯，并分享了他退伍回乡后的创业人生。他的故事，深深地吸引了大家，博得了战友们热烈的掌声。

这位退伍老兵叫荆夕坤，是江苏合发集团的董事长。

## （二）

荆夕坤 1962 年出生于丹阳市皇塘镇白土赵塘村，6 岁那年就失去了母亲。1981 年年底，他报名参了军。

入伍后，荆夕坤来到了天津杨村当兵。当时，他个子不高，体力不支，严格的军事训练和高强度的体能训练压得他喘不过气来。但他咬紧牙关，努力坚持，主动自加压力“吃小灶”，付出了比别人多几倍的辛苦和汗水，终于练就了强健的体魄和过硬的军事素质。半年工夫，他就成了连队的队列标兵。一年之后就当了副班长，两年后又当上了班长，入了党。1984 年 10 月，他服役期满，退伍回家。

## （三）

回到家乡后，正值苏南的乡镇企业蓬勃发展。荆夕坤最初的愿望是能够进入一家名气大一点的镇办企业做工人，以方便找对象成家立业。后来，他七拐八拐，找到一个远房亲戚，托人介绍进了一个有十几个人的小厂上班。

这个小厂是两个常州人办的，主要业务就是制作铝合金柜台。厂长见荆夕坤是个退伍军人，头脑活络，就派他负责押车送货。一来二去，荆夕坤把客户的情况摸了个八九不离十。

后来，那两个常州老板见这个小厂没什么发展前途，就扔下不管，跑到常州改行办起了新的企业。群龙无首，这个小厂眼看就要关门。镇政府的领导们一商量：厂关门了那十几个工人咋办？厂里不是有个退伍军人吗？听说还是个党员，就让他干厂长吧！

于是，荆夕坤当上了金属制品厂的厂长。

## （四）

荆夕坤走马上任后，对市场做了认真的调研和评判。他认为，单一的铝合金柜台已经饱和，如果不转型，企业将走入死胡同。他在调研中发现，随着经济的发展，建筑业正在兴起。而新型建筑风格和建筑材料正在悄然兴起，必将大行其道，引领时代潮流，轻质美观的铝合金门窗必将取代笨重粗糙的钢门窗。

于是，他立马转产铝合金门窗。没有设备，就四处筹资买机器；没有技术，就到大城市聘请大企业的“星期天工程师”来厂里做顾问；没有熟练的技术工人，就找能工巧匠来培训……两个月之后，合格的产品下线了。

新型铝合金门窗推向市场之后，一炮打响，大受追捧，订单不断。

## （五）

铝合金门窗作为一种新型建筑材料，成功打入了建筑市场，荆夕坤也阴差阳错地涉足了建筑领域。一次，他在深圳出差时了解到，一种叫作“幕墙”的新型建筑结构已经在欧美国家和香港等地区悄然兴起。他敏锐地感觉到：中国的发展势头强劲，一日千里，内地的建筑市场必将突飞猛进。

次日，他购买了去北京的机票，直奔建设部，咨询申报幕墙资质的相关事宜。

在建设部，专家告诉他，幕墙是建筑物的外围护结构，是现代大型和高层建筑常用的带有装饰效果的轻质墙体。我们国家第一幢使用幕墙的建筑物是北京的长城饭店。

随后，他又只身一人来到北京长城饭店，仔仔细细地察看了大楼的外墙形式，对幕墙有了直观的认识。

回来之后，他立马对进军幕墙行业进行了紧锣密鼓的运作。为了高起点开局，他多头并举实施了四大举措：一是新建标准化厂房；二是率先在皇塘镇招聘大学生进厂，培养专业技术人才；三是和港商合资，引进了国内第一条氟碳喷涂铝板生产线，使铝单板生产能力达到年产 200 万平方米；四是组建省级企业集团，以较强的企业实力抢占市场份额。

一年后，江苏合发集团有限责任公司成立，并成功取得了国家建设部颁发的建筑幕墙设计甲级和施工一级资质。这一“双甲”资质，也是幕墙行业中的最高资质。当时，第一批取得“双甲”资质的企业，全国仅有 12 家。

## （六）

北京首都国际机场幕墙项目近亿元，设计新颖，技术要求高，施工难度大，业主单位向全世界招标，所有的招标文件和投标文件都是国际标准的英文版。荆夕坤带着江苏合发集团不惧艰险，迎难而上，勇敢地参与了竞争，与世界一流的强大对手过招，一举中标，一战成名。数年后，在首都国际机场的二期、三期建设中，江苏合发集团又连续中标，工程均获幕墙行业最高奖“鲁班奖”，受到了建设单位的高度赞赏。

国家科技馆、上海浦东国际机场、南京禄口国际机场、福州海峡国际会展中心、镇江体育会展中心、常州大剧院、哈尔滨国际会展中心、南京金融城、上海世博园、石家庄广电中心、邯郸文化艺术中心、重庆国际江北机场、乌鲁木齐医院……全国各地，一个个幕墙工程项目捷报频传；大江南北，到处都留下了江苏合发建设者的身影。

江苏合发集团连续多年被评为全国幕墙行业“50 强”；被住建部评为“改革开放 30 年功勋企业”。荆夕坤个人也多次被各级政府评为建筑业先进个人，连续多年当选丹阳市人大代表或政协委员。

## （七）

企业壮大了，荆夕坤对社会的贡献也越来越大。他的企业除了每年向国家缴纳超千万元的利税和接收五六百人就业以外，更重要的是开创了幕墙这一新型产业，从而带动了这一产业在皇塘地区的蓬勃发展。皇塘及周边地区就幕墙行业形成了一条完整的产业链，包括设计师、施工管理人员、施工技术人员、生产工人、安装工人、材料生产和供应商，每年产生的社会效益超亿元，带动了近千户家庭脱贫致富。

对社会公益事业，荆夕坤热心支持，慷慨解囊。镇里要改水，村里要修路，只要是为老百姓办好事，他总是踊跃赞助，有求必应。他和妻子还连续多年默默地资助好几个贫困生上完了大学。

皇塘镇的小城镇建设得到有目共睹的提升，荆夕坤厥功至伟。

皇塘镇的乡镇企业起步较早，曾经被镇江市树为“排头兵”。但是，粗放式的经济发展模式也使皇塘镇付出了沉重的环境代价。

废弃的砖瓦厂一片荒芜，无法复耕。荆夕坤主动为政府挑担子，按良田的价格把近百亩废墟买下来，建起了标准化的生产车间，变废为宝。

染料化工厂和药用玻璃厂，曾经是皇塘镇的龙头企业，为皇塘镇的经济腾飞作出过巨大贡献。但是，随着经济质量和环保要求的提高，这两家企业完成了历史使命，退出了历史舞台，而它们留下的废弃厂区成了令政府头痛的两块“癞皮膏药”。荆夕坤从事建筑行业，懂得唯有通过房地产开发，才可以旧貌变新颜的道理。于是，在镇政府的支持下，他通过招挂拍一套程序，按市场价拿到了这两块废弃的土地，化腐朽为神奇，建起了高品质的住宅小区。

## (八)

随着改革的不断深入，市场要素发生了重大变化，一些产业面临着重新“洗牌”。荆夕坤敏锐地看到了这一点。2018 年，荆夕坤以一手创办的并且苦心经营了大半辈子的江苏合发集团加盟了江苏建工集团，在皇塘镇率先走出了和大型国企进行股权合作的新路子。因为，他清楚地知道，他失去的只不过是对企业的控制权，得到的却是企业的未来。只有和实力强大的国企合作，才能强强联手，在激烈的市场竞争中抗击风浪，勇立潮头。

“潮平两岸阔，风正一帆悬。”荆夕坤虽然不再亲自掌管江苏合发集团，但他仍然是个战士，衣未卸甲，披坚执锐，依然在远离硝烟的战场上冲锋，再冲锋！

注：本文 2009 年发表于《江苏装饰装修》第五期。收入本书时有删改。

# 弄潮人

## （一）

公元2020年，是一个不平静的年份。

鼠年的春节，闻所未闻的新型冠状病毒在中华大地肆虐。突如其来的病毒，引起了人们对生命之脆弱的重新审视，甚至影响和颠覆了人们传统的认知。在与新型冠状病毒展开殊死搏斗的过程中，中国人民展现出了无与伦比的智慧和毅力，有效地组织起强大的阻击病毒的科技手段和物资保障。与此同时，一些逐利的商人们也在凶险的大疫之中嗅到了商机。一时之间，各种医用设备、防护用品变得炙手可热。一哄而上的无序竞争，鱼龙混杂的内外市场，各显神通的“帽子戏法”，既造就了大批一夜暴富的神话，也出现了不少一夜惨败的悲剧。你方唱罢他登场，几家欢乐几家愁……

皇塘镇的江苏元景假日旅游制品有限公司一直从事旅游用品的国际贸易业务。一天，公司接到了一家欧洲老客户的订单，要求他们在3个月之内提供200万套熔喷布防护服。当时，国内熔喷布市场一日三价，假货横行。公司掌门人黄国林一看订单，立即回复外方：因熔喷布材质紧张，无法供货。

不料，与他们打了十多年交道的外方客户，出于对他们的信赖，加上疫情严重，催货急迫，非常希望元景公司能及时生产这批防护服。几番沟通之后，外方同意了黄国林提出的用塑料替代熔喷布的方案。

塑料防护服对黄国林来说也是个新课题，生产工艺不说，生产设备也一时无从购买。黄国林带了两个技师当助手，一头扎进设备车间，亲自动手画图、制作、组装、调试，再反复琢磨、鼓捣、折腾……两天两夜之后，样机终于研制成功。定型投产后，黄国林又一口气赶制了18台制衣机，满足了赶工生产的需要。

当他们的第一个货柜到达欧洲后，外商又立马追加了100万套防护服的订单。

于是，元景公司一跃成为疫情期间出口防护用品的重点企业。

镇江海关授予元景公司“外贸出口诚信企业”称号。

黄国林在风起云涌的商海中，又一次顽强地冲上了惊涛骇浪的潮头。

了解黄国林经历的皇塘人都说：“黄国林能走到今天真不容易，是条汉子！”

那黄国林究竟何许人也？

## （二）

20世纪80年代，苏南的乡镇企业异军突起，创造了名噪一时的“苏南模式”。地处丹阳市最南端的皇塘镇，利用近邻常州市的地理优势，不失时机地大力发展乡镇企业，并在1987年跻身亿元乡镇行列。90年代初，皇塘镇更是一跃成为丹阳市乃至镇江市的“排头兵”。

在改革开放的发展大潮中，皇塘镇诞生了一大批奋勇争先、披坚执锐的乡镇企业家。他们打破常规，敢想敢闯，锐意进取，敢为人先，推动了地方经济的快速发展，创造了一个个不可思议的传奇。

黄国林，就是发展大潮中的代表性弄潮人之一。

黄国林出生于1961年，属牛。他家原籍是泰兴，爷爷是破落的地主，由于染上吸食鸦片的陋习而败光了100多亩土地和所有的家产。他父亲只好挑了一副箩担，只身一人逃荒来到皇塘，栖身于一个船家的窝棚中。土地改革时，政府帮他落户在胡舍村。生活稍加安稳后，他才回老家把未婚妻带来成了婚。

那时候共产党的政策就是帮穷人翻身当家做主人，所以，这个原本无立锥之地的黄姓外来户也被分到了土地。等到黄国林兄妹三个出生后，土地收归集体，全家都得从生产队领口粮吃。

黄国林的父亲从小过惯了衣来伸手、饭来张口的生活，加上眼睛高度近视，干庄稼活根本不在行，挣不到壮劳力的工分。黄国林的母亲反倒成了家里的主要劳动力、顶梁柱。正因为如此，村里部分人就瞧不起这家外来户。黄国林的母亲不肯屈服于外人的欺压，挺直了腰杆苦苦支撑着这个五口之家，就像一只孵崽的老母鸡，虚张声势地竖起全身的羽毛，拼命地护着鸡崽。她看黄国林从小懂事，上学之后学习成绩一直不错，就勒紧腰带，咬紧了牙关供他上学，指望他考上大学，走出农村，改变整个家庭的命运。那时高考刚恢复，升学率很低，黄国林以3分之差名落孙山。作为长子，他知道家境贫寒，父母不易，根本就不指望继续复读。毕业后，年仅18岁的他跟着父亲外出谋生，远赴大西北做油漆学徒工。

那时候，学徒工在三年学徒期内是没有工资的。黄国林觉得不划算，不想白干三年。他发现西北地区以旱作物为主，盛产红薯，当地人也喜欢吃粉丝、粉条，但刨粉丝的手艺人却是凤毛麟角。他脑子一转，动员父亲一起转行做起了刨粉丝的生意。这一转行看似简单，其实从经营模式上发生了颠覆性的革命：以前，漆匠是跟着包工头干的，是被雇用的手艺人，挣的是死工资；现在自己做刨粉丝的生意，自己就是老板，挣多挣少都是自己的。

大西北的闯荡生涯，不仅磨砺了黄国林的创业意志，而且唤醒了他从商经商的理念。两年后，当得知家乡的乡镇企业异军突起、迅猛发展，他就毫不犹豫地回到了家乡。他在势不可挡的乡镇企业发展洪流中看到了希望，他要赶上这股大潮！

当时，邻近的导墅镇有家床上用品厂远近闻名，黄国林念书时的玩伴荆玉堂已经在这家厂里做起了设计员。他找到荆玉堂，请荆玉堂引荐进了厂。不料想，黄国林进厂没几天就引起了厂长的重视。厂长看他反应灵敏，头脑活络，讲一口顺溜的普通话，就把他调进了供销科。

那时候的供销科承担着材料采购和产品销售两大任务。黄国林初涉商界，两眼一抹黑，但他虚心好学，勤奋刻苦，加上闯荡过大西北，很快就掌握了供销员的路数。黄国林还有一个特长，就是极具语言天赋。他碰到上海人能说上海话，遇上北京人就是一口京腔，学啥像啥，模仿得惟妙惟肖。这为他与客户的交际沟通带来了事半功倍的效果。进厂仅半年时间，他就做了两件长脸的事情，在供销科脱颖而出。第一件事，是他不仅超额完成了自己的销售任务，还成功收回了厂里的30万元死账。第二件事，是他单枪匹马跑到苏州外贸公司，仅凭自己的三寸不烂之舌，没花一分钱就赊回了两卡车紧俏的面料，为厂里解了燃眉之急。不到两年时间，黄国林就成了全丹阳市的“十佳供销员”。

黄国林在邻镇有了名气，家乡人民自然不愿意墙内开花墙外香。皇塘镇工业公司派人找到黄国林，表示希望他回皇塘为家乡效力。黄国林也正有此意，于是一拍即合，回到了皇塘。

1985年春天，丹阳市羊毛被厂在白土村创办起来，25岁的黄国林被任命为厂长。

黄国林似乎天生就是办厂的料，建厂不到一年时间，就把工厂治理得有板有眼，红红火火：车间生产热火朝天，各项管理井井有条，新品开发层出不穷，产品市场供不应求……黄国林没有陶醉，把主要精力投到了新产品的研制和开发中，因为他知道，企业的生命在于产品，在于创新。当年，他亲自开发的绗缝羊毛被被评为国家级新产品，并在泰国曼谷获得国际金奖。第二年，他们的新品又获得了全国星火计划成果博览会银奖。第三年，丹阳市羊毛被厂几乎成了皇塘镇被服行业中产值最高、效益最好的企业。当然，根据村里的考核指标，作为白土村的村办厂厂长，黄国林拿到的报酬和奖金也是最多的。黄国林一鸣惊人，一下子成了皇塘镇家喻户晓的人物，成了皇塘镇发展大潮中涌现出来的耀眼新星。

## （三）

然而，或许是招人嫉恨，或许是其他什么原因，在黄国林有次出差时，他的厂长职务被村委会莫名其妙地免掉了。为了更好地发展本地经济，在镇政府的协调支持下，黄国林于 1990 年另起炉灶创办了香雪内衣厂。

香雪内衣厂属于镇办企业，镇政府领导给了他充分的经营自主权。他选择了一块三角形的苗圃园，利用地形建起了一幢三角形的厂房大楼。这幢大楼远远望去，宛如一艘劈波斩浪、昂首航行的巨舰，成了当时皇塘镇上的一座标志性建筑。

香雪内衣厂的创办正值邓小平南方谈话之后，全国各地都兴起了抢抓机遇、加快发展的改革大潮。黄国林踌躇满志，心雄万丈，挟市场人脉资源之余威，大刀阔斧地扩大生产，拓展市场。他不惜重金从海外购置了先进的电脑绣花、电脑绗缝等设备，别出心裁地开发了兔毛被、羽绒被等一系列新产品，填补了国内空白，甚至得到了国家星火计划的支持。企业要扩张，就必须有投入。自己的资金流不够，他就靠银行贷款“借鸡下蛋”。本地银行的贷款额度没有了，他居然有办法跑到北京去借钱。为了抓住机遇，他甚至提出了“先当债主，再当财主”的口号。他的这一理念，在当时的皇塘镇引起了轰动。镇政府把他的发展模式树为典型并加以推广，许多企业纷纷效仿，各显其能，助推了皇塘镇经济大发展的又一轮高潮。

真所谓时势造英雄，黄国林适逢其时，成为名噪一时的风云人物。黄国林被评为全国优秀青年企业家，到北京人民大会堂参加了表彰大会，受到了党和国家领导人的亲切接见。

大发展必定带来大变革。短短几年之内，皇塘镇的床上用品企业一下子冒出来百余家，家纺行业一举成为皇塘镇的支柱产业。如火如荼、轰轰烈烈的集约式发展，虽然助推了皇塘镇经济总量的扩张，但是，缺乏产业引领和行业约束的粗放式发展模式，不可避免地导致了各自为战的无序竞争。随着市场机制和商品供求关系发生了根本性变化，不到20年时间，皇塘镇的床上用品行业渐露疲惫之态。黄国林的香雪内衣厂也开始陷入困境：产品销出去了，但是货款收不回来；为了不失去市场，不得不继续供货；为了保证市场供货，不得不继续生产。如此循环往复，资金链终于绷不住了。加上以前的大投入形成的高负债，黄国林“财主”没做成，反倒是成了真正的“债主”。于是，一时之间，皇塘镇上关于黄国林负债几千万的传言不胫而走，就连与他一起打拼的结发妻子都不堪重负，狠心地离他而去。一直顺风顺水的黄国林真的遇到了“滑铁卢”。

跌入低谷的黄国林迷茫了，困惑了。那时候，香雪内衣厂是皇塘镇的镇办企业，按理说负债多少都是企业的，如果黄国林置身事外，拍拍屁股走人也未尝不可。但是，黄国林不甘心这样做。扔下一个烂摊子给政府，有何面目对江东父老？再说，企业遇到困难并不可怕，只要一息尚存，总有东山再起的一天。

2002年10月，皇塘镇政府对香雪内衣厂进行了资产评估，并决定对其进行改制。

当时，香雪内衣厂负债3500万元，是镇政府的一个巨大包袱，也是一个烫手的山芋。黄国林力排众议，义无反顾地接下了这个烫手的山芋。他说：“这个厂是我创办的，负债也是我造成的。我不入地狱谁入地狱。”于是，他毅然出资150万元，买下了负债累累、濒临倒闭的香雪内衣厂。

## （四）

企业改制之后，黄国林痛定思痛，立志重新创业，东山再起。他把蒲松龄的一副对联抄下来贴在床前激励自己：“有志者，事竟成，卧薪尝胆，三千越甲可吞吴；苦心人，天不负，破釜沉舟，百二秦关终属楚。”

他重新认真分析了国内外的经济形势，审时度势，下定了壮士断腕的决心：全面停产床上用品，转向外贸旅游用品。公司重新注册，名称为“江苏元景假日旅游制品有限公司”。

做外贸旅游用品，是黄国林绝地求生的一着险棋。他没有给自己留后路，他必须赌一把，置之死地而后生。他豁出去了！

做外贸首先要有订单，没有订单就没有生产。没有外贸渠道，黄国林就自己做业务员，常州、镇江、南京、上海，一家一家地去找外贸公司。

跑了一个多月，黄国林好不容易通过苏州一家外贸公司接到了一份合同额为37万元的出口日本的睡袋订单。黄国林如获至宝，赶紧回厂组织生产。从材料采购到开料裁剪，从样品试制到成品包装，黄国林在车间待了15个日日夜夜，人瘦了10多斤，本来就有眼疾的双眼差点失明。熬到最后，总算按时完成了订单的生产。货交出去之后，黄国林始终忐忑不安，度日如年。

然而真的是怕什么来什么。几天后，外贸公司把这批睡袋全部退了回来，拒绝收货，原因是睡袋上的花式拼缝没有拼齐。

黄国林欲哭无泪，只好打掉了牙往自己的肚子里咽。他做了20多年内销的被子，从来没有遇到过花式拼缝齐不齐的问题，没想到外贸产品的质量要求是如此苛刻。37万元的单子就这样打了水漂，缴了学费。

黄国林不甘心失败，只身一人南下广东，他要到外贸生意最红火的珠三角去碰碰运气。屋漏偏逢连夜雨，求单心切的黄国林在广州偶遇了一位港商。被几番忽悠之后，一向精明的黄国林居然阴沟里翻船，被那派头十足的所谓港商骗去了10万元定金。

在广州跌了跟头，好面子的黄国林回来之后跟谁都没提起这事，鼻子一捏就过去了，但他依然不死心。那时候，中俄边境贸易开始红火起来。四川南德集团的牟其中，用国内滞销的食品罐头成功地从俄罗斯换回来两架飞机，一时风靡商界。迷茫中的黄国林受到启发，也动起了做中俄边贸生意的心思。

说干就干。他带了一个副总经理和一个精干的业务员直奔列宁格勒（今圣彼得堡），通过中方领事馆的帮助，在列宁格勒顺利地设立了公司办事处。一切安排妥当后他才回国，有计划地组织生产，安排发货。

第一批货发出去之后，派驻列宁格勒的副总经理打来国际长途电话：业务员失踪了。

黄国林大吃一惊，如遭雷击。他使出浑身解数，通过各种渠道，千方百计地寻找失踪的业务员。三天后，消息传来：业务员在绑匪手中，只要交出赎金，就放人。黄国林当即决定拿钱救人。遭此一难，黄国林觉得动荡中的俄罗斯充满了凶险，并非商战之地。于是，他当机立断，决定：撤销办事处，撤回全部人员，没有处理掉的货一分钱都不要了，统统扔掉！

外贸业务的连连失利，沉重地打击了黄国林的转型计划，也给他的心志带来了巨大的磨难，他几乎崩溃了。难道转型之路真的走不通？我黄国林从此将折戟沉沙？他在苦苦地思索着、煎熬着、挣扎着……在那段几乎绝望的灰暗日子里，他想起了母亲。他永远忘不掉坚强的母亲临终前拉着他的手对他说过的话："孩子，人可以被打死、苦死，就是不能怕死！再苦再难，只要不怕，只要舍得吃苦，总有翻身的一天！"那一年，他的母亲积劳成疾，撒手人寰，年仅43岁，黄国林刚23岁。母亲的临终遗言字字句句都深深地刻印在他的脑海中，永远激励着他。他甚至还想起了当年在大西北闯荡时看到的胡杨树。他听当地人说，这种胡杨树具有极强的忍耐力和顽强的生命力，有"沙漠中的英雄树"之称，生而不死一千年，死而不倒一千年，倒而不朽一千年。坚强不屈、铮铮铁骨的胡杨树给了黄国林巨大的震撼：树尚能如此不屈，人岂可轻言认输！倔强的黄国林没有被一次次的挫折击倒，再一次昂起了不屈的头颅。

上帝是公平的，当他对你关上一扇大门时，也为你悄悄地打开了另一扇窗。也许是他的不屈斗志感动了上苍，黄国林的种种努力终于有了回报。一个偶然的机会，黄国林遇到了一个贵人，他的企业犹如枯木逢春，起死回生了。

21世纪初，中法两国举办了一系列文化交流活动。作为文化交流的延续，商贸活动异常活跃。上海有家外贸公司专做体育及户外旅游用品业务，急需在国内物色合格的生产厂家。机缘巧合，黄国林搭上了这条线。通过考察、评估，这家外贸公司看中了黄国林，先给了50万条睡袋的订单。黄国林吸取教训，把外贸公司的跟单员请到公司来驻厂把关，从材料选购到开料、裁剪、缝制、加工、配料、拼装、包装等，每一道工序都严格三检，坚决做到一丝不苟，万无一失。

第一批货按时交出去一个星期之后，外贸公司发来信息：全部合格，一次过关。

此后不久，这家外贸公司又专门派员来到皇塘，与黄国林签订了长期合作的战略协议。

就在外贸业务渐入佳境的同时，黄国林又收获了他的美好姻缘。原来，黄国林的不屈意志和拼搏精神，被一双慧眼看到了，并深深打动了这位女孩。这位叫潘丽敏的女孩，毕业于上海外国语大学，年方二十四。毕业之后经父亲推荐，她经常帮黄国林翻译一些外文资料或担任口语翻译，并且参与了外贸业务中一些报关之类的工作。一来二去，潘丽敏对黄国林有了更深入的接触和了解，不禁对这个男人产生了由衷的好感、敬佩、倾慕，最终爱上了他，嫁给了他。黄国林得此佳丽，不啻如鱼得水，如虎添翼，掀开了人生新的篇章。

曾经身陷绝境的黄国林，凭着他的不屈意志和顽强斗志，终于突出重围，风凰涅槃，成功开辟了一条走出国门、走向世界的光明大道。

## （五）

江苏元景假日旅游制品有限公司的外贸业务步入正轨之后，黄国林丝毫不敢懈怠，仍然以如履薄冰的谨慎，精心打造着企业的新形象。

当初企业改制时，黄国林接过来的是一个负债3500万元的濒临倒闭的企业，这些债务有银行的，也有民间的。黄国林被这巨大的债务压得喘不过气来，但他郑重承诺：欠债还钱，天经地义，只要我黄国林活着，就一定还清！

在皇塘，黄国林也算是个知名人物，一举一动、一招一式都是有讲究的。企业改制后，为了攒钱还债，黄国林一改原先的做派，为人处世十分低调。外贸业务有了起色之后，他把赚到的每一分钱都积攒起来，凑到一笔就还一笔，从不乱花。十几年间，黄国林就像愚公移山一样，在不知不觉中把巨大的债务终于一点一点地还清了。

债务还清之后，黄国林并未一身轻松，逍遥自在。作为一个在皇塘镇具有一定知名度的企业家，他觉得应该对社会有所贡献。

江苏元景假日旅游制品有限公司现有员工400多人，收入每年近3000万元，上缴国家税收1000多万元，是皇塘镇的利税大户之一。黄国林出身穷苦人家，深知贫穷对人刻骨铭心的伤害。因此，他尽可能地善待员工，特别是来自穷苦家庭的员工，他要让在他公司上班的每一个员工都早日脱贫致富，挺直了腰杆堂堂正正地做人。黄国林的员工，有一部分从香雪内衣厂创办之初就跟了他，不但自己一干就是十几年，而且把老乡也介绍过来进了厂，甚至把老婆孩子都接了过来一起生活。他们觉得黄国林这个老板很有人情味，自己再苦再难，也从来没有亏待过员工，跟着这样的老板有奔头。如今，许多员工都在皇塘买了房，买了车，孩子在这上了学，成了新皇塘人。作为一个有担当的企业家，黄国林始终没有忘记自己应尽的社会责任。镇里的公共事业，他热心支持；村里的慈善公益，他慷慨捐助；扶贫帮困，解危救难，他有求必应。鉴于他良好的品行和口碑，皇塘镇党委政府决定任命他到丁桥村兼任党委书记，他二话不说就去村里赴任，为新农村建设出力。因为，他是穷苦农民的儿子，他要尽自己最大的努力，回馈社会，回馈父老乡亲，回馈养育他成长的这片土地！

在皇塘，黄国林或许算不上真正的大企业家。但是，他的创业之路颇具代表性，他就是皇塘镇改革开放时代经济发展大潮中的一个弄潮儿、冲浪者。他用敢闯敢干的无畏精神和坚韧不拔的顽强斗志，演绎和诠释了皇塘人迎难而上、永不言败的豪迈情怀。正是有了一批黄国林式的创业者的横空出世，皇塘才能够及时地抓住改革开放的发展机遇，逐步发展为经济强镇。

行到水穷处，坐看云起时。昨日的辉煌已成过去，曾经的坎坷已成记忆，现实中的岁月静好，是无数人用负重前行换来的。已经年过花甲的黄国林没有止步，他属牛的秉性未改，创业的初衷未变。他仍在埋头苦干，砥砺前行！

## 张堰人与文胸

2010 年 11 月 22 日，时任中共皇塘镇党委书记林丹如在北京人民大会堂，接受了国家有关部门联合颁发的“中国家纺名镇”奖牌。

皇塘镇能够获此殊荣，全镇的数十家床上用品企业固然功不可没，但是，全镇的百余家文胸企业同样不可或缺。它们用强大的群聚效应和良好的市场美誉度，撑起了家纺名镇的半壁江山。

其实，皇塘镇的文胸产业，起步要早于床上用品产业。

皇塘镇文胸产业真正的发源地是张堰。

张堰是个古老的集镇，位于原皇塘镇的最东面，与常州市的武进接壤。历史上张堰曾经作为区政府和人民公社的驻地而存在。正是历史的经度和地理的纬度，造就了张堰人强烈的文化自信和敏锐的进取意识。所以，张堰可谓风水宝地，人杰地灵，人文历史和风俗文化繁荣璀璨。

### （一）

皇塘地区文胸产业的兴起，就是张堰人勇于开拓进取的真实写照。

要说皇塘的文胸行业，就不得不说张堰人的贡献。

先从文胸产业的领军人物之一袁耀定说起。

袁耀定，1955 年出生于后湖湾里村。初中毕业那一年，父母托人请了个颇有名气的裁缝师傅，让刚满16岁的他拜师学艺。三年学徒期满，父母又东借西凑为他买了一台缝纫机，指望他闯荡江湖，自谋生路。

可是，在那个“农业学大寨”的年代，手艺人是不能自由外出做工的。所以，袁耀定虽学了一身的裁缝手艺却无法施展。过了两年，公社在张堰办起了服装厂，袁耀定的哥哥为他争取到一个进厂的名额，袁耀定这才有机会自带缝纫机进张堰服装厂。这一天是1976年8月24日。

当时的张堰服装厂是社办厂，属于大集体性质，能够进厂做工人已属不易。袁耀定十分珍惜这份来之不易的工作，虚心向老师傅请教，努力学习生产技能。不到一年时间，他凭借原来三年学艺的基本功和进厂后的刻苦钻研努力，熟练掌握了生产过程中手工、上机、裁剪、打样等每一道工序，样样拿得起放得下，很快就成了全厂的生产骨干。

不过，因为市场还没有放开，原材料搞不到，产品找不到销路，所以服装厂的效益并不理想。直到一位传奇人物的出现，才彻底改变了张堰服装厂的命运，也才拉开了张堰人做文胸的历史序幕。

## （二）

这位奇人叫荆松大，南建北周庄人。

荆松大是上海古今内衣公司的制版师傅。

上海古今内衣公司的前身上海古今胸罩公司，是20世纪30年代初，俄罗斯人在上海淮海路开设的一家店铺，专为洋人和少数阔太太大小姐做文胸，现做现卖，享誉上海滩。1997年，上海古今胸罩公司更名为上海古今内衣公司。1988，更名为上海古今内衣有限公司。

荆松大年轻时学得一手好裁缝手艺，身怀绝技独闯上海滩，被俄罗斯老板看中，聘为制版大师傅。

那时候的文胸都是私人定制的。据说，荆松大有“眼睛是尺手是秤”的绝技，无论高矮胖瘦，他只要一打眼，对胸部的大小等就了然于胸，做出来的文胸不仅合体舒服，而且挺括雍雅，深得沪上上流社会女性的喜爱。

新中国成立后，上海古今胸罩公司收归国有，走上了技工贸一体化的发展之路，而身怀绝技的荆松大也成了公司不可或缺的制版师傅。

荆松大年长后，经常回老家走亲访友。那一年他回老家，听说家门口的张堰办了个服装厂，正好他儿媳妇张仁娣也在这个厂上班。也许是好奇心使然，这一天，他走进了张堰服装厂。

当时的厂长吴定忠早就听闻过荆松大的传奇故事，看到仰慕已久的荆松大不禁喜出望外，满怀热情地接待了他。在陪同荆松大参观了生产车间之后，吴定忠厂长向荆松大倾诉了当时的生产和经营困难，希望得到大上海服装界资深人士荆松大的指点。

荆松大沉思一番后，向吴定忠提出了一个设想：凭他在上海古今内衣公司的资历和人脉，可以帮服装厂争取到为上海古今内衣公司做来料加工的业务。这样，服装厂既能解决搞不到布料的困难，又没有市场销路的后顾之忧，还能保证厂里的工人有活干。

真是踏破铁鞋无觅处，得来全不费工夫。荆松大的偶然造访，让正在为企业的生存和发展感到“山重水复疑无路”的吴定忠，看到了“柳暗花明又一村”的希望。他毫不犹豫地作出了转产的决定。

1980 年 3 月 20 日，张堰服装厂正式转产，专为上海古今内衣公司做来料加工，开启了张堰人做文胸的历史。

## （三）

为了确保产品质量，花甲之年的荆松大干脆办理了退休手续，回到家乡，一心一意做起了张堰服装厂的技术顾问。

经过一段时间的细心观察，荆松大发现有三个年轻人值得培养：一个是袁耀定，一个是他的儿媳妇张仁娣，还有一个是南京来的知青周春英。

文胸是女性用品，张仁娣、周春英做这一行无可厚非。而袁耀定是个大老爷们，要他从事这一行业，他总觉得有点别扭。荆松大看出了他的心事，在不经意之间给他讲述了文胸的来历。

文胸最早出现在汉代，兴于唐朝。据说其在唐朝的流行跟杨贵妃有关。杨贵妃深得唐玄宗宠爱，她的一举一动、一笑一颦都引领着当时的潮流。她体态丰盈，唐代女性就以丰盈为美。她喜爱穿戴哪种装束，天下女人必极力效仿。杨贵妃曾用一块锦缎遮在胸前，并取名为“金袔子”，不料引起了其他妃子和宫女的竞相效仿，很快传入民间，并且经更迭演变传于后世。此物历代名称不一，如“亵衣”“抱腹”“心衣”“两当”“抹胸”“合欢”“胸衣”……在西方国家，1907 年法国设计师保罗·波烈以自由的名义宣布了束腰的式微和文胸的兴起。他由此被认为是文胸的发明人，“文胸”一词开始被大众熟悉和接受。俄罗斯人在上海开设的店铺制作的就是现代意义上的文胸。所以，从某种意义上说，荆松大是我国文胸制作祖师爷级的权威人物。

了解了文胸的历史和师傅的经历，袁耀定不禁对师傅肃然起敬，也对文胸行业有了新的认识。从那时起，他就把全部精力和心血投到了文胸行业。不到一年时间，袁耀定凭他的勤奋和悟性，得到了荆松大的真传，成为全厂最顶尖的技术能手，被提拔为主管生产和技术的副厂长。

## （四）

1982 年，张堰服装厂领导班子调整，袁耀定被工人们推选为新任厂长。

当时服装厂的主要业务仍然是为上海古今内衣公司做来料加工。袁耀定走马上任后，对接古今内衣公司，争取到了更多的加工订单。从“吃不饱”到满负荷生产，再到加班加点赶工期，全厂的生产热火朝天，工人的生产热情空前高涨，张堰服装厂成了当时全镇最红火的企业之一。

1983 年，张堰服装厂的产值虽然只有 417000 元，但净利润达到了 104000 元。为了扩大生产能力，袁耀定拿出 9 万元砌了新厂房。次年，张堰服装厂搬迁到了太平山的新厂房。

随着国家改革大势的不断变化，市场要素和经营模式也发生了根本性的改变，市场经济逐渐取代了计划经济。上海古今内衣公司为了提高市场竞争力和企业经营效益，砍掉了原来的发外加工业务。张堰服装厂做不成来料加工了。

怎么办？企业要生存，必须自谋生路。原材料可以想办法自行采购，生产环节也没问题，关键是市场在哪。“古今”品牌在市场上名头响，可那是人家的，总不能侵权吧？

必须有自己的品牌。

1986 年 5 月，张堰服装厂正式更名为“丹阳县胸罩厂”，自主品牌“天鹅”文胸也正式亮相。

## （五）

袁耀定是技术型厂长，对开发市场两眼一抹黑，毫无头绪。好在还有张仁娣和周春英两位女将。

张仁娣是荆松大的儿媳妇，就凭公爹的面子，上海古今内衣公司的人脉资源就是一把打开上海市场的金钥匙。所以，张仁娣借梯上楼，迅速就把“天鹅”牌文胸打进了上海市场。

周春英是南京来的知青，后来嫁给了皇塘本地人。调进张堰服装厂之后，她不仅吃苦耐劳，而且聪明好学，很快就脱颖而出。服装厂改成胸罩厂之后，她被提拔为分管经营的副厂长。自主品牌投放市场后，她自告奋勇主攻南京市场。短短两个月时间，她就把“天鹅”牌文胸成功打进了南京的数十家商场和百货公司，在南京的文胸市场上掀起了一股“天鹅”旋风。随后，她又一路向北“攻城略地”，趁势打开了淮安、连云港、徐州、济南等地的市场，使“天鹅”这匹黑马在苏淮市场异军突起，一战成名。

随着“天鹅”牌文胸在市场上的走俏，张堰地区的文胸产业悄然兴起。做文胸设备简单，技术含量不高，因此一些头脑活络的人只要买几台缝纫机，就可以办起一个家庭作坊式的工厂。短短两三年之内，张堰和皇塘地区一下子就冒出来七八家做文胸的小作坊。

这些新冒出来的同行中，有许多都是胸罩厂走出去的老供销或老师傅。他们自立门户、自主创业，多多少少都会影响到胸罩厂的利益。有人提出来要限制他们的发展，但是，袁耀定却不这样想。他认为有饭大家吃，有财大家发。再说，一枝独秀不是春，如果能够在皇塘地区形成文胸产业优势，就能自然形成产业集聚效应，这对整个区域文胸行业的发展来说是好事情。他不仅没有抵制他们，而且主动帮助他们，扶持他们。

## （六）

说到张堰文胸行业的遍地开花，就不能不提鄂正芳父子俩。

鄂正芳是皇塘镇易家塘人，自小头脑灵活，敢作敢为，曾在北京天安门广场受到毛主席的检阅。

“文化大革命”结束后，他在生产队务农，不甘心一辈子土里刨食，总是琢磨着干点别的名堂。他先是跟人合伙到南建大队办起了线路板厂，后经一个常州奔牛人介绍，跑到江西鹰潭承包了一个部队的家属工厂，并且把这家工厂搞得风生水起。1985 年大裁军，鹰潭的这支部队被撤销了番号，家属工厂也随之关门，鄂正芳于是又回到张堰。

当时，同村的易玉堂正好在袁耀定的工厂跑供销，鄂正芳有时也陪易玉堂一起送货。一来二去，他看出了门道，就对易玉堂说：“办一个文胸厂也不难。我办过厂懂生产，你跑供销有销路，我们可以合起伙来自己办一个厂呀。”真是一语点醒梦中人。于是，1993 年春，鄂正芳和易玉堂承包了张堰小学的校办厂，买了几台缝纫机，招了几个工人，办起了文胸厂，厂名叫张堰学校妇女用品厂。

一年后，鄂正芳注册了丹阳市峰华制衣厂。

不料想，正当企业办得红红火火时，鄂正芳于2000年突发疾病，撒手人寰。

鄂正芳的长子鄂哲峰接过了帅印。

正所谓长江后浪推前浪，一代更比一代强。1977年出生的鄂哲峰，毕业于常州工学院。执掌企业后，他以青年人的新锐思想和视野，给企业注入了全新的发展理念。2001年，鄂哲峰注册丹阳市彰艳文胸内衣有限公司。2008年，注册“安菲雅”商标，全面建立安菲雅视觉系统，并且编制了安菲雅少女内衣VR手册，完成了进军少女内衣市场的细分市场准备工作。

2010年，江苏安菲雅内衣有限公司成立。这标志着安菲雅公司已经完成了细分市场的整体布局，华丽转身为集少女内衣研发、生产、销售于一体的业内知名企业。

2016年，安菲雅公司启用“柔风”品牌，从少女内衣细分市场转战全棉全品类中的高端内衣消费领域，进一步提升了内衣品质，提高了品牌的附加值。

2018年，为适应新的销售模式，鄂哲峰在常州组建了宝龙营销中心，分别开通了淘宝、天猫、抖音等电商平台，并创立了产品形象展示中心、短视频拍摄制作基地等，精心打造了专业化的运营团队，以全新的面貌和形象展示了安菲雅的品质和风采。

作为皇塘镇第二代企业家中的典型代表，鄂哲峰无疑是佼佼者。他和而不同的经营理念和财散人聚的为商之道引起了业界人士的共鸣，也吸引了官方的关注。他被皇塘镇党委政府推选为丹阳市第十五届、第十六届政协委员。2009年10月，担任民建丹阳一支部副主委。他还是江苏省鄂氏宗亲会副会长、丹阳市鄂氏宗亲会会长。

## （七）

在鄂正芳等人的影响下，张堰人的文胸产业很快就形成了气候，并迅速扩张至周边地区，引领了皇塘镇文胸行业的迅猛发展。

迅猛发展的个体私营经济，对集体经济组织形成了巨大的冲击。特别是低门槛的文胸行业遭到了严峻的挑战。尽管袁耀定采取了内部承包、独立核算、自主经营等多种灵活策略，但在经营效益上仍然竞争不过个体私营户。

怎么办？

改制！唯有彻底改制，才能凤凰涅槃！

1997年10月，丹阳市胸罩厂进行体制改革。经过协调，镇政府决定由袁耀定、张仁娣、周春英三人，通过抓阄的方式确定胸罩厂和“天鹅”品牌的所有权。结果，袁耀定侥幸胜出。

获得一些补偿的张仁娣另起炉灶，办起了丹阳市东方制衣厂。

同样，周春英也很快办起了霞琪胸罩厂。

如此一来，原来的丹阳市胸罩厂一分为三，形成了三足鼎立之势。

## （八）

其实，袁耀定是个内向的人，性格腼腆，不善言辞，最怕与人打交道。可现如今成了企业老板，为了给产品找市场，为了企业的生存和发展，就必须与人打交道。好在他为人实诚，从不虚头巴脑，时间长了，客户反而认准了他这一点，都愿意与他建立稳固的合作关系。改制以来，袁耀定的企业持续稳步发展，在全镇的文胸行业中一直是“领头羊”。

在“领头羊”的引领下，皇塘镇文胸产业出现了百花齐放的可喜局面。

周春英创立“霞琪”品牌后，企业规模不断扩张，产品知名度不断提升。她的儿子刘代华执掌企业后，更是以敢闯、敢干、敢拼、敢冲的精神和初生牛犊不怕虎的勇气，把公司办得风生水起。

皇塘地区文胸产业的蓬勃发展，在带动整个产业链多元化发展的同时，也大大提高了从业人员的收入。换言之，企业的用工成本越来越高。在皇塘地区，一般的缝纫工年收入达到了七八万元，熟练工更高。另外，企业用地越来越紧张，不但指标难求，而且地价飙升。在这种形势下，刘代华独辟蹊径，到劳动力成本和土地成本更低廉的安徽省办起了颇具规模的分厂。如此一来，他的企业规模、市场份额和产品的产销量，在皇塘地区独占鳌头，成了业界翘楚。

## （九）

2010年，袁耀定投资800余万元建起了8000余平方米的新厂房，公司更名为“江苏宝优乐时装有限公司”。为了企业的持续发展，66岁的袁耀定把企业的法定代表人转给了女儿袁淑俊。

随着皇塘地区文胸产业的蓬勃兴起，同行之间的竞争在所难免。为了避免恶意竞争，细分市场不失为一种明智之举。袁耀定看到了这一点，把大众化的普通文胸市场主动让了出来，自己转做更为精细的孕妇文胸，宝优乐时装的主打产品就是孕妇文胸。

在袁耀定的引领和影响下，细分市场成了皇塘胸罩行业的自律行动。如此一来，既避免了自相残杀的恶意竞争，又拓展了产品的多样性空间，把文胸行业这块蛋糕做得更大，促进了产业的良性发展。通过细分产品和市场，皇塘镇的文胸产业更趋多样化、地域化、特色化、专业化，整体优势和群聚效应得到了极大增强，市场占有率和美誉度有了质的飞跃。

据不完全统计，皇塘镇已有大小文胸企业和与之配套的关联企业近百家，从业人员 5800 多人，上缴国家利税 6000 多万元，社会效益超 5 亿元。

张堰人的小小文胸，做出了一篇富民强镇的大文章。

文胸产业成为皇塘地域经济中一张独具特色的名片，成为皇塘镇经济大发展中一道亮丽的风景。

## 草菇大王

### （一）

蒋墅滕村的姜氏，能人辈出，“草菇大王”姜建新就是其中一位。

姜建新出生于 1953 年，在盛行“读书无用论”的年代勉勉强强读了 7 年书。回乡务农正赶上“农业学大寨”，一年到头起早摸黑，辛辛苦苦土里刨食。

20 世纪 70 年代，丹阳东乡导墅片有几句“顺口溜”，说的是开春之后相邻的四个公社的老百姓的生活状态，“导墅人家看戏，皇塘人家拜年，里庄人家赌钱，蒋墅人家削草皮”。拜年、赌钱都知道是咋回事。“导墅人家看戏”，是因为导墅公社新造了一个大会堂，经常请一些剧团来演出，老百姓呼朋唤友、成群结队地去看戏，轰动一时。“蒋墅人家削草皮”又是怎么回事呢？当时，蒋墅公社党委书记名叫贺细苟，是江苏省劳动模范，也是“农业学大寨”运动中的一面旗帜。他带领蒋墅公社贫下中农战天斗地，用大寨精神誓夺高产。没有肥料，就大搞有机肥，削草皮做灰堆或翻草塘，草皮发酵腐烂后就是很好的有机肥。

蒋墅镇的地理位置不错，紧邻 312 国道，与常州交界，具有交通和信息优势。所以，蒋墅人头脑也比较活络。在大集体时代，蒋墅人偷偷摸摸地搞起了农副业：养母猪、栽茭白、栽桑养蚕、养鱼育蚌、养地鳖虫、育豆芽、养蚯蚓、种葡萄……啥能挣钱就弄啥。蒋墅人的副业搞得有声有色，远近闻名。

姜建新的父亲当了20余年的生产队长，不想为难乡里乡亲，干脆就睁一只眼闭一只眼，不声不响地由着村里人搞副业补贴家用。姜建新就是在那时候悄悄学会了养地鳖虫。

地鳖虫，又名土元，是一种生长在阴暗垃圾土里的昆虫。农村老屋的土质墙角和灶间旮旯里经常可见，用开水烫死晒干后可作为中药材出售。

姜建新平时话虽不多，却爱琢磨。在养殖地鳖虫的过程中，他摸到了门道，发现地鳖虫喜欢阴湿的松土，当温度降至一定程度后就进入冬眠状态。他想：如果温度不降，它是否就不冬眠呢？不冬眠不就可以缩短生长期了吗？于是，他搭建了土坯养殖地窖，用煤炉室内加温的办法，试验地鳖虫冬季不冬眠的养殖方法。为了观察地鳖虫的生长情况，他钻进地窖里一蹲就是几个小时。地窖是靠煤炉加温的，为了保温又不能排烟通风，所以地窖内的煤气浓度会越来越大。有一次，他在地窖里待了半夜，煤气中毒晕倒在地窖里，幸亏妻子及时发现，赶紧把他背了出来。经过反复实验，姜建新终于摸索出了地鳖虫的快速养殖方法，大幅缩短了养殖周期。然而，人算不如天算，地鳖虫的市场价格在一年之内下跌了七八成。姜建新回天无力，毫无办法，只好亏本甩卖，另谋他途。

实行生产承包责任制后，农民有了生产自主权，姜建新觉得发家致富的春天来了。他买了一辆二手自行车，没事就骑着到常州的农贸市场转悠，四处打探致富的门路。一天，他在市场上看到城里人都喜欢买价格不菲的平菇，不禁心头一动，觉得机会来了。他从小就在田边地头见过野生的平菇和草菇，不过怕有毒，不敢吃。他还想起来在他养地鳖虫的地窖里，也偶尔有三两株平菇从阴湿的土壤中钻出来。既然这样，种植平菇应该不难。

说干就干！姜建新当即四处打探，买来了棉籽壳和菌种，利用原来养地鳖虫的地窖栽培起了平菇。那时候，关于菌菇栽培技术方面的资料很少，他到常州的新华书店跑了几趟，才买到一本有关菌菇栽培技术的小册子。回家后，他按照书上的方法，小心翼翼地控制着温度、湿度、营养、光线等，终于逐步掌握了平菇的栽培技术。四个月后，一朵朵平菇撑着小伞从菌床上钻了出来，一天天长大了，姜建新的脸上终于露出了喜悦的笑容。春节前，他的平菇上市了。

平菇是时鲜货，保鲜期很短，为了赶上早市，他每天都是半夜一点钟起床，到菇房采摘新鲜的平菇。采摘后，他用自行车驮着两个装满新鲜平菇的竹筐，打着手电筒赶夜路，天亮前骑到常州怀德桥菜市场。晴天还好说，遇到下雨下雪天就遭罪了。有一次下大雪，他好不容易驮着200多斤平菇到了菜市场，可菜摊担心下雪天顾客少，只肯收他几十斤货。姜建新没办法，只好骑车赶往湖塘、夏溪等乡镇的菜市场，低价兜售没卖完的平菇。在夏溪往卜弋桥的路上，由于雪地路滑，加上他又冷又饿，手冻得僵硬了，一不留神连人带车翻倒在路边的河滩上，筐里的平菇撒了一地……

打那之后，姜建新就开始琢磨，小打小闹成不了气候，要想在市场上站住脚，就必须走规模化发展之路。

于是，1996年10月21日，姜建新创办了丹阳市江南食用菌有限公司。这也是丹阳市第一家由农民自主创办的农产品生产企业。

## （二）

所谓食用菌，就是可供人们食用的真菌，常见的有平菇、香菇、草菇、蘑菇、木耳、银耳、猴头菇、金针菇、鸡腿菇、杏鲍菇等。物以稀为贵。菌菇因为难伺候，所以珍稀。20世纪80年代，随着人工栽培技术的普及，美味的菌菇开始走上寻常百姓的餐桌。

姜建新是靠一本小册子学会食用菌栽培的。公司成立后，随着品种的增多和生产规模的扩大，他越来越觉得专业知识不够用，专业技术跟不上。于是，他出资让文化程度比他高的妹妹姜小红脱产到江苏省微生物研究所进修，系统学习和掌握食用菌的栽培技术。他自己则遍访高人，广交朋友，先后与金坛县食用菌研究所、江苏农林学院、南京农业大学、江苏省微生物研究所、中国农业科学院等单位挂上钩，借助这些科研院所雄厚的技术力量，为公司腾飞插上了强健的科技进步的翅膀。

2005年，公司增资2050万元，更名为江苏江南生物科技有限公司，姜建新这个土生土长的农民，在更高的平台上谱写了更华丽的篇章。从单一的菌菇栽培发展到菌种培养、新品开发、技术培训、产品收贮、深度加工、产品销售、废料利用、技术研发等多品种、多门类、全产业链，江苏江南生物科技有限公司一举成为江苏省农业产业化经营的龙头企业。2004年8月，公司通过了ISO 9001：2000质量管理体系认证。2009年12月，又通过了良好农业规范（GAP）认证，为企业的可持续发展奠定了坚实的基础。

与此同时，姜建新继续联手大专院校、科研院所，在新品开发和科技创新领域迈上了新的台阶。他和有关科研机构共同组建了产学研联合体，在公司创办了食用菌研究所，并把公司变成大专院校和科研院所的实验基地，实现了对菌菇的保健和药用功能的深度开发，成功向市场推出了注册商标为“康韵”的虫草系列保健产品。2009 年，姜建新找到了中国工程院院士、国际药用菌学泰斗、国家食用菌产业技术体系育种与菌种繁育研究室主任李玉，希望得到业界权威人士的鼎力支持。姜建新的不懈努力和创业精神，深深感动了李玉院士。经过多次实地考察和可行性研究，李玉院士破例在姜建新的江南生物科技有限公司建立了院士工作站，这在全国也是首例。

有了强大的科技做后盾，姜建新的食用菌事业做得更加风生水起。专家告诉他，我国已知的食用菌有 350 多种，分布在不同的生态环境中。食用菌不仅味美，而且营养丰富，是大自然馈赠给人类的健康食品。许多菌菇不仅含有人体所需的各种氨基酸，还具有降低血液中的胆固醇浓度、治疗高血压的功效。对食用菌进行深加工，可以从中提炼出有价值的成分，制成保健营养产品，甚至可以制造出抑制血压、胆固醇、血脂等升高和肿瘤生长的药品。

姜建新看到了食用菌、药用菌广阔的市场前景，把厂区面积扩大到 10 万平方米，形成了制种、栽培、收购、加工、保健食品生产、药用中间体提炼、原辅材料生产、废料循环利用、有机肥加工、物流、技术培训、信息咨询服务、进出口技术及转化、商品贸易等全产业链模式。姜建新的公司成了全国闻名的食用菌生产基地，姜建新成了名副其实的“草菇大王”。

经过 20 多年的摸爬滚打，姜建新也从一个农民逐渐成长为精通技术的草菇专家。他主持研发的“草菇新型栽培与深加工”“草菇周年栽培新技术与菌渣三级循环利用”等 4 个科研项目，被列入了江苏省和国家的星火计划。他研究的“草菇栽培料及其堆制方法及草菇栽培方法”获得国家发明专利。他自主研发的“纺织废棉生产食用菌”“微生物肥料开发利用”技术通过了省级鉴定，被认定为具有国内领先水平。他主持制定了江苏省草菇生产技术标准，并受邀参与了草菇生产国家标准的制定。

## (三)

姜建新成了闻名全国的“草菇大王”，可他没有“飘”，更没有忘记乡里乡亲。

自成功栽培食用菌之日起，姜建新就一直没有忘记帮助身边的农民兄弟一起致富。只要有人愿意跟他学，他总是不厌其烦地手把手地教。后来，想学的人多了，他干脆投资百万元建起了食用菌培训中心，不为赢利，为的就是让大家真正学到食用菌的栽培技术。他自编教材，亲自授课，言传身教，现场实验，直到慕名而来的学员完全学会为止。姜建新和培训中心的名声越传越远，学员从最初的周边地区，发展到了全国各地。据统计，江南生物科技有限公司先后举办培训班近200期，培训全国各地学员1万多人。

在推广和传授食用菌栽培技术的同时，姜建新还向有困难的农户提供资金和实物方面的帮扶。对于暂时有困难的菇农，他就把菌种和原料赊给他；对于家境确实困难的菇农，他干脆无偿提供菌种和原料。多年来，他赊出去的菌种和原料不计其数，仅无偿资助给困难菇农的菌种和原料就价值200余万元。在他的带动和帮扶下，周边方圆数十公里之内，从事食用菌生产的农民3000余户，拥有菇房4500多间，年产食用菌6000多吨，户均收益5万余元。

为了提高行业整体水平，切实维护菇农们的利益，姜建新发起成立了食用菌协会，用行业协会的形式对菇农进行有效的管理和服务，加强了行业自律，整合了市场资源，提高了生产效益，得到了广大菇农和社会各界的普遍欢迎。

江苏江南生物科技有限公司先后被授予“农民科技培训星火学校”“全国食用菌行业优秀龙头企业”“全国食用菌标准化示范区”“江苏省农业产业经营先进单位”“农业产业化国家重点龙头企业”“江苏省循环经济试点单位”等荣誉称号。姜建新个人先后获得丹阳市劳动模范、镇江市科技标兵、江苏省农业产业化经营农民致富奔小康先进带头人、国家星火计划先进个人等荣誉称号。

淳朴忠厚的姜建新在事业上取得了成功，赢得了声誉。他说，能有今天的成就，是因为我们赶上了一个好时代。他把这一切都归功于党的好政策，归功于这个伟大的时代。他积极主动地加入中国共产党，并处处以一个党员的标准严格要求自己，服务人民，回馈社会。

2018年，蒋墅镇滕村的姜氏家族发起成立了姜氏宗亲会，姜建新被推选为会长。就任后，姜建新团结族人启动了续修家谱、新建宗祠和重建尚书亭三大工程。他不仅带头先后捐资200余万元，而且亲力亲为。在他的带动下，滕村姜氏宗亲会的三大工程均已完成，为家族振兴和地方文化建设作出了重大贡献。2022年，滕村成功入选省级地名文化遗产名单。

2021年5月1日，姜建新被全国总工会授予“五一劳动奖章”，赴北京人民大会堂出席了全国劳模表彰大会，受到了习近平总书记的亲切接见，并有幸与习近平总书记合影留念。

姜建新，用他的勤奋和闯劲，书写了一个当代农民的不朽传奇！

## 敢问路在何方

### （一）

古老的里庄，是一个传统的农业乡镇。数千年的农耕文明浸润了这片土地，造就了里庄人坚韧顽强、勤劳智慧的可贵品质，创造了丰富多彩的地方物产和无愧于时代的地方文化。

改革开放以来，里庄人和全国人民一样，逐渐摆脱传统低效的农耕生产方式，开始走上了大办乡镇企业、发展经济之路。由于区位优势欠佳，里庄的乡镇企业与周边发达地区的相比，无论是企业规模还是产品知名度都稍逊一筹。

但是，“十步之内，必有芳草”。在风起云涌、大浪淘沙的乡镇企业发展大潮中，里庄地区仍然不乏可圈可点的企业和有口皆碑的企业家。

路玉明就是一个佼佼者！

### （二）

出生于1948年的路玉明，总调侃自己是“生在旧社会，长在红旗下”的人。1964年，路玉明在皇塘镇的吴塘中学完成了初中学业，毕业了。

初中毕业时，路玉明个头不大，身单力薄。父亲路仁昌看在眼里，疼在心里，就向领导求情，好说歹说，总算争取到一个进厂名额，让儿子也进入了自己工作的服装厂。他打算把儿子培养成一个优秀的大师傅。

路玉明头脑灵活，聪明好学，进厂没多久，就学会了服装生产的全部技能，成了厂里最年轻的全能技术能手。

在厂里，路玉朋总是拼命地干活，不但活比别人干得多，而且每一道工序都拿得起，放得下，没有他解决不了的难题。厂里安排他跑业务，他第一年就成了全厂的销售冠军。对于这一切，工人们是看在眼里，敬在心里。

后来，乡政府另外派人接管了服装厂。新来的厂长不懂技术，不懂业务，不懂管理，生产很快陷入了混乱。次品、退货、索赔，出现了连锁反应，好端端的一个服装厂开始亏损。再换厂长，涛声依旧，越折腾越糟……

转眼到了 1983 年，服装厂濒临倒闭。工人们不忍心眼睁睁地看着自己的工厂关门，向政府提出再也不能派外行来瞎折腾了，要求民主选举，由本厂的工人自己选一个信得过的掌舵人。

乡政府同意了工人们的要求。

民主选举这一天，路玉明正好出差去了外地，没来得及赶回来。选举时，全厂 52 人，除了他本人没到场，其他参加选举的 51 人，全部把票投给了没有到场的路玉明。

## （三）

路玉明走马上任时，服装厂内外交困。原因有二：一是产品质量不过关，失信于客户单位，导致原来的市场资源丧失殆尽；二是市场环境悄然发生了根本性的变化，随着各地乡镇企业的蓬勃兴起，大量商品涌入市场，彻底改变了物资短缺的局面，卖方市场已经变成了买方市场。所以，小作坊式的乡镇服装厂已经很难在日趋激烈的市场竞争中立足了。

要想生存发展，唯有另谋他途！

年仅 35 岁的路玉明新官上任，虽有满腔热血，但要从绝境中杀出一条血路，谈何容易？

“昨夜西风凋碧树，独上高楼，望尽天涯路。”

前任厂长“病急乱投医”，土法上马搞了个铜棒产品。由于工艺不过关，手工浇铸出来的铜棒质次价低，几乎没取得什么效益。更要命的是，落后的生产工艺可能会给一线操作工人的身体带来危害。

早期的乡镇企业都属于粗放式生产，职工也都是原来的种田农民，所以，劳动保护意识都不强。路玉明上任不久，就听到操作工人反映，喉咙呛得难受，咳得厉害。他不敢怠慢，马上主动请相关部门的专业人士和医生现场研判。专业人士和医生得出了一致的结论：浇铸铜棒时产生的废气对人体有害！

路玉明大吃一惊，立马做出了停产的决定。他说："职工的身体健康是第一位的。企业的发展绝不能以职工的健康为代价！"

## （四）

铜棒产品关掉了，服装业务又看不到曙光，企业陷入了窘境。

决不能让企业倒掉！路玉明的信念坚定而执着。可是，做什么产品？企业如何生存？怎么发展？路玉明苦苦地思索着，琢磨着……

路在何方？

鲁迅说过："地上本没有路，走的人多了，也便成了路。"迷茫中的路玉明又开始了艰难的探索之路。

他听说相邻的导墅镇有个舞台设备厂效益不错，就托人带他去实地考察了一番，在了解了舞台设备产品的制造原理和生产流程，测算了生产成本和利润率后，觉得可以一试。于是，他带着厂里几个懂点技术的职工开始了舞台设备的技术攻关。画图纸，找原料，做样品，搞调试，寻买家……无数次折腾，无数次反复，无数次碰壁。精力花了不少，本钱投入不少，样品也做了不少，但是，由于技术不过关，质量不达标，没有一家客户愿意购买。路玉明看着车间里试产出来却卖不出去的一堆舞台设备产品，欲哭无泪。

不行就再试试别的产品！

路玉明相继开发过"胖婆子"、电风扇、电镀椅等产品，但无一例外都无疾而终了。

"上穷碧落下黄泉，两处茫茫皆不见。"

一番跌跌撞撞下来，路玉明悟出了一点门道：没有技术含量的产品就没有生命力，没有自主创新的技术就难在市场上有立足之地。

一个偶然的机会，路玉明结识了一位折柳人。此人原来在东北一家国营机械厂工作，是个工程师，年长之后思乡情切，就回了老家。路玉明看中了他的技术，就把他请到了厂里，真心诚意地向他讨教新产品的开发思路。此人见路玉明虚心请教，就毫无保留地向他介绍了自己的专业技术：低压电器中的接触器。

## （五）

低压电器接触器，这对路玉明来说简直就是见所未见，闻所未闻。但是，路玉明敏锐地感觉到，这个东西也许就是企业摆脱困境、走上坦途的金钥匙。

于是，他义无反顾地投入对低压电器接触器的开发之中。破釜沉舟，背水一战！

做电器产品，起码要有冲压铣刨磨等机械加工设备，可厂里一样都没有。添置新设备，没钱怎么办？当时的里庄，就只有农机具厂有一台冲床。路玉明就跟人家商量，请人家帮忙加工。没有磨床，就手工打磨。没有材料，就派人四处采购，实在找不到，就用替代品。当时市场上买不到胶木，路玉明就用铁皮、铝皮，甚至桃木、榉木代替。一次不行两次，两次不行三次，十次，一百次……为了攻克难关，那段时间路玉明甚至不分白天黑夜蹲在车间搞试验，饿了啃块烧饼，困了趴在桌子上打个盹……过度的精神劳累和严重的身体透支，使他落下了终生的疾病。他至今未愈的胃病，就是在那段煎熬的日子里落下的。可他为了给困境中的企业找到一条出路，什么也顾不上，只管拼了！

“衣带渐宽终不悔，为伊消得人憔悴。”

在路玉明和职工们的不懈努力下，在工程师的精心指导下，第一款样品终于试制成功了。

几天后，路玉明亲自押车，把第一批产品送到了辽宁抚顺叉车厂。厂方虽然对产品质量不太满意，但碰巧厂里断货，就勉为其难地收下了这批货，并当即付清了货款。

出差回来后，路玉明办的第一件事，就是订购一批全新的生产设备。

工欲善其事，必先利其器。添置了新设备的低压电器厂如虎添翼，产品质量稳步提高，销售渠道巩固拓宽，企业效益突飞猛进。第二年，路玉明把工厂从桥南搬到了桥北，把厂名从“里庄综合厂”改成了“丹阳县低压电器厂”。新厂建成后，企业开始走上了正规化的发展之路，生产能力不断提高，企业效益连年翻番。1984 年利润 8 万元，1985 年利润 20 万元，1986 年利润 40 万元，1987 年利润 80 万元，1988 年利润 160 万元，低压电器厂一跃成为里庄镇第一利税大户。

“众里寻他千百度，蓦然回首，那人却在灯火阑珊处。”

路玉明和他的低压电器厂终于进入了新的发展阶段。

1986 年，路玉明光荣地加入了中国共产党。

## （六）

路玉明成了里庄最耀眼的企业家，各种荣誉纷至沓来。可路玉明并没有得意忘形，依然整天扎在厂里精耕细作，每天都是早上第一个到厂，晚上最后一个回家。除非陪同客户，他平时很少应酬，不赌博，不钻营，不投机，奉公守法，遵章纳税。他行得正，走得端，谁也不巴结，谁也不得罪，唯一的兴趣就是闲暇时与人手谈几局。路玉明下棋的风格一如他做事的态度：认真、严谨、深思熟虑、一丝不苟。

如日中天的路玉明，做人做事低调，可也有人认为，他这是自视清高，目中无人。但是，里庄的老百姓打心底里钦佩路玉明，一致认为他是个敬业、正直、可信的人。1990 年，在里庄镇的政府换届选举中，路玉明当上了副镇长，就这样走上了仕途。

走马上任副镇长，路玉明分管工业和科教文卫。“干什么就得吆喝什么”，他虽然没有从政经验，但坚定一个信念：全心全意做工作，尽责尽力办好事。由于里庄镇政府财力有限，里庄的中学、小学、医院房屋陈旧，设施落后。路玉明接手之后，尊重民意，力主把学校和医院的改造列入政府的民生工程，并多次跑到丹阳市教育局和卫生局，争取上级支持。通过他的努力，里庄的中小学和医院在两年时间内都建起了新的大楼，面貌焕然一新。后来，他被提拔为分管工业的副书记兼经济实业总公司的总经理。

## （七）

1996 年，低压电器厂出现了问题，市场萎缩，效益滑坡，员工跳槽，乱象丛生。厂里的老员工找到他，恳切地说：“路书记啊，你是我们的老厂长，更是我们的主心骨。你可不能只顾自己做官，不管我们啊！”低压电器厂是路玉明一手创办起来的，他比谁都珍惜，企业的兴衰每时每刻都牵动着他的心。为了拯救走下坡路的低压电器厂，他甚至打算放弃公职，再回去当厂长。镇党委政府经过研究，提出了一个折中的方案：路玉明兼任低压电器厂的厂长。这样，路玉明又接管了低压电器厂。通过一番大刀阔斧的整顿和改革，企业又步入正轨，走上了健康发展之路。

路玉明一家兄妹六个，父亲路仁昌去世时最小的孩子年仅 5 岁。作为家中长子，路玉明担起了长兄为父的责任。弟妹们的读书、工作乃至婚姻大事，他都悉心照应。弟妹们对大哥敬重有加，走上社会后也都各自努力，奋发有为。2008 年，路玉明年届花甲，从镇党委副书记的工作岗位上退了下来。弟妹们都劝他安享晚年生活，可他雄心犹在，还想再干一番事业。说来也巧，这一年，里庄镇党委政府下决心对所有的乡镇企业进行改制，低压电器厂也不例外。

经过一番深思熟虑，路玉明决定把低压电器厂买下来，大干一场。

弟妹们都来劝他：你辛苦了大半辈子，身体又不好，退休了就好好休息休息，企业改制就让人家去搞吧。可路玉明不这样想，他说："好端端的一个厂如果落入不善经营者之手，岂不前功尽弃？如果那样，就对不起里庄人民，也对不起我自己的良心！"

于是，在党委政府的期盼中，在员工们的支持下，路玉明报名参与了低压电器厂的转制竞拍，并一举中标，拿下了低压电器厂的所有权。

## （八）

丹阳市低压电器厂从一个集体所有制的企业，一夜之间变成了路玉明个人的私营企业，很多人都觉得这下子政府更加奈何不了他。也有职工担心，资本家的本性就是唯利是图，职工的利益可能要大打折扣。不料，路玉明在转制后的第一次职工大会上明确表态：全额缴足国家的税收，只多不少；在职职工一个不减，职工收入只多不少！

他是这样说的，也是这样做的。对外，除了按章纳税，捐资助学、修桥铺路、慈善帮扶等社会公益事业，他都有求必应，慷慨解囊。对内，职工收入逐年递增，困难职工，重点扶持。他说："如果我们企业的职工不能脱贫，那就是打我路玉明的脸。"所以，在他当家期间，低压电器厂的职工没有一个跳槽的，有的人甚至都舍不得退休，情愿少拿点工资，也要多干几年。

在路玉明办公室的墙上，挂着两块匾："中庸尚善""大气谦和"。这八个字非常符合他的性格和为人。

乡镇企业是时代的产物，为乡村振兴、农民致富作出了不可替代的历史性贡献。但在发展过程中，乡镇企业也出现了一些问题，特别是改制成为民营或私营企业后，一些"不按牌理出牌"的企业主视信誉为儿戏，自作聪明，破坏游戏规则，扰乱经营环境，把自己逼上了穷途末路。里庄的部分企业就是在这样的氛围中走上了不归路，以致里庄地区的整体经济伤了元气，挫了锐气，输了运气，败了人气。

难能可贵的是，路玉明不图一分之利，不贪一时之功，不为他人巧取所左右，始终秉承诚信宗旨，独善其身，守信如玉。狂沙吹尽始到金，路玉明凭他的诚信，一步一个脚印地走了过来。可以说，是“诚信”这块坚定的基石，成就了他在里庄“不倒翁”的地位。

路玉明经常告诫亲人和部下：失去金钱可以再挣，失去信誉寸步难行！人无信不立，事无信不成，商无信不兴。路玉明对信誉的忠诚，有口皆碑。低压电器厂在创办之初，一度缺少流动资金，路玉明只好找银行贷款。本来说好贷三个月周转一下，没想到有两笔货款没能及时到账。为了按时还贷，他到处筹钱，按时一分不差地还清了贷款。多年来，他从不拖欠供应商的货款，有时偶尔耽误几天，他总是谦卑地跟人家商量，说几天到账，就几天到账，从不食言。许多供应商跟他打了多年的交道，深知他的信誉，几乎从不上门要款。

几年前，有个办厂的朋友找到路玉明，请他担保200万贷款。路玉明知道担保的风险，可碍于情面，同时从内心希望朋友能够渡过难关，就在担保书上签了字。一年后，这家企业倒闭了，平时关系不错的朋友也玩起了失踪。银行贷款到期了，贷款人找不到，银行就找到了担保人路玉明。路玉明哭笑不得。为了自己的信誉不受玷污，他义无反顾地替朋友还了这笔贷款。银行的人都说，路玉明的信誉是无价的。

诚信为本的做人之道，信誉至上的经营之道，给路玉明和他的企业带来了良好的社会影响和极高的市场美誉度。他的企业多年被镇江市评为文明单位、纳税先进单位等，被有关机构评为“中小企业信誉示范单位”。他个人多年被评为优秀企业家、优秀共产党员等。

2016年，路玉明把企业的经营权交给了第三代掌门人——他的儿子路建，厂名也改为“江苏路通电器有限公司”。他自己则退居二线，充当起了顾问的角色。

他知道，现在的企业发展又进入了一个新时代。时代在前进，社会在发展，再贤明睿智的人都不可能永远独领风骚。

江山代有才人出，各领风骚数百年。明天，终属于下一代！

# 谁说女子不如男

在导墅镇的企业家队伍中，活跃着一群叱咤商界的女奇兵。其中，最耀眼的莫过于江苏爱伦家纺有限公司的符惠琴、江苏圣罗兰寝品有限公司的刘腊梅、江苏大昊机械制造有限公司的姚达娣、丹阳汀豪家具有限公司的符新方、江苏溢丰袋业有限公司的许秋云。这五位巾帼不让须眉的企业家，被导墅人民亲切地称为“五朵金花”。

符惠琴，就是这五朵金花中极具传奇色彩的一位。

## （一）

1960 年，符惠琴出生在导墅镇的老街。

符惠琴的父亲因在特殊的年代受了不少冤枉气，而变得狂躁、偏执。所以，符惠琴的童年几乎是在提心吊胆中度过的。

好在她的母亲性格温和，不仅给了她母爱，还从小就教给了她一门看家本领——女红。符惠琴的母亲心灵手巧，女红远近闻名。她做的老虎鞋百里挑一，绣的花肚兜人见人爱，剪的鞋样是导墅街上的紧俏货，总是被赶集的女人们一抢而空。

符惠琴自小耳濡目染，学得一手好女红。不仅如此，她还打小就表现出一种与众不同的特质，那就是会挣钱。她的商业头脑仿佛是与生俱来的。

她家紧挨着街上的老虎灶。茶馆和老虎灶连在一起，每天都坐满了喝茶和听书的茶客。符惠琴六岁那年天天去茶馆里捡香烟头，十个烟头可以卖一分钱。那时候条件差的烟民舍不得买成盒的烟，就花一分钱从捡烟头的小孩那儿买十个烟头，把烟丝拆散了再卷成一根烟抽，过过瘾。符惠琴每天都能捡上几十个烟头，挣到几分钱。老虎灶烧水用的都是煤球，掏出来的煤灰中有一些烧不透的煤球。所以，只要煤灰一倒出来，总有一群一手提篮一手拿火钳的孩子，争先恐后地翻捡没烧透的煤球。符惠琴在这群孩子中年龄最小，一双小手烫得通红，可捡的煤球不比别人少。七八岁的时候，每逢集市，她就坐在自家的门槛上，摆摊叫卖母亲剪的鞋样、绣的鞋垫等。她家兄妹五个，上面有哥哥和姐姐，下面还有妹妹，数她最勤快。她从小就有一种不服输的志气，觉得自己虽为女儿身，但干啥事都不会输给男孩子。

因为家庭不好，符惠琴没能上高中。初中毕业那年她十五岁，然后就回家到生产队种田挣工分了，割稻收麦插秧挑肥，样样都得干。街上人家的田远，从街东头的社员家挑一担猪窠灰到西边的地里，有一里多路。符惠琴还没长个子，比挑箕绳高不了多少，照样要跟成年人一样一口气挑到田里去。

农历三月十五是导墅镇举行传统庙会的日子，四邻八乡的人都会抽时间到导墅赶节。修钟的、补鞋的、锔锅的、刻图章的……各种手艺人也都齐集庙会，挣点零花钱。可是，那个年代不允许公开摆摊做买卖，如果被市场管理人员抓住了，一律按投机倒把处理。符惠琴的家离码头不远，旁边就是市场管理办公室。那年的三月十五，导墅市管办的人抓了几个小手艺人，来不及处理，就暂时羁押在符惠琴家里，顺便还得管顿饭。细心的符惠琴发现，有个带常州口音的女人是补袜子的。那时候尼龙袜刚出现，很稀罕，人们穿破了也舍不得扔，就花几分或一两毛钱补一补。于是，就产生了一个新行当——补袜。符惠琴很想学会补袜这门手艺，就借机跟那个补袜女人套近乎。在弄清楚符惠琴的意图后，补袜女不但把补尼龙袜的手艺一五一十地全部教给了她，还把自己藏在身上的钩针、丝线等补袜工具送给了她。符惠琴本来就深得母亲女红的真传，加上她的悟性颇高，稍一练习，就掌握了补袜技艺。

十六岁那年，经人介绍，符惠琴只身一人去了常州，给人家做保姆，工钱是 2 毛钱一天，还得自带粮票。当然，她没忘了随身带上补袜工具。

符惠琴的任务是照顾一个生病的老太太。一段时间以后，她掌握了老太太的一个生活规律：每天她要睡两三小时的午觉。这两三小时对符惠琴来说无事可干，她觉得浪费了可惜，就偷偷地跑到外面，找了个人流量大的闹市摆起了补袜摊来。没想到，第一天她挣到了 1.95 元，差不多抵得上做保姆十天的工资。

一年后，她辞掉了保姆工作，回到导墅专门做起了补尼龙袜的活儿。

于是，在导墅镇的周边乡村，出现了一个“补袜妹”的身影。她肩挎布兜走村串乡，足迹遍布导墅、里庄、皇塘、吕城、折柳等地，每天都要走几十公里的乡间小路。累了，就坐在田埂上歇歇脚；渴了，就到路边的水塘里捧点水喝；饿了，就为人家补双袜子兑碗饭吃。冬天，冻得通红的双手肿得像馒头，可她仍然咬牙坚持，每天都把当天收到的袜子全部补好才回家。十七八岁正是长身体的时候，可符惠琴转村头补袜，每天都靠两条腿走几十公里的乡间小路，落下了关节炎的病根。

## （二）

1980 年，符惠琴经人介绍进了白基绣花厂，开始了她的绣娘生涯。

导墅地区的绣品行业起源于白基村。在某种意义上可以说，没有白基绣花厂，就没有荆溪流域闻名遐迩的家纺行业，就没有皇塘、导墅这两个“中国家纺名镇”。

导墅原有个姓温的乡长，他娶了个小妾叫姜小青。姜小青不仅人长得漂亮，而且有一手漂亮的女红，特别是刺绣技艺超凡脱俗，描龙绣凤栩栩如生。据说，她年轻时曾到丹阳正则艺校学习，得到了乱针绣创始人杨守玉的真传。所以，她的刺绣集传统苏绣和新创乱针绣技法于一身。后来，她随丈夫去了台湾，并在丈夫去世后移居香港，做起了绣品生意。也许是对女红与生俱来的喜爱，也许是对家乡故土难以割舍的情怀，她一直关注着大陆的绣品行业。后来，她回到家乡考察，并决定在老家办个绣花厂，把传统的刺绣文化传承下去。

当时，还没有改革开放，在内地投资办厂非常困难，姜小青办厂的愿望只能通过当地人来实现。白基村的大队书记韦敖大思想比较开通，接受了姜小青的建议，就在坂上村办起了绣花厂。绣花厂的绣娘精挑细选而来，既耳聪目明、心灵手巧，又肯学善悟、吃苦耐劳。就这样，白基绣花厂培养了最早的一批绣娘，包括陈玉琴、沙菊凤、姚达娣、符惠琴、姜冬仙等。这批绣娘就像金色的种子，先后在荆溪流域散枝开叶，大放异彩。

从白基绣花厂走出去的沙菊凤，鼎力协助哥哥沙网宝在导墅镇创办了导墅绣品厂。殷国富接任厂长后，正好赶上了苏南地区乡镇企业大发展的第一波热潮，他趁势而上，招兵买马，把导墅绣品厂搞得风生水起，名噪一时。而其时的导墅绣品厂更像是家纺行业的“黄埔军校”，从这里走出去的黄国林、马国庆、荆玉堂、姚达娣、曹加伟、刘腊梅、符惠琴等人，都自立门户，各显神通，打出了自己的一片天下。导墅、皇塘两镇也因此形成了家纺行业鲜明的区域特色，双双摘得“中国家纺名镇”桂冠。

## （三）

作为导墅镇最早的绣娘之一，符惠琴的经历可谓一波三折。

1981 年，导墅镇办起了工程塑料厂。为了方便上班，符惠琴托人引荐进入了工程塑料厂。工程塑料厂车间生产实行三班倒。符惠琴上完夜班，白天舍不得在家休息，总是挎上布兜出去转村头补袜，挣的钱甚至超过了工资。所以，大姑娘时候的符惠琴挣的钱比一般的同龄人要多得多。就这样，她一边上班一边补袜，坚持了五年。

导墅绣品厂创办之后，符惠琴被沙网宝“挖”了过来。很快，她的精明能干就被领导看中了。一年之后，她被调到了供应科。那时候供应科负责购买原材料，买好了还得自己运回来。远一点的要到苏州盛泽，运输工具就是手扶拖拉机。清晨一大早，她坐上手扶拖拉机，在沙石路上颠簸一上午才能赶到盛泽。尽管浑身的骨头都几乎被颠得散了架，但她还得跑东跑西地开票、付款、提货、装车。下午，她再爬上装满货物的拖拉机顶，双手攥紧绑货的绳子以防跌下，一路颠簸往回赶。到厂里天都黑了，还得卸车入库。

采购小件货物，符惠琴就骑自行车到常州、丹阳、金坛或吕城去买。她那时候骑自行车不怎么熟练，还得把货驮回来，心里着实有点发怵。有一次，她一个人从吕城用自行车驮了一大捆布回来。骑到半道，突然下起了雨，本来就坑坑洼洼的路面更滑了。一不留神，她连人带车跌进了路边的水沟里……她爬起来好不容易把自行车和布搬到路上，越想越伤心，干脆坐在地上号啕大哭了一场。回到厂里，她就去找了厂长，说啥也不肯再干采购了。

厂长说：“不干采购也行，那就到销售科帮着出去要要账吧。”

要要帐，就是催要未收款的意思。

于是，符惠琴到了销售科。

当时，欠债最多的是上海市场，厂里就派符惠琴去上海收款。

根据厂里的规定，每天 8 毛钱伙食补助费，旅馆费报销，收回来的货款按一定的比例计发奖金。符惠琴为了替厂里省钱，5 元一天的旅馆舍不得住，天天住 1.5 元的防空洞，每天 8 毛钱的伙食费都有结余。她天天盯着几家欠款商场的头头不放，软磨硬缠，好话说尽，总算帮厂里收回了 50 余万元应收款。俗话说，不打不成交，一来二去，符惠琴的钉子精神打动了上海这几家商场的头头们。他们钦佩符惠琴的韧劲，反而与她结下了真诚的友谊。

按规定，厂里应该给她计发 5000 多元奖金。可是，到了年底，她只拿到了 200 元。

她的心，凉了。

## (四)

20 世纪 80 年代后期，皇塘镇的床上用品企业异军突起，后来居上，发展势头甚至超过了导墅镇。最亮眼的就是堂皇集团。

就在符惠琴迷茫之际，堂皇集团的荆玉堂向她伸出了橄榄枝，邀请她加盟堂皇集团，并负责上海市场的营销拓展工作。

营销工作就是“跑供销”。在传统认知中，跑供销的人都是能说会道、走南闯北的男人，女人跑供销容易招非议。符惠琴也有这种顾虑，犹豫彷徨中，她当过兵的丈夫潘伟芳给了她极大的支持，她不认输的倔劲也上来了：男人能跑供销，我为什么不能？谁说女子不如男？

荆玉堂原来是导墅绣品厂的设计师，他的夫人姜冬仙和符惠琴都是从白基绣花厂走出来的第一批绣娘。加上这个渊源，符惠琴于 1987 年 3 月来到了皇塘镇的堂皇集团。

荆玉堂看中了符惠琴出色的公关能力，放心地把上海市场交给了她，并给她下达了 5 万元销售额的年度销售指标。为了完成销售任务，刚刚步入销售之路的符惠琴别无他法，只能付出比别人多得多的努力和艰辛。当时，她认识一个商场经理，可人家一直不肯松口用堂皇集团的产品。符惠琴绞尽脑汁、千方百计地想攻下这个堡垒。有一次农忙季节，这个经理赶回农村老家抢收抢种。符惠琴觉得这是个机会，打听到经理老家的地址后，搭班车赶到了经理的老家。农忙季节，多一个劳力帮忙简直就是及时雨。她自告奋勇地对经理说：“我也是农村长大的，什么农活都会做，我是来帮农忙的。”于是，她脱下鞋子就下了田，割麦、收油菜籽、插秧，干得有模有样。精诚所至，金石为开，三天农忙结束后，这位商场经理被感动了，终于答应接受堂皇集团的产品，并跟她签订了 15 万元的购销合同。

啃下这块骨头后，符惠琴顺势打开了上海市场。

第二年，她完成销售额 150 万元。

第三年，她完成销售额 700 万元。

第四年，她完成的销售额超过了 800 万元。

1992 年，她成为堂皇集团的“销售状元”，并获得了丹阳市“十佳供销”的光荣称号。

## （五）

符惠琴成了丹阳市的“十佳供销”，导墅人沉不住气了：我们导墅的能人恁个都是“墙内开花墙外香”呢？

是啊，“肥水不流外人田”，应该把她请回来！

此时，符惠琴的丈夫潘伟芳当上了导墅镇的大队书记。于是，镇领导找到潘伟芳，说：“你老婆符惠琴是丹阳市的‘十佳供销’，是个不可多得的商界奇才。我们应该把她请回来创办自己的企业，为家乡作贡献。”

潘伟芳等符惠琴出差回到家，直接将了她一军：“以前你在外面跑供销我没二话，全力支持你。现在我当大队书记了，总得做出点成绩来吧。你能不能支持我的工作？”

“当然支持了！”符惠琴不假思索地说道。

潘伟芳不失时机道：“那好，你就回我们导墅创办一个床上用品厂吧。为家乡作贡献就是对我最大的支持！”

对于丈夫和导墅镇领导的殷切期盼，符惠琴无法拒绝。她回到导墅开始了创办企业的谋划工作。

创业难，白手起家的创业更难。没有厂房还好办，租几间旧仓库就算是生产车间了。没有资金可是大问题。那时候刚办厂，在银行里没有资信，贷不到款。怎么办？符惠琴想到了以前认识的一个江阴的客户，就辗转来到江阴找到了这个客户，向他坦诚地说明了来意，并向他描绘了发展前景。这位客户以前就认可符惠琴的做人做事，又见她言辞诚恳，终于下定了助她一臂之力的决心。他通过熟人，帮助符惠琴借到了 30 万元。当时，“大团结”10 元钞是面额最大的钞票，30 万元算得上是一笔巨款，符惠琴整整装了一蛇皮袋。回来搭班车，中途还得转三四趟车。一路上她心里紧张得要命，可还是装着若无其事的样子，总算把借来的 30 万元巨款安全地带回了家。

1993 年 3 月 8 日，妇女节这天，符惠琴的丹阳市卧室用品厂在导墅镇挂牌开张了。

## （六）

在创办之初，丹阳市卧室用品厂仅仅招收到 30 名自带缝纫机的员工，购买了几台绗缝机，一切都得从零开始。符惠琴不仅要手把手地教员工们踏花、刺绣、翻胎、验货，而且要采购原材料，安排生产计划，亲自跑市场联系产品销路，产供销一条龙都得她亲力亲为。多少个日日夜夜，符惠琴废寝忘食，备受煎熬。功夫不负有心人，有一份汗水就有一份回报。创业第一年，她的企业就实现产值 300 万元，回笼货款 280 万元，创造利润 30 万元。

站稳脚跟之后，符惠琴准备趁势而上，建个新厂，大干一番。不料，这一年正好遇到了第一波金融危机，国家收紧银根，严控土地，她的计划成了泡影。说来也巧，导墅镇上有家倒闭的企业有现存的厂房，且闲置了好几年。符惠琴找到乡政府领导，经政府协调，接手了这个闲置的厂房，并将其改造成了新厂房。这既解决了自己的生产用房问题，又帮政府盘活了闲置资产。

在硬件更新换代的同时，符惠琴把目光投向了产品的深度研发，以期在激烈的市场竞争中争得一席之地。她通过和上海纺织研究所、苏州丝绸工学院等科研院校的合作，加上引进和培养自己的专业人才队伍，拥有了自主研发引领市场潮流的新锐产品的能力，从而在名家辈出、高手如林的家纺行业中赢得了话语权。

2003 年，建厂 10 年后，符惠琴把厂名升格为“江苏爱伦家纺有限公司”。

创办企业之后，为人妻、为人母的符惠琴所付出的艰辛是常人难以想象的。

厂里的所有环节，事无巨细都得她操心。采购材料还好说，生产安排捋顺之后也算挺得住，压力最大的是销售，是市场。公司的大部分业务订单，都要靠符惠琴一己之力去承接，去拓展，去打拼。

儿子两岁那年，她要去郑州谈一笔很重要的业务。那几天正好丈夫外出开会学习，儿子没人带。无奈之下，她只好带上儿子出差。到了郑州，她不方便带着孩子见客户，就只好把两岁的儿子一个人放在旅馆里，留了两个面包给他。等她见完客户回到旅馆，哭肿了眼睛的儿子趴在地板上睡着了，手里还攥着没有吃完的半块面包。见此情景，符惠琴泪如泉涌，泣不成声……

细心、认真、勤快是符惠琴的一大优势，有时候机遇便会因此垂青她。

有位朋友曾给符惠琴介绍了一笔外贸生意，单子不大，60 万元。当时，公司的订单很多，生产任务排得满满的，负责生产的主管嫌订单太小，不打算安排生产。符惠琴说：“单子虽小，可我们毕竟没有做过外贸业务。现在有这个机会，我们不能错过。就当是练兵，成功之后也许可以打开外贸这个新市场。”

一语中的，通过这笔60万元的订单，符惠琴真的成功地打开了国际市场，外贸业务连年递增。

江苏爱伦家纺有限公司在市场上的卓越表现，得到了纺织界中华老字号企业恒源祥的青睐。创建于1927年的上海恒源祥，自1991年开始实施品牌经营战略以来，一直在全国物色挑选制造工艺精良、产品品质卓越、企业管理规范的生产企业作为加盟企业，进行战略合作，实现合作共赢。符惠琴的公司经过严格审核和评定，成功入选。

依托恒源祥强大的品牌效应和优质的市场资源，符惠琴的公司如鱼得水，如虎添翼，更上一层楼，产品热销大江南北，甚至漂洋过海，远销海外，一跃成了导墅镇的明星企业。

2017年年底，恒源祥集团隆重召开了联合体代表大会，来自全国的3000余名恒源祥联合体代表欢聚一堂。符惠琴走上主席台，捧回了“恒源祥品牌三十年感动人物”荣誉大奖。

经过近30年的艰苦创业和不懈打拼，符惠琴的企业从无到有，从小到大，已经颇具规模。公司拥有标准化厂房2万平方米，各种先进设备200多台（套），各类专业技术人员50余名，熟练技术工人400多人，年生产能力逾2亿元。

## （七）

“不经历风雨，怎么见彩虹？没有人能随随便便成功。”

符惠琴从一个“补袜妹”华丽地转身为一个成功的女企业家，她付出的心血和汗水是常人难以想象的。党和政府也始终关心着她。从1998年起，她就被导墅镇推选为镇江市人大代表，至今已连续当了6届。她在担任人大代表期间，认真履行代表职责，尽力反映百姓诉求，积极参政建言献策。

她常说：“我是老百姓选出来的人大代表，就要为老百姓说话，做选民的代言人。”

自从当上人大代表以后，符惠琴就养成了一个习惯：随身带个笔记本，把老百姓的呼声随时记录下来。为更好地了解民意，体察民情，她在本镇选了3个固定联系户，定期上门走访或电话联系，把他们的想法和要求摸清楚，然后再整理成议案或建议向大会反映。多年来，她联系选民

300多人次，收集意见60多条，向各级人大提出有价值的建议20多条，且都得到了很好的回应，有的建议还被列为镇江市重点建议。她领衔提出的“进一步加大力度发展养老机构”“化解土地供需矛盾，保障经济全面发展”“加大对经济薄弱村扶持力度”等建议，引起了上级领导和相关部门的高度关注，并都得到了很好的落实。

符惠琴认为，人大代表不仅仅是一种荣誉，更是一份责任。所以，她十分珍惜这种荣誉，这份责任。

2018年的一天，符惠琴在上海出差。为了参加第二天的人大代表小组活动，她连夜乘火车往回赶，到常州火车站时已经是下半夜了。不料接她回导墅镇的面包车在路上发生了车祸，她身上多处受伤，疼痛难忍。第二天上午，她咬紧牙关坚持到场参加会议。中午休会时，她已疼得无法挪动身子，是其他代表把她背出了会场。

## （八）

符惠琴出身农家，对农村生活深有体会，总是心有善念。同时，作为一个有良知、有担当的企业家，她从不回避自己的社会责任。

江苏爱伦家纺有限公司有三四百名员工，符惠琴把每个员工的冷暖都放在心上。谁家有个不测风云，她必定施以援手。公司创办以来，她花在解困济贫、纾难救助上的钱不下300万元。

符惠琴对公司内的员工关爱有加，对社会上的困难群众也没有袖手旁观。导墅镇上有个村民，本来就家境不好，又突遭车祸，医药费都没着落，全家人的生活更是雪上加霜。符惠琴听说后，立即赶往医院，帮他付清了4000元医药费，又资助他家15000元翻修了旧房，还安排他的妻子进自己公司上班。

像这样慷慨解囊、救急解困的善举，符惠琴做了一次又一次，举不胜举。

符惠琴还是一个有家国情怀，有大爱的人。她响应国家支援祖国西部建设的号召，多次为西部贫困地区的留守儿童和空巢老人捐款捐物。2000年，由于无私奉献和爱心善举，她被国家有关部门评为“助西爱心大使”，并作为镇江市唯一的代表，赴北京出席了“情系西部·共享母爱”世纪爱心行动的表彰大会。

2008年汶川大地震时，她在第一时间向灾区送去了价值230万元的救灾毛毯和被褥。

2013 年，她与江苏省儿童基金会共同创立了“恒爱春蕾班”，为几十名贫困、单亲家庭的孩子提供了上学费用。

同年，她赞助家乡的匡亚明文化教育基金会 10 万元。

她为导墅敬老院、吕城敬老院、陵口敬老院的数百名孤寡老人送去了有温度的羊毛被；里庄幼儿园搬迁时，她为每个小朋友送来了新床、新被褥……

她的爱心，温暖了导墅人民；她的善举，感动了导墅人民。党和人民感谢她，也给了她应有的荣誉：市镇优秀党员、江苏省双学双比女能手标兵、镇江市“三八”红旗手、感动丹阳十佳女性。她还被推举为丹阳市妇联常委、江苏省女企业家协会会员……

已过花甲之年的符惠琴一如年少时的她，还是那么要强，不服输。她一如既往地苦心经营着爱伦家纺，一枝一叶，一点一滴，都事必躬亲，精心打理。因为她知道，爱伦家纺不仅是她符惠琴一个人的，也是所有员工的，更是导墅人民和全社会的。她肩上承担的是沉甸甸的社会责任。

符惠琴和江苏爱伦家纺有限公司将永葆青春，越发靓丽！

## 一花一世界

### （一）

皇塘镇的南部与常州市的武进区交界，正好毗邻闻名全国的“花木之乡”——夏溪。

夏溪乡的花木产业萌发于 20 世纪 80 年代，发轫于 90 年代。1990 年，随着苗木市场的建立，夏溪乡的花木产业进入了快速发展期，并且形成了花卉苗木、绿化景观、园艺资材等的全产业链运营模式，包括研发、培育、推广、交易、工程、科普、旅游等。夏溪花木市场拥有长期商户 2500 余家，专业经纪人 3 万余人，带动苗木专业户 15 万余户，内联花木生产基地 50 余万亩，外联 20 多个省市的花木主产区。夏溪为全国花卉苗木的重要集散地，在整个产业链中发挥了巨大的龙头优势。2012 年，夏溪花木市场交易额首次突破百亿元，成为全国首个跻身百亿市场行列的花木交易市场，到 2019 年则突破了 200 亿元。

受夏溪花木产业的辐射，皇塘镇的花木产业悄然兴起，遍地开花，蔚为壮观。

皇塘镇花木产业的形成经历了两个阶段。第一阶段是夏溪人来皇塘租地栽培花木。租金每亩每年数百元至上千元。当地农民一算账，拿租金比种粮食划算，何乐不为？于是，皇塘的农田慢慢被夏溪人“蚕食”了。第二阶段是聪明的皇塘人看出了门道，看懂了花木，从花木行业的局外人和旁观者慢慢变成了花木行业的生产者和经营者。

## （二）

皇塘镇花木产业的发展离不开花木经营者的引领带动，他们中的佼佼者为皇塘镇的花木产业规模化作出了不可磨灭的贡献。

严国荣，就是皇塘镇花木产业界的翘楚。

正所谓“水是有源的，树是有根的”，严国荣的成功与他的成长经历不无关系。

严国荣生于 1967 年，是太平严家塘人。其父严网法，1958 年参军入伍，跟随部队在大西北参加过核武器试验基地的建设任务。三年后，他所在的部队完成了基地建设任务，集体转业到新疆军区钢铁厂。1963 年，他突然接到父母双亡的电报，请假回家奔丧。待他逾期处理完家事再回到新疆时，原来的钢铁厂已就地解散了。那时候通信交通很不方便，他与原单位失去了联系，只好独自回乡。严网法回家之后便默默无闻地种起了庄稼，做起了农民。也许是因为这段不圆满的当兵经历，也许是因为生活压力，严网法的性格变得或沉闷或暴躁。严国荣兄妹三个从小稍一有错，就得挨父亲的揍。

1983 年，严国荣初中毕业后考取了埤城职业中学的花卉班。冥冥之中，注定了他这辈子将与花花草草结下不解之缘。

当时，花卉园艺专业虽然属于冷门，但就业还是很紧俏的。加上严国荣专业成绩优秀，是花卉专业课的课代表，所以 1985 年 7 月毕业时，他被江苏省常州高级中学（以下称省常中）直接从学校挑走了。进入省常中之后，严国荣成了学校花房的园丁，并兼任劳动课教师，负责校园栽培和养护工作。他用在职校学到的专业知识，精心打理全校的一草一木，使校园常年姹紫嫣红，生机勃勃。第二年，学校领导又介绍他到南京的中山植物园进修了一年，并获得了植物园温室花卉种植结业证书。进修之后，他的专业水平得到了极大的提高，他首次代表省常中参加常州市市花月季花展就获得了第一名，并在此后连续3年获得市花展一等奖。省常中一直被常州市评为绿化先进单位，严国荣本人也连续多年被学校评为后勤工作先进个人。学校根据严国荣的表现和能力，破格为他办理了正式入职手续。这位仅有职中学历的临时工，成了一名有编制的正式教职员工。

然而，正当严国荣在省常中干得风生水起的时候，一个偶然的不愉快使得年轻气盛的严国荣毅然向校方递交了辞职报告，于1993年9月离开了他热爱的工作岗位，义无反顾地回到老家，开始了创业之路。

## （三）

创业之初，严国荣两手空空，啥都没有。他找到村委会，租下了杨柳河边的几亩低洼荒地，靠借来的2万块钱开始了苗圃建设。他毕竟科班出身，又有过9年多的花卉园艺管理经验，对各种花卉的生长习性和成长条件谙熟于心。所以，他根据不同季节的气候变化栽培出了不同的时令花卉，令人耳目一新。他栽培出来的花卉秆粗叶肥，颜色艳丽，品相好看，花期较长，受到了用户的普遍欢迎。于是，严国荣苗圃出品的花卉走进了镇政府的机关大院，走进了企事业单位的庭院和办公场所，甚至走进了千家万户。

严国荣成功地迈出了第一步。

摆花租花卖花，虽说效益不错，可毕竟是小打小闹，成不了气候。严国荣把目光投向了更远的世界。

1999年，严国荣凭借品相出众的优质苗木和精心维护的专业团队，一举竞得了沪宁高速公路丹阳段的绿化养护标的，迈出了工程绿化的第一步。而且，他的高速公路绿化养护一干就是11年，养护路段从南京的马群一直干到苏州的花桥，还承接了扬溧高速公路的镇江至金坛段。他的团队从未出现过质量和安全事故，赢得了发包方的高度赞赏。

## （四）

20世纪90年代，随着夏溪花木市场的日益红火，皇塘人坐不住了，头脑活络的人敏锐地抓住了商机。

鲍舍村的荆斌，原来在镇上办了个印刷厂，虽然效益不错，但他和夏溪的花木经纪人打过几次交道后觉得，办厂不如做花木生意。他利用原来生意场上的人脉资源，很快在北京承接了“迎奥运”的绿化工程项目。并且，荆斌还带出去好几个皇塘的花木经纪人到北京发展，为皇塘的花木产业走出皇塘、走进首都、走进奥运作出了巨大贡献。

荆斌的成功，给了严国荣很大的启发。他找到荆斌，拜荆斌为师，虚心向他讨教绿化工程领域的奥秘和技巧。荆斌也是惺惺相惜，倾囊相授。

深得个中三昧的严国荣摩拳擦掌，准备在绿化工程领域大干一番。可是，要承揽绿化工程，首先得有资质。严国荣自己的公司没有够硬的资质，怎么办？幸亏夏溪花木市场有足够的资源。于是，他跑到夏溪寻求合作平台。经过几番交往，严国荣凭借他过人的胆识和技高一筹的专业知识，加上一定的资金实力，得到了夏溪花木协会的首肯，顺利加盟了绿洲凯宸建设集团有限公司，不仅成为股东之一，而且出任了副总经理一职。有了平台的加持，严国荣在绿化工程的市场上如鱼得水，大展身手，连连中标，捷报频传。

2010 年，严国荣在泰州凭合理的价格和技高一筹的专业技术得分，成功竞得了一项近亿元的政府投资景观绿化项目。项目开工后，严国荣既是老板，又是项目经理。他常驻工地，日夜在岗，亲临现场，精心组织，用心施工。为了不影响白天的市容，他每天都利用夜间加班突击。有一天 23 时许，泰州市建设局局长突然来到工地暗访。当看到严国荣在施工现场和工人们一起挥汗如雨抢工期的情景时，他不禁由衷地赞许。自此之后，严国荣在泰州连续干了 9 年绿化工程，给当地政府和业主单位留下了深刻的印象。那位建设局局长退休后有一次碰到严国荣，对他说："我们之间从未有过交集，但是，从那天深夜我亲眼看到你在工地干活时起，我就认定你严老板是个能干大事的人，是个可以放心交付项目的人，所以你能在泰州干这么多年。"

此后，严国荣又在苏州、厦门、贵州、兰州等地竞得多项标的超亿元的项目，最大的绿化景观项目中标金额达 15 亿元。

随着生意越做越大，知名度越来越高，严国荣的社会责任感也越来越强。为了帮助花农尽快致富，严国荣带头成立了花木经营合作社，从花木的栽培技术到销售渠道全程给予指导和扶持。周边的花木种植户和经纪人都尊他为"领头羊"，纷纷请求加入他的合作社。在他的影响下，各村花木经营户也纷纷成立了专业合作社。正是由于荆斌、严国荣等一批花木经纪人的带动，皇塘镇的花木产业才能蓬勃发展起来，形成专业化、集约化、系统化的格局。据统计，皇塘镇的花木经营户有 100 多户，花木种植面积达 2 万亩，花木经纪人 60 余人，年销售额 3 亿至 5 亿元。花卉苗木不仅成了皇塘镇农民一条新的致富门路，而且成了皇塘镇一个重要的农业产业项目和新兴的经济门类。

## （五）

财富，无疑是个好东西。可是，拥有了财富之后该如何把控呢？有的人心怀天下，乐善好施，仗义疏财，每有公益或利众之事，必有善举。有的人对社会公益事业不闻不问，对弱势群体漠不关心。那财富于他又价值几何？无非就是数字而已。

经过多年的打拼，严国荣也积累了一定的财富。怎样才能使手里的财富实现社会价值的最大化？这是严国荣经常自觉或不自觉地思考的问题，他开始关注起社会公益事业。原来的太平村是个经济落后村，他主动为村里挑一些担子，凡是村里集资做公益，他便二话不说，带头资助。逢年过节，他为敬老院的老人和村里的五保户送去慰问品，甚至悄悄地到慈善机构认领了结对帮扶的贫困学生，资助他们完成学业。太平村和张堰村合并后，他一如既往地支持村里的工作。

村委会和镇政府也把严国荣的所作所为看在眼里。1996 年，组织上经过考察，发展严国荣加入了中国共产党。2005 年，张堰村又和蒋墅镇的朝西村合并。由于历史遗留问题和原来的村委会结构等问题，新组建的张堰村矛盾重重，村支部书记换了好几个。镇党委经过反复衡量和慎重考虑，决定让严国荣挑起村支书这副担子。

当镇党委征求严国荣的个人意见时，他毫无思想准备。尽管诚惶诚恐，忐忑不安，但是，面对组织的信任，秉持着对家乡人民负责的态度，他还是勇敢地接过了这副担子。

2016 年 9 月 10 日，严国荣走马上任了。

其实，严国荣心里比谁都清楚，“手里没米，吆不来鸡”，镇党委之所以让他挑这副担子，就是希望他能为贫穷落后的张堰村多作奉献，能给村里的群众多谋一点福利，并且以此为契机，彻底化解矛盾，改变落后面貌。

在第一次村干部会议上，严国荣公开宣布：在他任职期间，不花村里一分钱招待费，无论接待什么领导，他全部自掏腰包。镇政府核发给他的工资和奖金，他也一分不要，全部摊给其他村干部。他说到做到，在任期内不仅没有花过村里一分钱，反而为村里的公益事业搭进去了数十万元。生意圈子里的朋友问他，做这样的傻事到底图个啥。他回答说：“说实话咱也不差这几个钱，我之所以这样做，图的是一份社会责任，图的是自个儿心里敞亮！”

张堰村经济基础差，底子薄，村里要做点公益事业，总是手长衣袖短，力不从心。严国荣觉得“头痛医头，脚痛医脚”也不是个办法，自掏腰包救急，那也是掏一次算一次，终非长久之计。如果哪一天自己不当村支部书记了，下任书记还是巧妇难为无米之炊。于是，他通过自己的朋友圈，以村委会的名义筹集到了90万元慈善基金。按政策规定，这笔慈善基金上交后，每年可返还10%给村里，10年返完。

严国荣不仅积极为张堰村作贡献，镇里的公益事业他照样热心主动，大力支持。

荆玉堂、丁建峰、陈建平等倡议为吴塘中学设立教育奖励基金，严国荣积极响应，以个人名义捐赠了30万元优秀教师奖励基金。

皇塘卫生院升级改造，他出资10万元，为妇产科购置了一台显示镜。

……

桃李不言，下自成蹊。憨厚而质朴的严国荣一如他侍弄了几十年的花花草草，静静地吐露着芳香。

## 黄堰桥的电炉人

### （一）

丹阳至金坛的这段荆溪，也就是丹金溧漕河，以前称“珥渎河”。在南船北马的古代，珥渎河是丹阳仅次于大运河的重要水上官道，金坛、溧阳、宜兴等县进出镇江府必经此河。

距珥陵镇南约10里，有个黄堰桥。据说，三国时期吴国的水利官黄岱曾在此率众开挖珥渎河，并筑堰控水，造福后人。其子孙也大都定居于此，繁衍生息，所以这里就被称为“黄堰”。其实，黄堰这一带3000多年前已有先民居住，著名的葛城遗址就近在咫尺。宋朝时，珥陵越塘村著名的太学生领袖陈东的高祖父陈诚捐资，在黄堰河上修建了跨河大桥，这也是最早的黄堰桥，比珥陵镇上的嘉成桥还要早200多年。也就是说，黄堰桥的开埠历史比珥陵古镇还要早。在不同的历史时期，黄堰桥曾分别隶属于石城乡、高牧乡、蔡谟乡等，后来就以珥渎河为界，桥西隶属珥陵镇，桥东隶属里庄镇。不过，两岸的黄堰桥人并没有河东河西之分，都有极强的文化认同感，那就是以“黄堰桥人”为傲。

黄堰桥不仅是南来北往的水上要道，也是东出西进的陆路要冲。黄堰桥往东连接里庄、导墅、蒋墅直通常州；往西过蒋庄铺、庄城桥直抵茅山，是典型的水陆两路十字黄金通道，曾经繁华一时，热闹非凡。

黄堰桥两岸河岗连绵，当地人很早就学会了栽桑养蚕。1915 年，丹阳知县胡为和夏朝鼎创办了蚕桑试验场，两年后成立丹阳桑林公会。黄堰桥的蚕桑业随之达到鼎盛，育蚕逾 8 万张，蚕茧产量达 3 万担，为全国之冠。

## （二）

20 世纪 70 年代，蚕桑业渐趋颓势，里庄乡东汤大队副业队的八间蚕舍也闲置了下来。当时的大队书记张锁庆、大队长祝德友、治保主任马锁龙、副业队长汤锁孝、副业队所在的 7 队的会计陈启龙［毕业于青海省财经学校（今青海大学财经学院）］几个人坐到了一起，忧心忡忡地探讨起副业队将何去何从。

当时，农民都困在农村，没见过世面，根本不知道外面的世界是什么样子。要想找到新的出路，必须找到见过世面的人，帮大家出谋划策。于是，他们想到了一个人：吴锁富。这个人是东汤村在外面来回跑的人，见多识广。

祝德友说：“我去找老吴聊聊。”

刚吃过苦头的吴锁富见大队长亲自上门拜访，受宠若惊。二人聊了大半宿，吴锁富提到了一个叫吴光英的人。此人是南京知青，在全州乡帮张寺村办了个电炉厂。听说近期跟张寺村的村干部有点不愉快，有心出来另起炉灶。

祝德友一听，如获至宝，立马请吴锁富带他去见吴光英。

第二天一早，祝德友在吴锁富的陪同下，去全州找到了吴光英。

吴光英随即跟祝德友来到东河大队林业队，实地察看了 8 间空置的蚕舍后，认为基本可以满足办电炉厂的条件。于是，经过一番紧锣密鼓的筹划，东河林业队办起了电炉厂。厂名叫“东河电炉农具修配厂”，第一任厂长是祝德友，会计是陈启龙，吴光英为技术负责人。

挂牌这天是 1974 年 9 月 24 日。

## （三）

东河电炉农具修配厂创办之初，除了8间蚕舍，就只有东拼西凑来的1把台虎钳、1把手工锯和1台电焊机，工人是本大队找来的泥瓦匠、木匠和铁匠。为了加强技术力量，吴光英把他的妻子和弟弟也一起带了过来。第一台电炉是一台40千瓦的工业电炉，虽然图纸没问题，但是砌炉膛的工人是农村的泥瓦匠出身，砌耐火砖炉膛技术达不到要求。于是员工祝祥祥把他的师傅请了过来。祝祥祥的师傅叫曾宝生，是上海电炉厂的退休师傅。在曾宝生和祝祥祥师徒的共同努力下，难关终于被攻克了。经过一个多月的折腾，第一台电炉终于顺利出厂。

此后，第二台、第三台、第四台电炉也相继完成，工人们也熟练掌握了工艺技术。

在一年多的生产过程中，祝德友发现了一个问题：凡是关键技术，特别是图纸设计和控制设备的操作技术，吴光英总是留了一手，故意不让本地人掌握过门关节。祝德友心里明白，吃技术饭的人垄断技术也是人之常情，所谓“教会徒弟，饿死师傅”就是这个道理。但是，电炉的核心技术永远控制在别人的手里，对企业的发展是极为不利的。他开始寻思着培养自己的技术人才。本来，厂里最有学问的人要算回乡大学生陈启龙，但是，那个年代大学生太金贵了。没多久，陈启龙就被公社调走了，而且很快又被丹阳县财政局调去当了业务骨干，培养陈启龙的愿望落空了。

12月，厂里进来了一个高中毕业生，叫常金方。小伙子人长得精神，头脑也活络，学东西上手很快，是个可造之材。他还有两个舅舅，都在北京工作。其中，小舅在冶金部工作，是个技术干部，对电炉农具修配应该有帮助。于是，祝德友找常金方谈心，向他和盘托出了准备不惜代价把他送到北京深造的计划。常金方深知老厂长的殷切期望和良苦用心，便接受了这个艰巨的任务。当时，农村人外出是受到严格限制的，至少开具“三级证明”才能出县。张锁庆和祝德友通过努力，把常金方送去了北京。

常金方只身来到北京，先在小舅的安排下，到冶金部有色金属冶金设计总院学习了一个月，又在大舅的引荐下投到清华大学热能工程系教授罗林芝的门下，系统地学习了热工原理知识，极大提高了热工专业技术水平，奠定了扎实的电炉制造理论基础。

常金方学成归来后，厂里接到了上海胶木电器厂的一台电炉单子。吴光英将了祝德友一军：“你不是培养了自己的技术员了么？拿点真本事出来给我看看呀。”

祝德友找到常金方，拍了拍他的肩膀说：“别怕，大胆地搞，我相信你！”

常金方点了点头，默默地领了任务。当天下午，他就乘车赶到上海，先到用户单位了解需求。尔后通过熟人介绍，来到上海电炉厂的资料室查阅资料，并记了一大本笔记带回来。他又用了三天两夜，终于画出了完整的电炉设计图纸。工人们按图制作，一次就圆满地通过了客户的验收。

常金方一战成名，成了电炉厂的技术权威。

吴光英的地位受到了挑战，他自感无趣，便主动辞去技术负责人职务，于 1976 年 9 月离开了东河电炉农具修配厂。

## （四）

当时我国仍处于计划经济时代，还没有向市场经济转轨，因此，电炉订单必须依赖国营企业的生产技改计划。虽然如此，东河电炉农具修配厂在上海电炉厂的大树之下依然做得风生水起，企业规模和经济效益一跃跻身里庄乡的前列。祝德友曾对大队领导表示：“电炉厂办好了，东河大队的老百姓可以吃到‘三块糖’：第一块糖，全大队老百姓的电费我们包了；第二块糖，全大队的医疗费我们包了；第三块糖，全大队孩子的学费我们包了。”

可是，祝德友还没来得及兑现“三块糖”，1982 年年底，村委会就让他退休了。常金方接任厂长。1985 年，厂名改为“丹阳县电炉厂”。

常金方接任厂长之后，心无旁骛、全神贯注地搞企业，使电炉厂保持了良好的发展势头。然而，正当他准备大展宏图时，于 1986 年 3 月被免去了厂长职务。高小平接任厂长。

一年后，丹阳县电炉厂改制，以 30 万元的转让价转制为股份制企业，由张荣生、陈金祥、高小平、毛时杰等 7 人参股经营。

常金方一气之下，跑到河对岸的珥陵黄埝村办了“丹阳市节能电炉厂”。自此，东河电炉产业传入了河西的珥陵黄埝村，并在此生根发芽。

祝德友和他的儿子祝小平，则另起炉灶，到里庄镇上办起了“丹阳市工业电炉厂”。

## （五）

与常金方同龄的祝小平，在黄堰桥的电炉行业发展史上也功不可没。

祝小平1972年参军入伍，1978年退伍回乡。当时，他父亲祝德友是电炉厂的厂长，常金方是负责技术的副厂长。经大队批准，祝小平被安排进了电炉厂跑供销。他毕竟当过兵，也算见过世面，很快就脱颖而出，成了父亲的得力干将。“打虎亲兄弟，上阵父子兵。”正当这对父子豪情万丈准备大干一场的时候，村委会免去了祝德友的厂长职务。

祝德友、祝小平父子俩心有不甘，乡政府对他们的能力也十分欣赏。于是，经里庄乡工业公司牵线搭桥，祝德友、祝小平父子自筹15万元资金，于1985年到里庄镇上办了丹阳市工业电炉厂，祝小平被里庄乡政府任命为厂长。

在父亲的指点下，祝小平很快就使企业步入了快速发展期。丹阳市工业电炉厂创办不到3年，销售额和利税额就超过了东河电炉农具修配厂，一跃成为里庄地区电炉行业的龙头。“树起招兵旗，自有吃粮人。”随着工业电炉厂的红火，祝小平的旗下很快就聚集了一大批老电炉人，形成了兵强马壮的阵容。人气旺带来了事业兴，祝小平趁势异地新建了厂房，并挂上了“上海电炉分厂”的牌子。

1996年，里庄镇政府要求所有的镇办企业改制。祝小平无论如何都舍不得把这个倾注了全家人10来年心血的企业拱手让人，于是咬紧牙关，联合兄弟姐妹们一起凑钱，毫不犹豫地买下了丹阳市工业电炉厂。

丹阳市工业电炉厂以93万元的转让价变成了祝小平的私营企业，原来跟他一起打天下的兄弟也变成了打工仔，身份关系有点尴尬。祝小平一看，心里也不是滋味，计划动员全厂员工参股入股，把企业变成大家的股份制企业。2005年，全厂员工筹股280万元，重新创办了一个大家都有股份的新厂——丹阳市恒力炉业有限公司。5年后，又增资2000万元，招牌升格为“江苏恒力炉业有限公司”。

江苏恒力炉业有限公司一路高歌猛进，拥有员工120多人，年销售额达七八千万元，利税600余万元，成了里庄乃至丹阳地区规模最大的电炉厂。作为福利企业，恒力炉业有限公司还安排了50余名残疾人员进厂就业。祝小平作为江苏恒力炉业有限公司的掌门人，也毫无疑问地成了丹阳地区电炉行业的领军人物。如今，年近古稀的祝小平把企业的接力棒交到了儿子祝琦的手里，祝琦成了黄堰桥第三代电炉掌门人。

## （六）

祝小平对电炉行业的贡献，不仅在于创办了一个成功的企业，更重要的是培养和锻炼了一大批从事电炉行业的精英人才，孵化了一批大大小小的电炉企业，从而在里庄乃至丹阳地区形成了颇具规模的电炉产业集群。所以，有人戏称他是电炉行业的“黄埔军校校长”。他没有把几代黄堰桥人积累的电炉产业优势据为己有，反而把它作为黄堰桥人的共同财富发扬光大，他的格局与胸怀在同行中有口皆碑。

赠人玫瑰，手有余香。祝小平没有“一家独大”的自私，也没有“同行必妒”的狭隘，他甚至鼓励和支持合作伙伴自主创业，另辟蹊径。他乐见手下员工自立门户，散枝开叶。一枝独秀不是春，万紫千红春满园。祝小平说：“电炉行业只有形成了气候，才能形成优势，互惠互利，相得益彰。”祝锁平原来是祝小平手下的业务员，做事认真负责，不仅业务跑得好，而且肯学专业技术。为用户单位做售后服务，他一个人能顶几个人。他还率先提出了自主承包、独立核算的经营模式，并把这一模式推广到了整个电炉行业，促进了电炉产业的繁荣发展。祝小平看他是个办厂的好料子，就主动鼓励他创业。祝锁平刚开始还有点瞻前顾后，祝小平就给他打气：“不要怕，有啥困难来找我！”在祝小平的鼓励下，祝锁平到丹阳办起了江苏维尔炉业有限公司，经过几年的摸爬滚打下来，企业办得红红火火。

祝小平还鼓励原来的业务员孙志伟自立门户创办了丹阳市华信工业电炉有限公司；支持原来的业务员李小明创办了江苏华烨炉业有限公司……

在祝小平营造的团结互助的氛围中，黄堰桥走出了一大批电炉人，形成了百花齐放、百舸争流的良好局面，带动了丹阳电炉产业集群的良性发展。除了祝锁平、孙志伟等人创办的企业，在丹阳和里庄等地还相继诞生了一大批电炉企业：

张荣生创办了丹阳市宏皓工业炉有限公司。

陈金祥创办了丹阳市恒泰电炉有限公司。

朱卫国创办了江苏新江南炉业科技有限公司。

薛国生创办了江苏华东炉业有限公司。

杨国忠创办了江苏邦泰炉业有限公司。

祝华平创办了江苏博能炉业有限公司。

汪志林创办了江苏立德炉业有限公司。

蒋国良创办了江苏方伟炉业有限公司。

祝锁勤创办了江苏维泰炉业有限公司。

朱茂军创办了丹阳市亨通炉业有限公司。

路建创办了江苏路通炉业有限公司。

……

据不完全统计，黄堰桥的电炉人在丹阳各地创办了大大小小20多家电炉厂，从业人员近千人，年销售额3亿至5亿元，利税5000余万元。电炉产业成为里庄地区造福于民的第一大支柱产业。

当然，有鲜花和掌声，也有泪水和辛酸，并不是每一个创业的电炉人都能一路芬芳。

黄堰桥第一代电炉创始人之一马锁龙的儿子马建国，就经历了泪水和辛酸。马建国当了几年兵回来后，先是当了几年司机，后来到高小平的电炉厂跑供销。因为其父马锁龙跟吴光英有点交情，马建国依仗吴光英在电炉行业的关系接到了一些电炉订单。未几，就自己创办了丹阳市江南工业炉有限公司。马建国雄心万丈，高起点发展企业，引进高端专业人才，提升电炉技术革新，承接和制造出了最先进和最昂贵的电炉产品，使企业的产值一跃突破了亿元大关，成了丹阳电炉行业的翘楚。但是，好景不长，马建国因投资失败，致使企业资金链难以为继，资不抵债。令人欣慰的是，马建国没有丧失斗志和勇气，又开始了第二次创业。

（七）

黄堰桥的电炉行业，起步于20世纪的70年代，发轫于80年代，改制于90年代，繁荣于新世纪。对黄堰桥的电炉人，有人这样评价：祝德友、吴光英点燃了电炉的第一束火苗；常金方对电炉的产业升级功不可没；祝小平催生了电炉行业的百花齐放；一大批黄堰桥的电炉人共同撑起了丹阳电炉产业的一片新天地！

## 吹尽狂沙始到金

（一）

导墅镇的小华行政村，有个干基自然村。村民大部分姓蒋，据说其祖上是清朝康熙年间从江西迁徙而来的。

干基村本来叫官基村，村南的晓春坝和老屋沟风景旖旎。干基村以前是大户人家看中的坟岗地，说死者葬于此地，子孙必能升官发财，官运亨通，所以取名官基。在本地的方言中，“官”和“干”同音，后人为了简便，就把“官基”写成了“干基”。

干基村没出过什么大官，但是出了一个响当当的农民企业家——蒋耀坤。

蒋耀坤出生于1944年，自幼聪明好学，小学毕业后考取了导墅农业中学。当时正值三年困难时期，学生必须参加劳动。农业中学是一种半农半读的学校，学习成绩并不那么重要，但是，蒋耀坤一直在默默地勤学苦读。

初中毕业之后，他投靠姐姐，到江西南昌考取了南昌铁路学校，后来顺利进入南昌铁路局工作。由于他头脑活络，做事认真，一年之后就被调到铁路局货运调度室。

在当时那个物流很不发达的年代，铁路部门的货运调度室是个很吃香的部门，货物运输、车皮计划、车辆调度，大权在握。蒋耀坤非常珍惜这份工作，认真做事，从不懈怠。他的表现不但得到了领导的首肯，也赢得了用户的一致好评，他也因此结识了一批要好的朋友。

当时，南京汽车制造厂在南昌的一名业务员经常找蒋耀坤联系车皮。因为出门在外的人不多，出了省，只要碰到本省的人，就觉得非常亲切，所以一律认作老乡。蒋耀坤得知他是江苏老乡，每次都热情接待，不厌其烦地帮他解决困难。这名业务员非常感动，每次总是千恩万谢而去。

不料，天有不测风云。南昌铁路局查处了一桩投机倒把案：浙江某公司从江西采购了一批木材，通过铁路运至浙江后又批发给了二级市场。蒋耀坤虽然只负责车辆调度，对木材的流向一无所知，但是，“城门失火，殃及池鱼”，他百口莫辩，受到了处理，被调到客运列车上当乘务员。

年轻气盛的蒋耀坤一气之下就辞职回了老家。

## （二）

这一年是1980年。

农村已经实行生产承包责任制，蒋耀坤回家后因为没有户口，连责任田都没分到，想种地当农也当不成了。怎么办？无奈之下，蒋耀坤给南京汽车制造厂的那名业务员写了封信，看看他能不能介绍自己去南京打工。

蒋耀坤很快就收到了回信。原来，当年的业务员现如今已经当上了厂长。他没有忘记当年蒋耀坤对他的帮助，热情地邀请蒋耀坤到他们厂去工作，即使没办法做正式工，做临时工还是一句话的事。

于是，蒋耀坤去了南京汽车制造厂做临时工。

蒋耀坤虽然是临时工，却干得一丝不苟，干一行，学一行，懂一行，精一行。两年下来，他掌握了好几项关键工艺，成了车间的技术能手。1983 年年底，他不仅被评为先进工作者，而且光荣地加入了中国共产党。

蒋耀坤天生就是个爱琢磨的人，在南京汽车制造厂上班的三年时间里，他就把整个厂转了个遍，摸了个透。南京汽车制造厂主要生产跃进牌卡车和农用车，蒋耀坤所在的车间是底盘总成车间，底盘总成组装完成后就出厂交给下游厂家安装车厢和驾驶室。由于当时的协作单位不多，底盘总成压库，影响了正常的生产计划。蒋耀坤就去找厂长，说："我回去办个农用车厂，跟你们配套行不行？"

厂长一拍大腿，说："行啊！我正在物色协作单位，你们丹阳离南京也不远，完全符合条件。你回去好好干，我支持你！"

就这样，蒋耀坤于 1984 年回到导墅乡，向亲戚朋友借了 60 万元，办起了跃进汽车集团农用车厂，注册商标为"宏运"。

## （三）

办厂之初，蒋耀坤在南京汽车制造厂的支持下，从做双排座汽车开始，一点一点学。不懂技术，就从南京汽车制造厂请技术员上门指导；不懂工艺，就聘请退休老师傅当驻厂顾问；没有设备，能买则买，能借则借，或发外加工，或土法上马。摸着石头过河，照着葫芦画瓢，第一台车就试制了一个多月。在这一个多月的煎熬中，蒋耀坤天天守在车间，和工人们一起摸爬滚打。为了攻克技术难关，他有时连续几天不回家，饿了啃块烧饼，困了在木长椅上和衣而卧打个盹儿。当第一辆车成功下线时，他如释重负般瘫坐在沙发上，好久才回过神来……

接着，第二辆、第三辆……当年，他们生产了 14 辆车，每辆车的净利润达 3 万元，这个效益在当时的导墅乡首屈一指。

第二年，企业的产值、销售、利润翻了一番。第三年，再翻了一番。蒋耀坤把赚到的每一分钱都积攒下来，用于添置设备、扩大再生产，以至企业能够"滚雪球"般地快速发展。

积累了一定的生产经验后，蒋耀坤又把产品延伸到工艺要求更为复杂的汽车车门，并把厂名改为"丹阳市汽车配件厂"。

1991 年，蒋耀坤的汽配厂在满足依维柯、桑塔纳等品牌汽车配套服务的基础上，根据市场需求，自主研发了农用车生产线，厂名改为“宏运汽车厂”。

## (四)

蒋耀坤的企业不仅做大了，而且效益可观，一举成为导墅镇的龙头企业，自然引起了人们的关注，当然也引起了上级政府的瞩目。有位镇江市领导看中了这个企业，也看中了蒋耀坤的能力，提了一个方案：把宏运汽车厂搬到镇江去，跟镇江市属企业汽车改装厂合并，厂长由蒋耀坤担任。丹阳市和导墅镇的领导当然不愿意本地企业外流，但又不好直接拒绝上级领导。蒋耀坤顾不上那么多，直接就回绝了这位领导。他说：“我是土生土长的导墅人，我的根就在导墅。我的企业是导墅人民的，我们不能离开导墅！”由于蒋耀坤的坚持，宏运汽车厂在导墅扎下了根。

随着企业的不断扩大，原来的厂房已无法满足生产。1992 年，蒋耀坤向导墅镇政府申请工业用地 300 亩。导墅镇政府经过多次协调，才好不容易在 312 国道旁的白基村划了 100 亩土地给宏运汽车厂。蒋耀坤也只能退而求其次，紧着在 100 亩地上建起了建筑面积 9 万多平方米的新厂房。

## (五)

新厂建成后，蒋耀坤从德国、意大利、日本等国买回了先进的生产设备。只要是生产必需的设备，蒋耀坤就不惜血本、想方设法买回来。1985 年，他从山西太原重型机器厂买回来的一台机床价值 3700 万元，这在当时简直就是天文数字。宏运汽车厂引进的 2000 吨和 5500 吨油压机生产设备，在国内同行业中均居于领先水平。此后，宏运公司每年支出的模具费都有数千万元，2020 年更是达到了 1.5 亿元。

有了先进的生产设备，还必须有先进的管理手段和熟练的技术工人。宏运公司严格执行国家汽车制造规范管理，贯彻 ISO 9001 质量管理体系、IATF 16949 汽车质量管理体系、ISO 14001 环境管理体系、ISO 45001 职业健康安全管理体系。四大管理体系的全面贯标，保证了对生产过程和产品质量的全面把控。为了提高员工技能，宏运公司用“工匠精神”激励员工争先创优，把技术等级跟工资奖金挂钩，把技术晋级跟职务晋级挂钩，营造出“谁有本事谁多拿钱”的良性竞争氛围，很多技术能手的报酬都超过了中层管理人员。

蒋耀坤对人才的培养有独到的见解，认为，与其花重金通过猎头公司引进“飞鸽牌”高端人才，还不如自己花钱培养“永久牌”本土人才。他把有培养前途的本土技术人员送到南汽、上汽等大公司或科研院校培训深造，学成归来就是技术骨干，而且，这些自己培养的技术人才对公司的忠诚度很高。2004 年，宏运公司技术人员自主研发的 2~13 吨轮距、板簧距后桥总成产品，属国内首创，引起了业界的广泛关注，国内几大汽车制造厂主动向宏运公司伸出了橄榄枝。

宏运公司正是有了完善的生产设备和高水平的员工，从根本上保证了过硬的产品质量，才在汽车制造业赢得了良好声誉。现在，国内的几大汽车制造厂，如南汽、上汽、北汽、广汽、一汽、陕汽等都和宏运公司建立了稳固的协作关系。蒋耀坤也凭自身的硬实力，奠定了他在行业中的地位，也成了导墅镇的明星企业家。

## (六)

蒋耀坤的企业之所以能够越做越大，越做越强，靠的就是“信誉”两字。

蒋耀坤是个有自知之明的人，知道自己的“短板”：在导墅办厂，他一没背景，二没势力，三又不善于请客送礼，要想站稳脚跟，唯有做好自己。而做好自己的唯一办法就是树立信誉。

自从办厂以来，蒋耀坤就给自己和企业定下一条规矩：不欠人家一分钱。

宏运公司的供应商近百家，每年采购的货物价值几个亿。只要签订了合同，宏运公司都会严格按照合同履约，按时足额付清货款，一个零头都不会少。凡是跟蒋耀坤做过生意的客户，没有一个不佩服蒋耀坤的守信用和讲信誉。

导墅镇上的饭店都有一个习惯，为了招徕单位或厂家消费，一般是先记账，到年底一次性结清。蒋耀坤和宏运公司从不记账，消费一次付清一次，当场付清，从不拖欠。有一次，他陪客户到饭店吃饭，结束之后一摸口袋，发现忘了带钱。饭店老板连忙说：“不要紧，不要紧，下次结。”蒋耀坤说：“不行，我不能坏了规矩。”硬是当场打电话让会计送钱过来，付清了饭钱才离开。

2001 年，原本属于乡镇企业的宏运公司实行改制。经过资产评估，宏运公司折价 987 万元卖给了蒋耀坤个人。次年，企业二次改制，土地以

1170 万元的转让价再次转让给蒋耀坤个人。两次改制总价 2000 多万元，蒋耀坤全部一次性付给镇政府，做到了“一分不欠”。

宏运公司连续多年被评为江苏省“AAA 级资信企业”、镇江市“重合同，守信用”企业、镇江市“文明单位”。

## (七)

经过 30 多年的艰苦奋斗，如今的蒋耀坤实力雄厚，身价数亿，但他依然保持着艰苦朴素的作风。他从不讲究穿着，几乎常年一身工作服。外出开会或出差，也是一身普通的衣着。公司办公楼始建于 1992 年，一直使用至今。蒋耀坤的办公室也用了 30 多年，所有的办公用品、家具还是老样子，油漆已经褪了颜色。有人劝他重新装修一下，改善一下办公条件，他说：“办公室用不着多讲究，钱要花到生产发展上去，要花到更需要的地方去。”

他对自己苛刻得近乎吝啬，对职工，对社会公益事业却一向大度。

除了给员工足额发放工资和奖金，蒋耀坤还会发放特别福利。今年发自行车，明年发煤气灶，再后来发电饭煲、微波炉，甚至摩托车……员工们觉得，宏运公司有温度，老板有人情味。全厂 600 多名员工都有归属感、安全感、认同感，几乎没人愿意跳槽。

20 世纪 90 年代，小华初中的学生们上学走的是土路，遇到下雨天很难行走。蒋耀坤得知这一情况后，立即从并不宽裕的流动资金中挤出 30 万元，浇筑了长 1300 余米的水泥路。这条路是全丹阳市第一条村级水泥路，在社会上引起了巨大的反响。镇江市为此在小华村召开了农村道路建设现场会，向全镇江市介绍了经验。

宏运公司所在的小华村距导墅集镇较远，以前只通土路。蒋耀坤慷慨解囊，为这条 5 公里长的路铺了两次石子，浇了两次水泥，前后耗资 200 余万元。

宏运公司还办起了福利企业，接纳了 70 多名残疾人进厂就业，每年向镇政府上缴 200 多万元的福利企业退税分成，从不多占或截留一分钱，是导墅镇政府的利税大户。

## (八)

蒋耀坤是个“拼命三郎”，长年累月没有节假日，不是出差就是在厂里，而且大部分时间都是在车间第一线，很少坐办公室。50 岁那年，为了攻克一个技术难题，他在车间吃住，和工人技术人员一起废寝忘食地工作，终致积劳成疾，便血不止。大家劝他住院救治，他咬牙坚持，不肯离开现场，直至攻关成功才去医院。到南京医院一检查，肠道中居然有 10 个息肉，最大的直径 5 厘米。手术后，他顾不上休息，一勉强能下床走路，就跑回了厂里继续工作。2018 年，75 岁高龄的蒋耀坤突然中风，半身不遂。家里人都劝他安心养病，把厂里的事交给儿子打理，从此正式退休，安享晚年。可他一刻也闲不住，勉强能下床就拄着拐杖，颤颤巍巍地又出现在了厂里。

他的拼搏精神和顽强意志，深深地感染了全厂员工，更激励了他的子女们。他的儿子蒋迁欢以优异的成绩考取了南京大学经济管理系，毕业后子承父业，如今已担任总经理，执掌宏运公司。他的三个女儿也都学业有成，分别毕业于东南大学、北京航空航天大学、河南大学，在各自的工作岗位上建功立业，报效国家。

这也是蒋耀坤最自豪和骄傲的。因为他觉得，对他而言，虚名如浮云，财富也是身外之物。生命的意义不在于攫取，在于奉献，在于享受创造的过程。人生在世，事业有成，家庭和睦，子孙上进，夫复何求？

蒋耀坤庆幸自己生在了这个伟大的时代，并不失时机地与这个美妙的时代共舞，以自己的聪明才智和踏实勤劳创造了辉煌。他无愧于伟大的时代，无愧于自己的人生。他用中国农民最朴实无华的谦卑和勤奋，诠释了成长为成功企业家的真谛。

# 参考资料

1. 丹阳市地方志编纂委员会：《丹阳县志》，江苏人民出版社 1992 年版。

2. 丹阳市地方志编纂委员会、丹阳市史志办公室：《明隆庆丹阳县志校注》，凤凰出版社 2010 年版。

3. 皇塘镇志编纂委员会：《皇塘镇志》，江苏人民出版社 1993 年版。

4. 《曲阿珥塘荆氏族谱》（荆氏受祉堂族谱）。

5. 韩庆梦：《话说丹阳》，中国戏剧出版社 2013 年版。

6. 杜芳琴：《贺双卿集》，中州古籍出版社 1993 年版。

7. 中国共产党镇江市委员会党史资料征集研究委员会办公室：《镇江革命史料选》，中国共产党镇江市委员会党史资料征集研究委员会办公室 1985 年版。

8. 石胜华：《丹阳读本》，中国文联出版社 2018 年版。

9. 《荆氏家族》编纂委员会：《荆氏家族》，香港天马图书有限公司 1999 年版。

10. 丹阳市皇塘镇人民政府、丹阳市史志办公室：《丹阳村村记忆 皇塘镇卷》，广陵书社 2018 年版。

11. 《导墅镇志》编纂委员会：《导墅镇志》，广陵书社 2022 年版。

12. 中共丹阳市导墅镇委员会、丹阳市导墅镇人民政府：《导墅红色记忆》，内部资料。

13. 蔡兵：《画里画外》，东方出版中心 2015 年版。

14. 丹阳市史志办：《烽火丹金武——薛斌烈士传记》，中国文史出版社 2011 版。

15. 陈温福：《风苑》，沈阳出版社 2012 年版。

# 后 记

2020年，一场突如其来的疫情肆虐各地。我国政府为了守护老百姓的生命安全，采取了严格的管控措施：封城、封村、封路、消杀、疫苗接种，多管齐下，严防死守，终于使无孔不入的病毒乖乖地缩了回去。

疫情管控期间，也出不了门，我待在家里，闲来无事，便翻出了以前写的一些文字，于是就有了再写点东西的想法。

写什么呢？

就写写家乡皇塘的人和事吧。

在准备案头资料时，我突然发现：有些人和事，不是皇塘独有的，不是孤立存在的，而是和蒋墅、导墅、里庄连为一体的，几乎割不开。而这一带在地理位置上同属鹤溪流域，一水相连。那就干脆写一写鹤溪的人和事吧。于是，就有了书名《鹤溪风流》。

在挖掘整理本土历史文化的过程中，我越来越深刻地体悟到，丹阳东乡这块神奇的热土，之所以能够创造出灿烂的现代文明，是因为有强大的历史文化底蕴支撑。鹤溪的人文历史源远流长，风物传说、典籍掌故不胜枚举，历史名人、俊才英杰灿若繁星。我们应该为生活在这片底蕴深厚的沃土上感到庆幸和自豪！

何为文化自信？热爱我们脚下的这块土地，便是最基本的文化自信。

本书的时间跨度逾两千年，人物近百人，史料繁杂。但本人偏居一隅，条件有限，只能根据手头的资料，加上网络资料，进行论述。错谬之处，在所难免，还望读者批评指正。

书中采写的当代企业家，仅仅是改革开放以来各个时期和各个行业的代表性人物，只能说他们对当地的产业格局和经济发展，在某个历史时期作出了重要贡献，记录的仅仅是时代的印记。当然，由于种种原因，还有许多行业翘楚和成功人士没有被收录，殊为憾事。

本书在编写过程中，得到了皇塘镇党委政府和导墅镇党委政府的大力支持，以及丹阳市历史文化研究会的具体指导。特别是得到了皇塘镇人大主席蔡志方、导墅镇人大主席蔡小红、导墅镇镇志办符益民、江苏大学邓志光、江苏佩尔家纺有限公司曹加伟、金坛图书馆馆长符骏等人的具体帮助。在此一并表示衷心的感谢！

丹阳市政协原主席沈岳方先生，是导墅镇东郇村人，对本土历史和文化也颇有研究。他对本书的出版极为关怀，并为本书作了热情洋溢的序。在此，特别鸣谢！

荆锡震

2024 年 11 月

朱元璋点土墩 / 作者：刘雪梅（皇塘镇农民画家）

白龙寺的传说 / 作者：刘雪梅（皇塘镇农民画家）

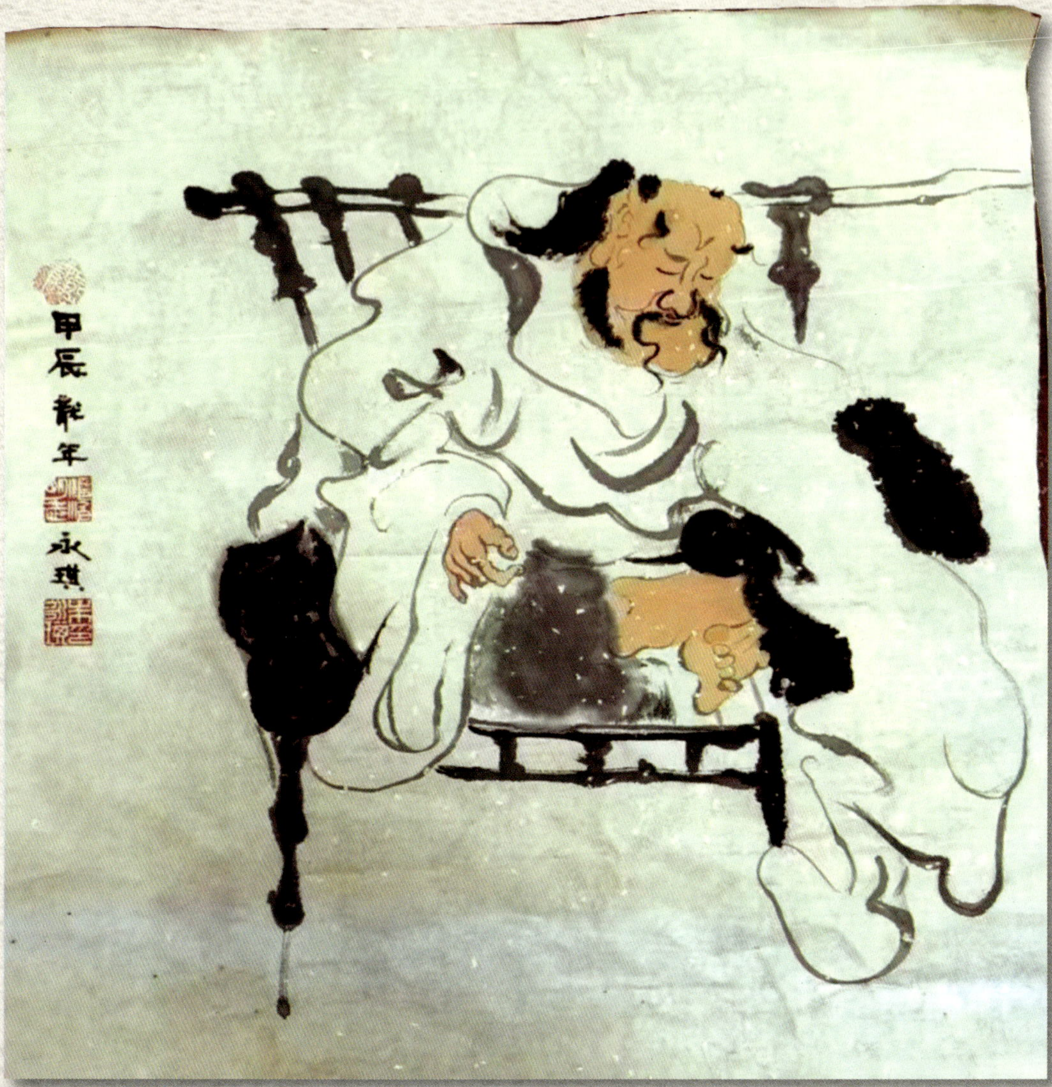


宝志和尚 / 作者：朱永琪（皇塘镇农民画家）

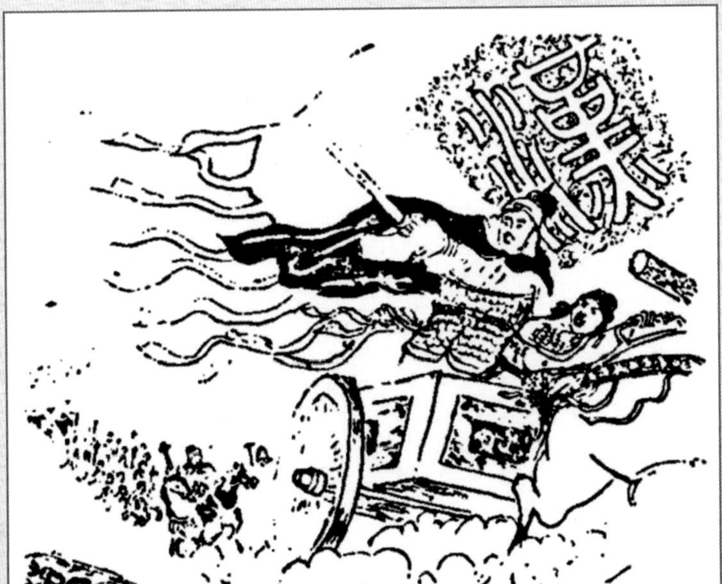

在围歼项羽大军的“垓下之战”中，刘贾“引兵淮北，首建奇功”

汉荆王刘贾（图片选自《荆氏家族》）

上将周坤仁与夫人

才女贺双卿/作者：朱永琪（皇塘镇农民画家）

蔡兵美术作品

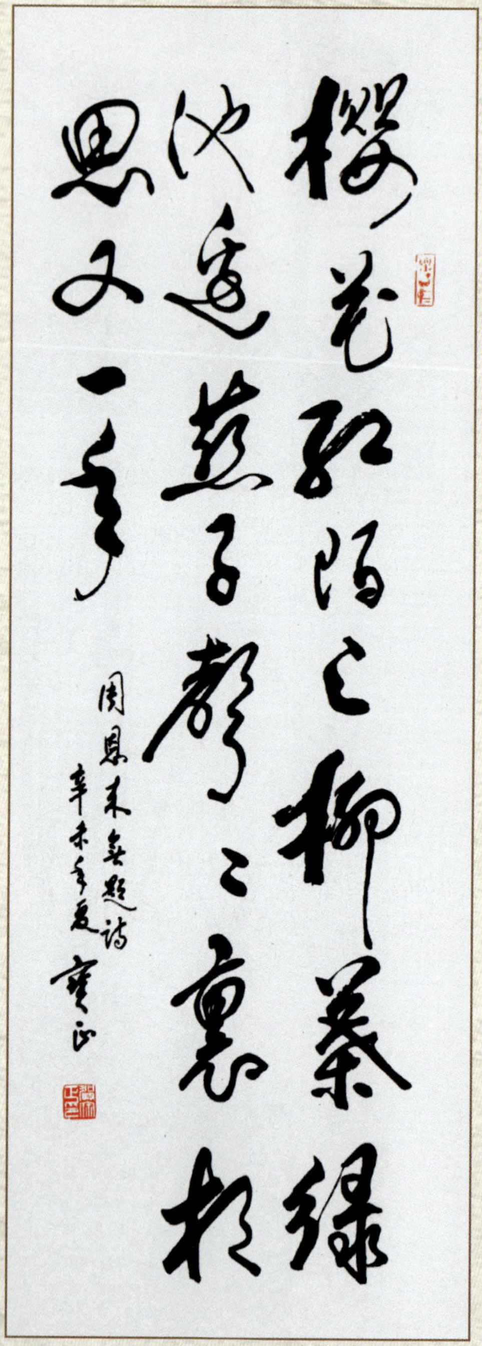

贺宝正书法作品